코로나 ing

우리는
어떤 뉴딜이
필요한가?

나남
nanam

포스텍 융합문명연구원
문명학 총서 06

코로나 ing

우리는 어떤 뉴딜이 필요한가?

2020년 9월 5일 발행
2020년 9월 5일 1쇄

지은이   송호근 외
발행자   趙相浩
발행처   (주) 나남
주소   10881 경기도 파주시 회동길 193
전화   (031) 955-4601(代)
FAX   (031) 955-4555
등록   제 1-71호(1979.5.12)
홈페이지   http://www.nanam.net
전자우편   post@nanam.net

ISBN 978-89-300-4059-4
ISBN 978-89-300-8001-9 (세트)

책값은 뒤표지에 있습니다.

포스텍 융합문명연구원
문명학 총서 06

코로나 ing

우리는
어떤 뉴딜이
필요한가?

송호근 외 지음

On-going Corona

What new deal should be done?

Edited by

Song, Ho-Keun

nanam

머리말

코로나 사태가 발생한 지 거의 여섯 달이 지나간다. 거리, 모임, 식당과 커피숍에서 시민들은 모두 마스크를 무기처럼 장착하고 경계의 눈빛을 거두지 않는다. 마스크로 가린 맨얼굴에는 지친 표정이 역력할 것이다. 여섯 달은 반년에 해당한다. 앞으로 얼마나 더 마스크를 착용해야 할지 번거로움과 우려, 은근한 걱정과 근거 없는 기대가 엇갈리는 시간이다. 백신이 개발되고 있다는 반가운 소식도 들린다. 백신 관련 주식이 고공비행을 하고, 바이오산업이 미래의 희망 주역으로 떠올랐다.

 시민들은 거리두기, 언택트 문화, 비대면 접촉에 아직 익숙하지 않다. 그러나 그것이 바이러스와의 전쟁에서 승리를 확보해 주는 길이라면 익숙해져야 하고, 곧 익숙해질 것으로 믿는다. 문명의 진화 과정이 그러했다. 문명은 타인에 대한 예절, 세련됨, 멋과 우아함이란 경로를 타고 발전했다. 그 개념사적 발전경로에 위생, 감염방지, 생존이라는 새로운 가치가 습합되는 시간이다. 19세기 전반기 조선에 콜레라와 티푸스가 나돌 때 사람들은 죽은 아이의 시체를 가마니에 싸서 서울 도성 성벽에 걸었다. 사체를 버리고 황망히 집으로 달려오던 부모의 심정은 어떠했을까. 골목길을 돌아 꼬불꼬불 달리면 역귀가 쫓아오지 않는다고 믿었다. 그러나 부모 역시 역귀가 몸 깊숙이 옮겨붙은 뒤였다. 경북 지역에서는 태백산맥 너머 동해안으로 피역 가는 행렬도 자주 눈에 띄었다. 역귀가 고산준령을 못 넘을 거라 믿었다. 예전부터 동해안은 비교적 한산하고 청결한 곳이라 역병 발병률이 낮았다. 밀접·밀집·밀폐 공간이 아니었다.

20세기 문명의 핵심은 접촉이다. 대륙 간 교류가 절정에 달하고 자본과 물류, 인간의 이동속도는 지구촌을 하나의 생활권으로 묶을 만큼 빨라졌다. 속도는 밀접과 밀촉을 위한 과학 혁신의 산물이고, 도시화는 밀접·밀촉·밀폐의 행동양식을 결집한 인류의 발명품이었다. 코로나 바이러스가 가장 좋아하는 환경이 바로 그것이다. 속도와 도시화. 속도는 코로나 바이러스의 빠른 이동을 촉진했고, 도시화는 전파력의 폭증을 키웠다. 물론 발병의 '기원'이라는 관점에서 보면 풍요와 쾌락을 추구하는 도시문명의 본질과 맞닿아 있는데, 인류는 지금 풍요의 대가를 톡톡히 치르는 셈이다. 어느 날 갑자기, 누구도 상상하지 못하고 인류사에 출현한 바 없는 바이러스가 탄생해 인류의 '멸절great dying'을 떠올리도록 만들었다. 멸절 위협과 공포가 확산되는 가운데 지구촌은 코로나 팬데믹 전쟁에 모든 역량을 쏟아붓고 있다.

　한국에서 확진자 수가 최고치를 경신하던 지난 4월 초순, 우리는 연구진을 구성해 COVID-19 연구에 돌입했다. 사회를 위협하는 초유의 현상에 사회과학자들이 가만히 방관하고 있을 수는 없었다. 역병에 웬 사회과학자? 팬데믹 전쟁에는 모든 분야의 학자가 제각각 할 일이 있다. 이공계 학자들은 가속기를 돌리든, 화학적·역학적 원리를 규명하든, 생김새와 본능을 밝히는 것이 본업이다. 사회과학자들은 팬데믹이 몰고 온 급격한 사회변동의 실체를 밝히고 공동체와 조직, 사회와 국가 운영원리에 가한 충격을 치유할 정책 개발에 나서야 한다. 세계 석학들도 인정했듯, 세계질서와 문명의 본질이 COVID-19에 의해 뒤바뀔 것이라는 데에 우리 연구진은 동의했다. 코로나 팬데믹이 '문명의 전환'을 요청하고 있다! 그렇다면 어떻게, 무엇을 바꿔야 하는가? 이 연구는 팬데믹이 강요한 문명적 전환의 큰 그림을 그리는 데에 우선 초점을 맞췄다. 말하자면, 화가의 밑그림이자 매크로 드로잉에 해당한다. 밑그림은 도처에서 그려지고 있는데, 여러 분과 학계와 전문가들이 세밀화를 완성하는 데에 이 연구가 하나의 길잡이 역할을 할 수 있다면 더 바랄 게 없다. 물론 우리 연구진 역시 세밀화 작업에 진입할 것을 약속한다.

　연구가 거의 막바지에 이를 즈음, 정부가 '한국형 그린 뉴딜'을 발표했다. '디지털 뉴딜', '그린 뉴딜', '안전망 강화', 세 영역으로 구성된 장기적·포괄적 대안으로, 2025년까지 총 160조 원이 투입될 예정이다. 방향은 그런대로 잘 잡았다고 생각되는데, 그 구체적 실행방안은 여전히 머리를 맞대야 한다. 정부의 신속한 대응이 마스크 너머 시민들의 지친 표정에 작은 희망을 줄 수 있기를 기대한다. 한국형 그린 뉴딜과 지난 6개월 시민들이 겪은 시련이 앞으로 출현할 COVID-N에 대응하는 K-방역모델이자 K-경제혁신의 기본역량이 되기를 기대한다.

2020년 7월 22일
집필진을 대표하여
송 호 근

코로나 ing

우리는
어떤 뉴딜이
필요한가?

제 2 부

COVID-19, 소용돌이를 겪다

제 3 부

COVID-N을 대비한 한국형 뉴딜: 정책적 제언

1

총 론

코로나 뉴 노멀에서 문명적 뉴딜로

송호근

1

총론*

코로나 뉴 노멀에서 문명적 뉴딜로

송호근 포스텍 인문사회학부

1. K-방역, 성공의 명암

1) 부실했던 초기 대응

신종 코로나 바이러스 감염자가 최초 출현했던 2020년 2월 19일, 필자는 자가격리에 들어갔다. 당시에는 자가격리 개념도 없었다. 알아서 스스로 행하는 '자진격리'였다. 포항공대 연구실 바로 위층에서 확진자가 발생해 학교 전체에 비상이 걸렸다. 대구·경북에서 확산 속도가 수직상승했던 그 시각 정부는 초기의 낙관적 태도를 여

---

* 이 글은 2020년 5월 26일 〈한국일보〉 주최 〈지식포럼〉에서 발표한 내용을 바탕으로 작성했음을 밝힙니다.

전히 견지했다. 이해할 수 없었다.

중국에서 신종 코로나 바이러스 감염 환자가 최초로 알려진 1월 24일 이래 정부의 태도는 느긋하다 못해 자신만만했다. 중국발發 확산 뉴스가 신문을 도배했음에도 중국 상인과 관광객, 우한과 업무 관련이 있는 내국인이 평소처럼 공항에 내려 입국했다. 의사협회와 감염학회 전문가들이 감염확산 위험을 연일 경고했는데 정부는 꿈쩍도 하지 않았다. 중국과의 관계를 고려한 조치였다. 중국 시진핑 주석의 방한을 앞두고 문을 닫아걸 수는 없었다. 중국과의 긴밀한 관계를 발전시키고 싶은 현 정권에 입국금지 조치와 공항폐쇄는 곧 중국과의 단절을 의미했다. 대북관계 개선의 호재임에 틀림없는 시진핑의 방한을 포기하는 데에 따르는 정치적 비용과, 중국산 부품과 판매시장을 셧다운했을 때 감당할 경제적 비용이 '내국인 감염 급증' 시나리오보다 훨씬 크게 다가왔던 때문이다.

더욱이 1월 하순부터 2월 18일까지 내국인 감염자는 충분히 통제할 수 있는 30여 명 이하 수준이었다. 그 기간에 정부는 우한 도시봉쇄에 들어간 중국 정부에 방역 관련 물품을 지원하기도 했다. 코로나 방역에 대한 정부의 자신감은 그만큼 확고했고 당당했다.

그러나 COVID-19는 조용히 퍼지고 있었다. 대구 소재 신천지교회 교인을 중심으로 발병환자가 속출하기 시작했다. 2월 19일, 31번 환자가 모습을 드러냈다. 신천지 교인으로 청도요양병원이 직장인 사람이었다. 교인 환자의 출현은 정부와 국민을 긴장시키기에 충분했다. 그는 예배에 여러 번 참석했다고 털어놨다. 코로나가 가장 좋아하는 환경을 만들어 준 것이다. 19일부터 확진자가 급증하기 시작했다. 필자도 긴장했다. 코로나 바이러스의 정체는 무엇인가?

외신이 전하는 뉴스를 들으면서 관련 논문을 뒤졌다. 비전문가로서 필자가 내린 잠정적 결론은 간단했다. "코로나 바이러스는 사람 간 관계와 접촉을 통해 퍼진다. 코로나는 숙주宿主를 죽이는 것보다 (치사율) 자기 증식(감염률)에 더 많은 관심을 갖고 있다."

2002년 사스SARS, 2015년 메르스MERS 바이러스와 비교해 보면, COVID-19가 감염 속도는 가장 빠르고 치사율은 가장 낮은 것으로 나타난다. 사스 치사율은 9.6%, 메르스 치사율은 20~30%인 데 비해 COVID-19 치사율은 2.3%에 불과하다. 그러나 COVID-19의 전파력은 상상을 초월해서 잠복기 14일에 무증상 감염이 특징이고, 비말과 에어로졸 상태로 공중에 떠다니며 사람에게 옮겨붙는다. 사스, 메르스와는 생존본능이 매우 다른 신종新種 바이러스인 것이다.[1]

치사율이 낮다고 안심할 계제가 아니었다. 감염자 급증사태가 발생하면 사망자 역시 기하급수적으로 늘어나기에 사태를 결코 낙관할 수는 없었다. 언론과 방송에서 감염확산 경고 메시지가 연일 타전됐다. 정부는 신천지교인 환자가 출현한 며칠 뒤인 2월 22일 대책

---

[1] 2002년 당시 한국에서 사스 피해는 감염자 4명에 사망자는 없었다. 세계적으로는 8천 명 감염에 775명이 사망했다. 2015년 메르스는 한국에서 감염자 186명, 사망자 36명을 만들어 냈다. 세계적으로는 1,400명이 감염됐고 557명이 사망했다.

회의를 열고 종교 집회와 대규모 집회 자제를 국민에게 요청했다. 방역대책의 전면 전환은 아니었고 권고 수준이었다.

그럼에도 어느 종교집단은 현 정권 규탄 목적의 광화문 군중집회를 고집했고, 신천지교회는 교인 명단을 감췄다. 보건복지부 장관은 대국민보고회를 겸한 기자회견에서 "집단 활동을 해도 좋다", "창문을 열어 놔도 겨울에는 모기가 없다"는 등 말실수로 구설수에 올랐다.

2월 23일, 정부는 급기야 '경계단계'에서 '심각단계'로 방역대책 수준을 격상했다. 우한 봉쇄에도 불구하고 중국 감염자가 수만 명을 넘었고, 사망자 시신을 감당하지 못한 우한 정부가 쩔쩔매는 뉴스가 세계로 타전될 때였다. 2월 27일, 필자는 며칠의 신중한 관찰을 토대로 이렇게 제안했다.

미국 컨설팅그룹 JP모건은 한국 확진자 1만 명을 예견했다. 한국은 후베이성省이 됐다. 초기 단계, 최악의 사태를 방지하려면 대응책을 빨리 바꿔야 한다. 이른바 '사회학적 방역'이다. … 바이러스의 '사회적 본능'을 끊는 데에 집중해야 한다. 코로나-19 바이러스는 고도의 초超네트워크사회에 제대로 편승하도록 진화한 놈이다. 숙주 살해에는 그리 관심이 없다. 다른 숙주로 옮겨 자체 증식하는 것이 최고 목표다. 감염 대상을 찾지 못하면 숙주를 공격한다. 생존 본능이 더 큰 이놈은 숙주를 급사시키지 못한다. 자폭하기 때문이다. 치사율이 낮고 감염 속도가 빠른 것, 코로나는 사회성 A+급이다. … 후베이성이 안 되려면, '확진자 1만 명' 사태를 진정 피하려면, '관계망 한시적 차단'이라는 급진 처방을 권고한다. '가족원 제외, 1일 접촉자 3명 제한' 명령을 발하는 것. 접촉자란 2미터 내 사람으로 정의한다. 오늘부터 열흘간 3월 8일까지 한시적 긴급조치다. 우선 대구와 경북지역부터 '사회적 관계망'을 일시 중지할 것을 권한다. … '관계망 차단명령'은 어디든 적용된다.

전쟁이다. 적은 보이지 않는다. 다만, 비말飛沫과 접촉을 통해 스며들 뿐이다.   ―〈중앙일보〉, 2020. 2. 27.

2월 26일 확진자가 1천 명을 돌파했고, 28일에는 2천 명 선을 훌쩍 넘었다. 확진자가 하루에 천 명씩 늘었다. 3천 명(3월 1일), 4천 명(3월 2일), 일주일 후인 3월 10일에는 7천 명에 달했다. 신학기를 맞아 중국 유학생 7만여 명이 입국하거나 입국을 준비하고 있었기에 중국인 입국자에 대한 국민들의 불안과 불만이 팽배했다. 국민은 '심각단계'에 걸맞은 철저한 봉쇄 및 격리 조치를 요청했다. 필자는 다시 한 번 '사회적 방역social disinfection'을 제안했다.

확진자 5천 명이 코앞이다. 코로나 사태는 한 번도 경험해 보지 못한 신형의 사회적 위기, 이런 때 우유부단한 정권을 감당해야 하는 것은 혹독한 심리적 고통이다. … 몇 차례 전문가 그룹의 경고가 있었다. 정부는 안심 발령을 거듭했고, 정치권은 총선 싸움에 열을 올렸다. … 위기란 삼초三超현상, 즉 초희귀성, 초파괴력, 초불확실성을 말한다.

코로나는 정확히 그렇다. 너무 희귀해서 어리둥절하고 감염속도가 너무 빨라 파괴력이 높다. 이런 경우 위기관리 매뉴얼을 꺼내 들어야 한다. 경제와 생명, 양자택일 결단이 시급했다. 청와대는 뒤늦게 '심각단계'로 올렸지만 '심각'에 부합하는 정책은 없다. … 이미 70개국에서 한국인 입국금지 명령이 떨어졌고, 오늘 확진자 4천 명에 근접했다. … 코로나보다 더 무서운 건 방심放心이다. 바이러스가 환호할 환경을 우리가 십시일반 배양하고 있다. 카페에 사람이 모이고, 개인강습소, 학원이 성업 중이다. KTX와 SRT가 달리고 대중교통이 쉴 새 없이 바이러스를 퍼 나른다. … 충격요법, '사회적 방역'이 절박한 이유다. 초연결관계망의 한시적 중단, 15일간 '사회적 셧다운'을 발령하기를 요청한다. 단기 셧다운의 비용은 장기전보다 싸다. … 의학적 구제는 병원과 의료진에게 맡기고, 우리는 사회적 전쟁의 전사다.

—〈중앙일보〉, 2020. 3. 2.

이 글이 나온 후 무려 2주 뒤인 3월 15일, 정부는 비로소 '사회적 거리두기social distancing' 개념을 꺼내 들었고, 이른바 '사회적 방역'을 실행하기 시작했다. 정부가 초기에 머뭇거린 이유는 여럿이었다. 중국과의 정치적 관계 배려, 셧다운의 경제비용, 국제적 이미지 손상 등이 있었는데, 무엇보다 신종 코로나 바이러스에 대한 과학적 무지無知와 낙관적 자세가 주요 원인이었다. 정부의 초기 부실대응이 전문가 불신에서 비롯됐음은 이미 알고 있는 바다.

대구·경북에서 확진자 수가 수천 명을 상회한 3월 초순, 다행히 정부의 태도는 전면 방역으로 바뀌었다. 늦었지만 다행이었다. 3월 하순에 누적 확진자 수가 1만 명 정점을 찍으면서 4월 초 신규 확진자 수가 100명 이하로 떨어지기 시작했다. 대구·경북도 곧 안정 추세로 접어들었다.

그러자 방역에 성공했다는 평가가 조심스럽게 흘러나왔다. 한 달간의 사투였다. 세계 국가들은 한국의 방역사례를 앞다퉈 취재하기 시작했고, 선진모델의 장점을 배우기 위해 'K-방역'이란 명칭을 부여했다. 한국은 초기의 부실대응이란 오명을 씻고 방역 선진국으로 올라선 것이다. 무엇이 한국을 방역 선진국으로 만들었는가?

2) '사회적 포용'의 수준

K-방역의 성공 요인은 4가지다. ① 중앙정부의 정책 선회와 지자체의 적극적 대응, ② 민간병원과 공공병원의 공조 및 의료진의 헌신, ③ 질병관리본부를 위시한 중앙재난대책본부, 방역대책본부의 용의주도한 대응, ④ 시민들의 주체적 방역 자세가 그것이다.

방역 효율성을 높이는 인프라도 한몫했다. 촘촘한 정보망, 택배 시스템, 편의점, 선진적 의료보험과 양질의 서비스, 광범위한 검역과 신속한 대응조치가 그것이다. 한 달 만에 코로나 확산세는 진정됐다. 외국의 부러움을 살 만한 우리의 자산인 것은 분명하다. 확진자, 자가격리자 동선파악도 건강보험평가원이 개발한 진료 및 약처방·조제 전산망DUR, Drug Utilization Review과 같은 의료시스템과 정보통신기업의 전산망이 없었으면 불가능했을 것이다.

프라이버시 침해와 같은 예민한 쟁점을 일단 유보한다면, COVID -19가 번성할 환경, 즉 고^高밀집, 고^高밀폐, 고^高밀접의 3중 위험을 적극적 정부 개입과 의료인력·자원의 자발적 동원력이 막아 냈다.

그런데 마음을 놓을 때가 아니다. 한국형 방역모델에 대한 은근한 자부심 아래서 예기치 못한 위협이 자라고 있을 것이다. 두 달간 고군분투로 의료진은 지쳤다. 경제는 심각하게 파손됐다. 더욱이, 팬데믹 과정에서 COVID-19의 변이가 무쌍하게 진행되어 벌써 3가지 변종이 발견되었다고 외신이 확인했으며, 세계 전문가들도 올 가을과 겨울에 또 한 차례 팬데믹이 발생할 것임을 경고하고 나섰다.

'만주滿洲감모感冒'로 불린 1919년 스페인독감은 3파였다. 한국에서만 750만 명이 감염됐고, 14만 명이 죽었다. 2파가 훨씬 강력했다. 당시에도 대구·경북에서만 2만 명이 사망했는데 지역 중 가장 높은 수치였다. 일제 치하에서 왜 대구·경북이 가장 타격이 컸는지에 대한 원인은 규명되지 않았다. 2

코로나 사태는 아직 1파도 끝나지 않았다. 초여름에 1파가 끝나

---

2 필자의 추론은 이렇다. 1918년 당시 독립운동 비밀결사가 대구에 많았다. 대한광복회, 풍기광복단, 조선국권회복단이 전형적이다. 지도자인 서상일과 박상진은 상하이, 만주, 블라디보스토크를 자주 왕래했다. 다른 활동가들도 만주와 연해주에서 활동하는 독립지사들과의 접촉이 잦았다. 신흥무관학교에 청년들을 연결했고, 자금과 정보를 조달하는 위험천만한 임무를 수행했다. 그들과의 잦은 접촉을 통해 만주감모가 국내로 반입되었을 거라는 추론이다.

고, 언제 2파, 3파가 밀어닥칠지 모른다. 만약 확진자가 2만 명에 달했다면 한국의 의료체계는 붕괴했을 것이다. 의료진의 탈진은 말할 것도 없고, '한국형 방역모델'은 모범이 아니라 반면교사로 운위됐을 것이다. 민간의료의 신속한 대응력과 헌신이 1파를 통제한 일등공신이다. 그러나 희생이 만만치 않다. 발 벗고 나섰던 대구 동산병원, 경북대의료원, 그 외 공공·민간병원들이 심각한 재정적자에 직면했다.

뜻밖의 소득도 있다. 원격遠隔진료의 가능성이 열렸다. 감염 비상사태로 인하여 일반 환자를 돌보기 어렵다면 언택트untact 진료의 문을 열어야 한다. 원격진료가 그것이다. 한 가지 조건이 있다. 원격진료는 1차 의료기관 단체인 의사협회가 반대한다. 원격진료가 되면 모든 환자가 종합병원이나 대학병원 같은 3차 진료기관으로 몰릴 것으로 판단하기 때문이다. 이런 우려를 사전에 방지해야 원격진료가 가능하다.[3]

그 밖에 점검해야 할 사안이 한두 가지가 아니다. 민·관 조직의 긴밀하고 신속한 대응, 공공·민영 의료기관의 공동 대응, 의료진과 간호인력, 방역요원의 원활한 공급과 보상 방안, 백신과 키트 개발, 사회적 셧다운과 같은 대규모 비상조치를 포함한 사회적 방역대책 고안과 실행 등 대비책 리스트는 길다.[4]

---

3 원격진료 실행에는 많은 준비가 따른다. 홍석철, 2020; 김연수, 2020.
4 K-방역이 세계의 모범이라 했지만, 갈팡질팡한 게 한두 번이 아니다. '물리적 거

이 글에서 주목하고 싶은 부분은 왜 선진국으로 분류되는 유럽과 미국에서 확진자와 희생자가 그렇게 많이 나왔는가 하는 점이다. 바이러스 발원국인 중국과 뒤늦게 확진자 급증에 당면한 러시아는 그렇다 치더라도, 왜 유럽과 미국이 COVID-19에 그렇게 취약한 모습을 보였을까?[5] 주요 국가 10여 개국만 관찰해 보면 다음과 같은 가설이 성립할 수 있다고 생각한다.

"COVID-19의 감염과 사망 수준은 '사회적 포용 수준the degree of social inclusion'에 반비례한다."

다시 말해, 사회적 포용은 COVID-19 감염과 그로 인한 사망 방지에 기여한다. '사회적 포용'은 그 자체로 COVID-19 방역과 동의어라는 뜻이다.

'사회적 포용'이란 공적 서비스와 제도에 대한 사회집단들의 접근

리두기'도 지역감염 후에야 선언했고, 초기의 마스크 분배정책은 낙제점이었다. 2파에 대비하고 있는가? 의료진과 의료기구, 병실과 의약품을 제때에 조달할 수 있는가? 낙관할 때가 아니다. 이번 사태에 지자체의 역할은 돋보였다. 질본과 방역대책본부의 역할은 박수를 받을 만하다. 2파와 3파에 대비한 방역 거버넌스는 견고한가? 대통령 주치의는 있어도 국민 주치의가 없는 나라가 한국이다. 차제에 국립감염전문병원을 만들고, 국가보건실(NHC, National Health Council)을 신설할 것을 권한다. 전문가가 전선에 나서고, 정부는 행동지침과 지원대책을 책임지고, 시민이 협력하는 체제가 최선이다.

5 이 글을 쓰고 있는 7월 21일 현재 1일 확진자 수에서 미국, 브라질, 인도에 이어 러시아가 4위로 올라섰다. 확진자 77만 7,486명, 사망자 1만 2,427명이며, 2위 브라질은 확진자 212만 1,645명, 사망자 8만 251명을 기록했다. 그래도 러시아는 확진자 대비 사망자 비율인 사망률이 2.1로 낮은 편이며, 브라질은 8.9로 높은 편에 속한다.

가능성을 지칭한다. 모든 유형의 사회집단들이 공적 서비스를 수혜할 기회가 평등하게 열려 있을 경우 사회적 포용 수준은 높다고 할 수 있다. 반면에 인종, 계급, 지역, 종교에 의해 구분된 집단들이 공적 서비스에 접근하고자 할 때 어떤 차별이 존재하는 경우, 그리고 각 집단들이 국가적 위기 메시지에 대응하는 수준에서 격차가 발생할 경우, 사회적 포용 수준은 낮아진다. 사회 내부에 많은 유형의 칸막이가 쳐져 있는 꼴이다. '칸막이 사회'다.

가설적 수준에서 유럽과 미국, 일본, 한국의 발생률과 사망률, 그리고 사회적 포용과의 인과관계를 비교 관찰하면 다음과 같다.

〈그림 1-1〉은 전 세계 확진자 수가 1천만 명을 넘은 2020년 7월 4일, 세계보건기구WHO가 발표한 국가별 확진자 분포다. 짙은 색깔로 칠한 지역이 심각단계, 색깔이 옅어질수록 심각성이 다소 낮아지는 분포다. 우선 미국, 브라질, 인도에서 COVID-19가 맹위를 떨치는 모습이 선명히 보이며, 그 다음으로는 중남미, 러시아, 중동 지역에서 확산세가 심하다. 유럽, 호주, 아프리카, 중국, 일본, 한국이 안정세로 돌아섰지만 여전히 종식된 것은 아니다.

2020년 7월 현재, WHO는 '2차 팬데믹'을 경고한 상태다. 한국 역시 대도시를 중심으로 코로나 감염이 산발적으로 발생하고 감염경로를 추적할 수 없는 '깜깜이 감염'이 거의 10%에 근접하기에 결코 마음을 놓을 수 없는 상황이다. 이런 상황을 일단 미뤄 두고 이 글의 관심은 왜 선진국 유럽이 코로나에 그토록 무방비 상태였는가를 분석하는 일이다. 〈그림 1-2〉는 일단 유럽에 초점을 맞춰 발생률과 사망

〈그림 1-1〉 WHO가 발표한 2020년 7월 4일 전 세계 코로나 확진자 현황

출처: 〈한국일보〉 2020년 7월 5일 자.

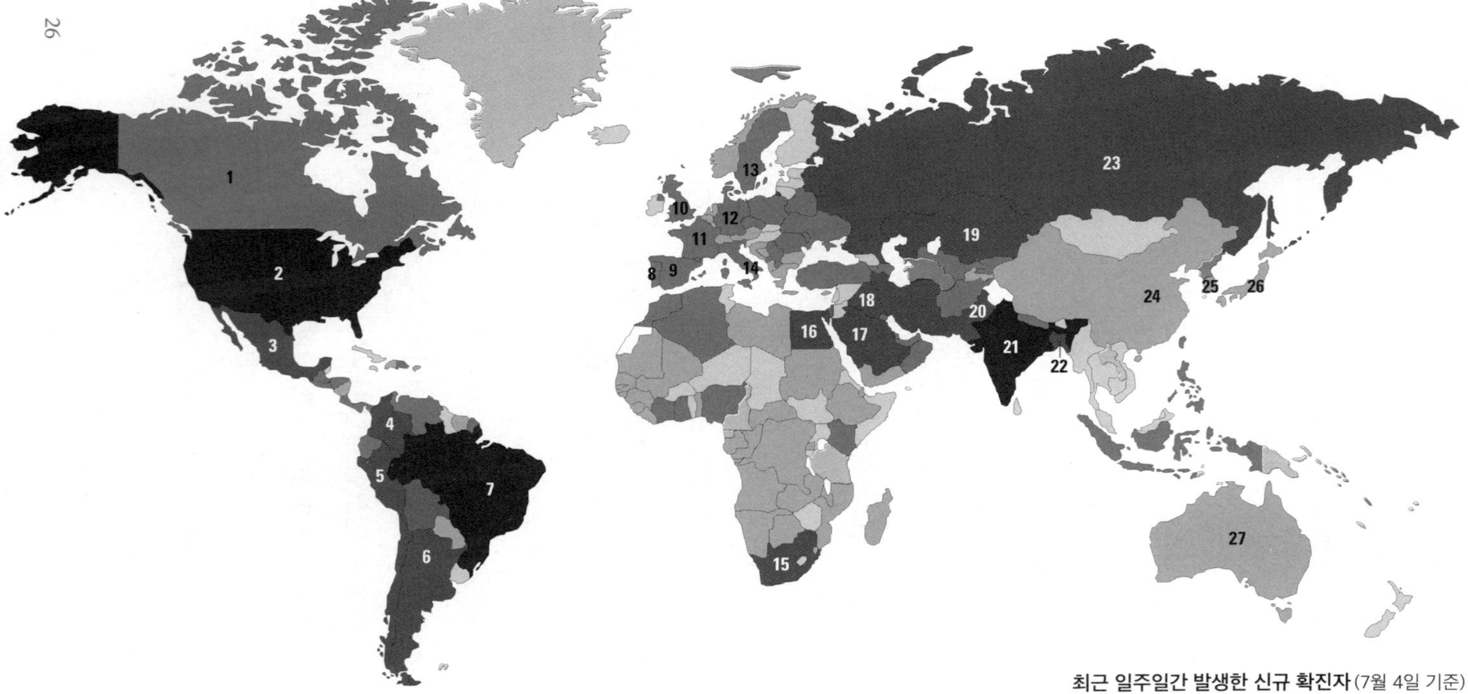

최근 일주일간 발생한 신규 확진자(7월 4일 기준)

● 1-100
최근 일주일간
● 101-1000
확진자가 발생하지
● 1001-10000
않은 지역
● 10001-100000
확진자가 발생하지
● >10000
않은 지역

1 캐나다 2 미국 3 멕시코 4 콜롬비아 5 페루 6 아르헨티나 7 브라질 8 포르투갈 9 스페인 10 영국
11 프랑스 12 독일 13 스웨덴 14 이탈리아 15 남아프리카공화국 16 이집트 17 사우디아라비아 18 이라크
19 카자흐스탄 20 파키스탄 21 인도 22 방글라데시 23 러시아 24 중국 25 한국 26 일본 27 오스트레일리아

률을 간략히 비교한 결과다.

(1) 발생률6의 경우, 스페인, 미국, 이탈리아, 영국이 1그룹, 프랑스, 독일, 러시아가 2그룹, 한국과 일본이 3그룹에 속한다. 우리의 가설로 설명한다면, 1그룹에 속하는 스페인, 미국, 이탈리아,

〈그림 1-2〉 유럽 주요국과 각국의 COVID-19 발생률 및 사망률 비교

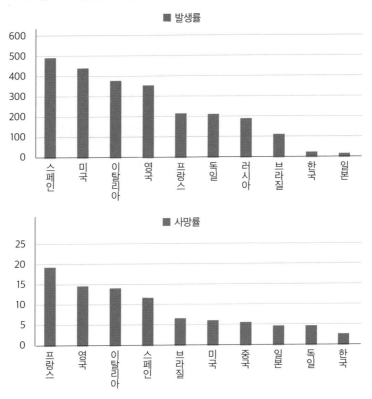

---

6   발생률은 2020년 5월 21일 자 인구 10만 명당 확진자 수.

영국의 사회적 포용 수준이 낮다는 것을 시사한다. 프랑스, 독일, 러시아가 그 뒤를 잇고, 한국과 일본은 훨씬 다르다. 러시아를 제외한 대부분의 유럽 국가들은 '사회적 포용' 가치를 중시해서 외국 이민과 난민을 적극적으로 받아들였는데, 그 결과 사회 내부에 '격차'와 '차별'이 온존하는 상황을 창출했다고 말할 수 있겠다.

이념적으로는 정의로운 기치였음에도 불구하고 정체성이 다른 여러 인종과 민족집단이 사회 내부로 동화되기는 어려웠고, 결국 여러 층으로 분절된 사회를 만들어 냈음을 시사한다. '칸막이 사회'인 것이다. 그것은 공존共存이 아니라 병존竝存이었다. 공존사회라면 공적 서비스와 국가 정체성을 평등하게 향유하고 소유한다. 병존사회에서는 단지 이질적 집단들이 평등하게 존재할 뿐, 국가로부터의 보호와 사회보장 혜택을 골고루 누리지 못한다. 영국에서 귀족사회의 오랜 전통에 부르주아지가 쉽게 동화되지 못하는 것과 마찬가지다.

프랑스 사회학자 피에르 부르디외P. Bourdieu는 계급적, 신분적 생활양식의 구분distinction이 유럽사회의 기저를 이룬다고 설파했다. 구분은 곧 차별이며, 차별은 다시 공적 서비스에 대한 접근 가능성을 차단한다. 또는 사회적, 국가적 위기의식을 솔선하는 정도의 차이를 좌우한다. 평소에 국가적, 공적 혜택을 받지 못하는 사람이 국가 위기 혹은 팬데믹 위기에 공적 정책에 맞춰 적극적, 자발적으로 대응하리라는 것은 상상하기 어렵다.

칸막이로 분절된 사회는 내부에 수많은 유형의 '정치적 부족political tribes'을 만들어 낸다. 하버드대 추아A. Chua 교수는 전 세계적으로 발생하고 있는 내전, 미국과 유럽 내부의 사회적 갈등과 대립 양상을 정치적 부족주의로 설명했다. 정체성을 달리하는 소수집단, 인종집단, 종교집단, 심지어 계급적 분절마저 초집단적 정체성super group identity에 동화되지 못한 채 폐쇄적, 징벌적, 파벌적 행위양식을 발전시키는 현상을 말한다(Chua, 2020). 유럽의 경우, 인종과 종교가 다른 소수집단들이 외견상 병존하는 듯이 보이지만, 국가 정체성과 사회보장 접근성에서 천차만별임이 코로나 사태로 드러났다.

다시 말하면, 인권과 평등을 중시해 온 유럽 국가들의 속살이 드러났다고 할 수 있겠다. 국가의 공적 위기 상황과 정책 메시지에 대응하는 태도의 적극성과 진정성은 인종, 계급, 민족, 종교집단의 분절선分節線에 의해 막히거나 왜곡된 것이다. 코로나 바이러스는 분절선의 진공 영역에서 번성하고 증식한다. 의료제도와 의과학이 발전했다고 해도 분절선의 비무장지대에서 증식하는 코로나 바이러스를 효과적으로 방역하지 못한다.

(2) 사망률7의 경우, 프랑스, 영국, 이탈리아, 스페인이 1그룹, 미국, 중국, 일본, 독일이 2그룹, 한국이 3그룹이다. 사망률 역시 분절선에 의해 일차적 영향을 받는다. 유럽은 공공의료가 발달한 대륙이고 미국은 의과학과 의료수준이 가장 높은 나라지만, 유럽의 내부 분절선은 곧 공공의료에 대한 접근 가능성의 격차를 낳았고, 미

---

7 사망률은 확진자 대비 사망자 비율.

국에는 아예 계급과 인종별 접근 방어벽이 견고하게 쳐져 있다.

유럽의 공공의료는 이념적으로 접근 가능성과 수혜 평등성을 높이고자 했지만, 현실적으로 발생하는 천문학적 비용 때문에 진단과 치료 효율성을 희생해야 하는 역설에 부딪혔다. 미국은 아예 의료제도가 자본시장에 종속되어 있기에 빈곤층의 접근성은 거의 차단됐다고 해도 과언이 아니다. 돈이 없으면 의료 혜택을 받을 수 없다는 것은 곧 공공의료의 수준이 지극히 낮다는 것을 의미한다. 팬데믹은 공공의료가 취약한 곳에서 더욱 창궐한다.

이렇게 보면 스페인, 이탈리아, 영국, 프랑스, 미국은 선진국이지만, 사회적 포용은 지극히 낮은 국가로 분류돼야 마땅하다. 독일, 러시아, 일본은 그 중간 정도에 위치한다. 이에 비하면, 한국은 '사회적 포용'과 '의료제도의 발전'에서 단연 돋보이는 국가다. 사회적 동질성이 높다는 뜻이다. 농부나 어부가 코로나 확진자가 돼도 공공의료 서비스를 무료로 향유하고, 그것도 가장 빠른 시간 내에 수준 높은 치료를 받을 수 있는 유일한 국가다. 집단, 계급, 종교의 차별이 없는 나라, 사회적 동질성이 지극히 높아 공적 서비스에서 소외된 집단이 거의 없는 나라다.

가령, 노숙자가 확진자로 판별되면 한국에서는 곧장 음압진료실로 이송되어 진료를 받지만, 유럽이나 미국의 경우 과연 그럴 수 있을까? 진단과 치료 혜택은 계급, 인종, 민족, 종교별로 천차만별이다. 한국에는 그런 분절선이 없다. 암을 위시한 중질환 치료 기술 수준에서 미국이 세계 제일이라 가정하면, 팬데믹 예방과 치료에서는 한국이 세계 제일이다. 그 이유는 사회적 분절선이 가장 약하고 사회적 동질성이 가장 높기 때문이다. 조금 비약해서 말한다면, '시민권의 평등'에서 한국이 선진국을 능가한다. 물론, 시민권의 발전 수준을 고려하지 않는다면 그러하다. 가설적 수준의 관찰인데 객관적 자료 분석을 통해 여러 측면에서 검증할 필요가 있다.

2. 문명, 대변혁에 들어서다

1) 땅의 문명

COVID-19의 진격에 지구촌은 팬데믹 공포에 휩싸였다. 확산 초기 단계에서 타격을 입은 한국은 조금은 안정단계로 들어서고 있지만, 미국과 유럽은 한창 코로나 바이러스와 사투를 벌이는 중이며, 남미와 아프리카 대륙은 확산 초입 단계에서 바짝 긴장하고 있다. 1파의 끝 무렵이라고 해야 할까, 2파와 3파가 대기 중이라는 감염병 전문가들의 경고에 지구촌은 얼어붙었다.

사스SARS와 메르스MERS 사태만 해도 에피데믹 수준이었기 때문에 팬데믹에 대한 전 지구적 대비책은 별로 나오지 않았고, 바이러스 확산과 공포의 '문명사적 의미'도 그리 관심을 끌지 못했다. 그러나 COVID-19는 20세기 문명에 대한 깊은 반성과 함께 21세기 문명의 진로에 대해 심각한 의문을 던졌다. 현대문명에 암운이 드리워진 것이다. 일종의 예비적 경고라고 해도 좋을 법하다.

문명 패러다임을 바꿔야 하는가? 문명의 진로를 바꾼다면 어떤 것인가? 인류는 '문명의 대변혁'이라고 해야 할 이 질문에 답을 내놔야 할 곤경에 처했다. 무엇이 문제였던가?

헝가리 경제사학자 칼 폴라니K. Polanyi가 《대변혁The Great Transformation》을 쓴 것이 1944년이었다. 대공황이 휩쓸고 간 세계경제와 세계정치의 판도가 통째로 바뀌었음을 알린 경종이었다. 국민국가nation-state가 주역으로 등장했고, 정치와 경제 영역에서 국경이 높아졌다. 본격적인 '개입국가'가 탄생해서 1990년대 초반까지 위용을 떨쳤다.

포스트-코로나 체제가 다시 이런 상태로의 복귀를 의미할까? 반드시 그것과 상동구조는 아니겠지만, 착취당한 공간space과 바이러스virus로부터의 역습에 '땅의 문명'은 그 진로를 바꿔야 할 기로에 놓여 있다. COVID-19는 인류사회에 그 공포를 살짝 맛보인 것에 불과하다.

문명 패러다임의 관점에서 관찰한다면, 산업화 이후 20세기까지는 '땅의 문명'이었다. 말하자면, 2차 산업혁명은 대지大地(땅)를 어떻게 활용할 것인지, 대지가 품은 자연자원을 어떻게 생활의 편익으로 끌어들일 것인지에 초점을 맞추었다. 2차 산업혁명의 총아인 내연기관은 생산력 혁명이었는데, 그것은 자연자원의 용도를 극대화하는 동력이었다. 대량생산, 대중소비, 교통과 물류, 교류와 교역의 최대 활성화가 목표였다.

땅 위에서는 속도와 질량이 경쟁의 척도였고, 땅 표면에서는 개발과 지형의 주조, 땅속 자원의 탐사와 채굴이 문명 수준을 높이는 인간의 행동 표준이었다. 모든 경제활동에 생산성과 효율성 지표가 적용됐다. 그 결과는 풍요와 번영이었다. 인간은 역사상 최고의 부富와 안락을 누렸다. 물론 지구촌 국가 간 불평등은 예외로 하고 말이다.

프랑스 경제학자 피케티T. Piketty의 분석처럼, 20세기는 인류 역사상 최고의 경제성장률을 구가했던 기간이다. 1700년대 0%, 1800년대 1% 수준에서 1900년대 2%로 올라섰다가 세계대전 기간에 다시 하락했고, 드디어 1970년대에 최고치인 3% 수준에 도달했다. 피케티는 2000년대 중반 즈음 전 세계 잠재성장률이 0%대로 다시 하락할 것이라고 예측했는데, 그것은 자본의 운동법칙에 따른 것일 뿐 생태계를 파괴하는 성장 패러다임의 질주는 멈추지 않는다.

문제는 여기에 있다. 4차 산업혁명으로 이동해도 땅을 '착취하는' 문명의 본질은 바뀌지 않는다는 점이다. 땅은 재산이었고, 땅속 자원은 경제개발의 대상이었다. 땅에 발을 딛고, 건물을 세우고, 오물을 흘려보내고, 산업·생활 쓰레기를 산더미처럼 생산하고, 땅을 마음껏 착취하며 살아온 200년이었다. 국민국가nation state는 그런 땅을 두고 전쟁을 불사해 왔다.

COVID-19는 이 '땅의 문명'이 한계에 다다랐음을 알려 준 슬프고 뼈아픈 계기다. 성장 일변도의 각축전과 풍요를 향한 무지의 질주가 낳은 대가가 무엇인지를 각인시켜 준 중대한 경고장이다. 그 경고장의 제목은 '문명의 그늘'이다.

2) 문명의 그늘

'문명'은 그리스어 'civilitas'의 변용이다. 시민적인 것, 세련된 것, 예절을 뜻한 이 말이 역사적 과정을 거쳐 '문명civilization'으로 변화했다. 예절 바름civil 개념이 우아, 세련, 풍족, 안락 관념을 흡수하면서 현대 물질문명의 본질로 정착한 것이다. 독일적 개념인 문화Kulture가 물질문명의 본질과 방향에 의문을 제기하고 정신적 순화를 시도했지만 문명의 질주를 막지는 못했다. 오히려 독일적 문화 개념이 이데올로기와 결합해 20세기 최대의 '공공의 적' 나치즘을 창출하기도 했다. 결국 문명은 물질문명과 정신문화를 포괄하는 방식으로 진화했고, 첨단과학을 내세워 자원 활용과 착취를 극대화하는 무적의 행진을 지속했다.

땅의 문명은 번영과 성장의 배후에서 그것을 파괴하는 두 가지 힘이 자라나고 있음을 인지하지 못했다. 인지했더라도 그것은 먼 훗날의 숙제, 과학이 풀 수 없는 미지의 과제로 치부되었다. '공간'과 '미립자'의 세계다. 공간은 매크로 영역, 미립자는 마이크로 영역이다. 모두 비가시적 세계invisible world라는 점에서 공통이고, 비가시적이기 때문에 인간의 관심 외부에 머물러 있었다. 아니, 탐욕적 시선으로 취급했던 대가를 치를 예정이다.

예를 들면, 비행기, 우주탐험은 모두 땅의 문명에 속한다. 땅의 문명으로 공간을 점령하고자 한 전형적 시도다. 비행기는 이륙離陸과 착륙着陸, 즉 땅의 거리를 좁히는 발명품이고, 우주선은 또 다른 행성(땅)을 정복하고자 하는 욕망이다. 지구를 둘러싼 대기大氣가 하루 수만 회 비행에 의해 급속히 오염되는 실정은 누구의 관심거리도 아니고, 우주에 버려진 수십만 톤의 쓰레기는 인간의 가시권 외부에 있다.

한편, 인간은 바이러스와 세균을 살상무기로 만들었다. 잠자는 미립자를 살짝 깨운 것에 불과한 인간의 탐구능력이 우선 정복 욕망을 불 지폈는데, 바이러스의 변종 본능이 인간세계에 일으킬 대재앙은 일단 미래의 일로 치부되었다. 그것에 대적할 인간 능력이 제로라는 사실은 알고 있기에 그렇다. 그리하여, '땅의 문명'이 치를 대가는 공간 영역에서 '기후재앙', 미립자 영역에서 '바이러스와 세균'이다.

기후재앙, 즉 이산화탄소 배출 위험은 2000년대 초반 전 세계적 관심을 잠시 끌었으나 곧 일상적인 현상으로 파묻혔다. 자원전쟁과 산업전쟁의 소용돌이 속에서 통제 가능성은 희박했고, 통제할 주체도 미약했다. 국제기구가 결성돼 인류세계에 각성을 자주 촉구했으나 '공간'의 문제는 흔하디흔한 공기처럼 여전히 먼 훗날의 대상으로 밀려났다.

농축된 이산화탄소가 지구 대기권을 짙게 감싸면 어떤 일이 벌어질까. 독자들은 더러 들었을 것이다. '온난화로 인하여 극지의 빙하가 녹아내리고 해수면이 상승한다', '태양의 자외선을 흡수하지 못해 식물생태계가 파괴된다', '지구상에 존재하는 동식물 종류가 반감된다' 등.

최근 논픽션 작가의 또 다른 경고가 나왔다. D. W. 웰스D. W. Wells가 쓴 《2050 거주불능 지구The Uninhabitable Earth: Life After Warming》란 책이다. 웰스는 우주 행성에 인류가 알 수 없는 문명이 번성했다가 어떤 재앙에 의해 멸망했을 것으로 추측한다. 추론에 불과할지라도 최근 이산화탄소 농도의 급속한 증가에 대입하면 멸망 스토리는 곧 우리의 비극으로 바뀐다. 비극의 스토리는 이렇다.

2억 5천만 년 전 지구 생명체의 대멸종이 5도 정도의 기온상승에 의한 것이었다면, 우리의 경쟁적 활동인 이산화탄소 배출도 2100년에 이르면 평균기온 4도 상승효과를 가져온다는 경고다. 세계 주요 도시가 홍수에 잠기고, 수십억 명이 살인적 더위에 노출되고, 열사병이 인류사회를 강타한다. 공간의 역습, 버려둔 매크로 세계의 역습이다. 팬데믹은 최악의 경우 인류의 절반을 죽음으로 몰고 가지만, 공간의 역습은 전멸全滅이다(Wells, 2020: 81~90).

'지구의 날' 50주년을 맞은 지난 4월 22일, 안토니우 구테흐스 유엔 사무총장은 '포스트-팬데믹' 이후 기후변화 대응조치 6가지를 제안했다. 대부분 공간생태 재생조치로서, '친환경 일자리 창출', '친환경 경제체제로의 전환', '기후재생 프로젝트를 위한 공적 지원과 국제협력' 등이었다.

전 유엔 사무총장인 반기문 국가기후환경회의 위원장도 한국을 포함한 전 세계의 각성을 촉구했다. 특단의 조치가 없으면 코로나보다 더 무서운 공간의 공습이 예상되는 시점이다. 세계가 '기후악당'으로 부르는 한국의 오명汚名을 환기하며 반 위원장은 말했다. "자연과의 타협은 없으며, 기후변화에 플랜 B는 없다. "

필자는 〈중앙일보〉 칼럼 "지구의 시간"에서 이렇게 썼다.

지구가 생기를 찾아도 예전 상태로 복귀할 수 없음을 우리는 안다. 코로나가 밀어 넣은 내면의 공간에서 아프게 체득한 깨달음이었다. 사회적 관계가 일시 끊기고 홀로된 공간에서야 지구의 하소연을 들을 수 있었다. 연기, 매연, 폐기물로 뒤범벅된 지구를 딛고 문명의 달콤한 이득만을 취해 왔음을 말이다. 화석연료는 문명의 동력, 플라스틱을 비롯한 온갖 신소재가 문명의 화려한 옷이라면, 그 대가를 치를 때가 다가왔다는 지구의 경고를 말이다. 사람과 물자의 이동, 생산과 소비가 20세기처럼 유별났던 때는 없었다. 후손이 쓸 자원까지 다 축낸 번영의 질주였다. 1990년부터 30년간 지구를 괴롭힌 오염 총량이 과거 2천 년간 누적된 총량을 능가했다.　　　　　— 〈중앙일보〉, 2020. 5. 11.

기후재앙과 바이러스는 일란성 쌍생아다. 공간의 역습은 마이크로 세계를 깨운다. 인간의 면역체계를 아무렇지도 않게 교란하는 바이러스가 오랜 잠에서 깨어나 인체를 위협한다. 미립자 바이러스는 땅의 문명이 번성했던 경로를 따라 전파된다. 교류망, 접촉선, 교역네트워크가 마이크로 바이러스가 지극히 좋아하는 보이지 않는 선線이다.

의과학자, 물리학자, 생물학자들이 미립자 세계를 본격적으로 탐험한 것은 불과 한 세기 정도다. 고작 외양만 보았을 뿐, 변종과 변이의 내부 역학 규명은 우주공간에 유영하는 작은 우주선의 막막함과 다를 바 없다. 《하버드 의대》라는 책에서 읽은 한 구절이다. 학장이 입학식 축사를 했다.

"인류는 겨우 40여 가지 질병만을 정복했을 뿐입니다. 우리는 아직 감기도 정복하지 못했습니다."

1960년대였기에 지금은 정복된 질병 리스트가 조금 길어졌을지 모른다. 알렉산더 플레밍이 항생제를 발견한 것이 고작 1928년, 치료에 사용한 때는 1940년대였다. 천연두의 종식은 1977년, 결핵, 콜레라, 장티푸스를 이제 겨우 통제할 수 있는 수준에 이르렀다(홍윤철, 2020). 사스SARS와 메르스MERS도 다시 강력한 변종이 출현해 인류의 미래를 사정없이 흔들어 댈 것이다.

문명의 내부에서 번식하는 마이크로 월드는 여전히 미궁迷宮이다. 빌딩이 올라가고 도시가 팽창할수록 미립자 세계는 번식력을 스스로 증대하고, 교역, 인구밀집, 인구이동의 역학과 동선을 따라 과학적 탐사의 망을 벗어난 독자적인 제국을 형성한다. 마이크로 월드는 과학의 힘으론 도저히 따를 수 없는 변형과 변이의 위력을 발휘한다. 진화는 변이變異이고, 변이는 균형을 깨는 과정이다.

기후재앙과 바이러스는 '땅의 문명'에 내재된 참사로서 이미 시작된 '오래된 미래'다. 왜 인류는 문명 자체를 파괴할 '오래된 미래'에 총력을 기울이지 않았을까? 미국 대선 후보였던 앨버트 고어가 '불편한 진실'을 세상에 알린 이후에도 세계는 그 경고를 덮었다. 아니 성장질주 경쟁에 밀려났다. 기후학자들과 지구과학자들의 경고 역시 경제성장과 군사력을 둘러싼 각축전에 밀려났다. 세계적 무관심의 배경에 4가지 요인이 도사리고 있다.

첫째, '오래된 미래'는 너무 익숙해서 일종의 상식처럼 돼버렸는데, 상식도 '먼 훗날의 상식', 지금 현재의 문제가 아닌 듯이 치부되었다. 미래의 비극이 서서히 오고 있고, 대형 사이클론, 대홍수, 이상고온과 이상가뭄 등 잦은 예고가 있었음에도 지금 오늘의 문제는 아닌 것으로 받아들여졌다. 8

둘째, 기후재앙은 '공유지의 비극Tragedy of the Commons'이다. 2009년 노벨경제학상을 수상한 엘리너 오스트롬E. Ostrom은 기후재앙을 '공유지의 비극'의 전형적 사례로 꼽았다. 기후는 일종의 공공재이기에 누구도 자원고갈과 오염을 우려하지 않고 남용한 결과가 기후재앙이라는 것이다. 9 목초지와 같은 공유지의 초토화를 막을 방법은 사유화와 공동관리. 그러나 기후는 사유가 불가능하고 오직 공동관리만이 가능하다. 국제기구에 힘을 실어 줘야 하는 이유이지만,

---

8 인도네시아 자카르타 북부지역에 유례없는 홍수 사태가 발생해 도시가 침수되고 수십 명이 목숨을 잃었다. 집과 가족을 잃은 어떤 이재민은 "수십 년 만에 이런 홍수는 처음"이라고 말했다. 〈중앙일보〉, 2020년 5월 22일 자. 7월 20일에는 100년만의 대홍수로 세계 최대 댐인 중국 산샤댐이 위험 수위에 도달했다.

9 Ostrom, 2010. 공유지의 비극을 처음 이론화한 사람은 미국의 생물학자 가레트 하딘(Garrett Hardin)이다. 그는 1968년 〈네이처(*nature*)〉에 게재한 논문에서 날로 증가하는 인구와 지구자원과의 관계에 주목했다. 인류가 공공재인 자연자원을 남용한다면 지구에 엄청난 재앙이 일어날 수 있음을 '공유지의 비극'으로 경고했다.

교토협약(1997년), 파리기후협약(2016년)과 같은 국제공동협약서는 성장 경쟁에 의해 외면되기 일쑤다.

셋째, 자본주의 체제에서 기후재앙을 막는 비용은 너무나 막대해서 기업을 위시해 국가재정에 결코 도움이 되지 않는다. 이윤profit이 보장되지 않는 프로젝트에 기꺼이 동참할 기업은 없다. 기껏해야 국제기구 활동을 위한 보조금과 후원금 정도로 그칠 뿐이다. 성장경쟁에 몰입한 국가 역시 재정확보가 우선이지 먼 훗날의 기후재앙에 돈을 쏟아붓지 않는다. 원자력발전 중단정책은 실로 과감한 조치이지만 소비자들이 전기세 인상에 동의해야 한다는 조건이 붙는다. 그것은 지지세력의 심각한 손상을 동반할 위험이 있다. 이윤보다 비용이 더 큰 인류구제 사업에 누가 나설 것인가? 답이 요원하다.

넷째, 인류세Anthropocene는 그리 쉽게 종말을 고하지 않는다는 낙관적 인식이다. 이는 '먼 훗날의 상식'과도 궤를 같이하는 것으로서 수백만 년 지속된 인류세가 기후재앙 하나로 그리 간단히 끝나지는 않는다는 비과학적, 비합리적 사고방식에 속한다. 그러나 어느 날 갑자기 끝날 수도 있다. 코로나 팬데믹 사태로 세계의 이목을 끈 두 개의 영화, 〈지오 스톰Geostorm〉(2017)과 〈컨테이젼Contagion〉(2011)은 기후재앙과 바이러스가 '지금 우리의 현실'임을 일깨워 주었다.

자연의 균형을 깬 대가는 이처럼 혹독하다. 문명이 호모사피엔스의 번성을 위해 자연과의 '위태로운 균형'을 깨면 깰수록 비가시적인 것들은 더욱 두려운 형태로 우리 앞에 나타날 것이다. 팬데믹의 일상화, COVID-19는 하나의 경고일 뿐이다. 그 하찮은 미립자는 현대문명이, 문명적 안락이 무엇을 희생시켰는지를 일깨웠다. 우리가 추구한 문명적 가치가 과연 정상적인 것인지를 물었다. 불과 서너 달, COVID-19의 성취는 경이롭고 두렵다.

3. COVID-19의 습격과 뉴 노멀의 출현

문명은 '보이는 적'과의 전쟁에서 취득한 전리품이다. 자연과 싸웠고, 국가와 싸웠다. 지난 4월 무적함대의 상징인 루즈벨트함이 무기력하게 운항을 중단했다. 한 발의 미사일 위협도 없었다. '보이지 않는 적'에 당한 무장해제, 이제 세계는 비가시적 적과의 전쟁에 돌입하는 현실과 맞닥뜨렸다. 그 전쟁의 비용은 상상을 초월한다.

100년 전 스페인독감으로 5억 명이 감염되고 5천만 명이 죽었다. 노동력 감소로 식량난이 발생했고 산업이 주저앉았지만, 국민국가의 역량 내에서 힘겹게 수습해 냈다. 그런데 지금의 팬데믹 충격은 국력 문제가 아니다. 생산과 소비의 세계적 분업 네트워크를 여지없이 망가뜨렸기에 강대국조차 감당하기가 어렵다. 세계 최고의 자동차기업이 산소호흡기를 못 만들고, 최고의 패션업체가 마스크 제조에 쩔쩔맨다. 부품, 식량, 자원을 조달받지 못하는 부자 국가가 속출한다. 생산의 연쇄 고리가 끊기면 부국이든 빈국이든 기업 파산과 실업자 양산을 피할 수 없다.

불과 두 달간 미국에서 2,600만 명의 실업자가 발생했고 중국에서는 2억 명 이상이 직장을 잃었다. 유엔 세계식량계획WFP 데이비드 비즐리 사무총장은 올해 2억 6,500만 명이 기아로 고통을 받을 것임을 예견했다. 30개 개발도상국가에서 대규모 기근이 발생할 것인데 이미 100만 명은 심각한 기아상태로 내몰렸다고 지적했다. 1918년 스페인독감도 식량부족과 기근상태를 몰고 왔다. 부품과 자원을 세계에 의존하는 한국은 초비상이다. 아마 늦여름쯤이면 공포의 한계선인 실업자 200만 명을 돌파할지 모른다. 키신저가 지적했듯 글로벌 공급망의 본국 회귀와 성곽도시walled city로의 전환 위협에 모든 국가가 대비책을 세워야 할 상황에 직면했다. 현대문명이 오만하게 올라앉았던 '위태로운 균형'은 깨졌다. '국제공조'의 소중함을 알지만 일단 한번 깨진 균형을 복구하기란 쉽지 않다. 충격의 여파는 세계적이고, 기존 질서의 심각한 변형을 몰고 온다. COVID-19가 몰고 온 뉴 노멀 현상을 5가지로 관찰해 보자.

첫째, 이른바 디지털 언택트 문화digital Untact Culture의 확산이다. 스마트폰과 컴퓨터 시대에 비대면 문화Untact Culture는 그리 낯설지 않다. 글로벌 질서는 모빌리티mobility로 추동되었는데, 이는 대면contact과 비대면untact로 구분할 수 있다. 코로나 바이러스는 접촉 문화를 중단시켰다. 자동차, 비행기, 선박, 철도 등 대중교통수단에 의한 대면접촉의 위험성을 알렸고, 기업과 교육현장에서 밀집근무와 밀집교육이 코로나가 환호할 환경임을 일깨웠다. 대면 문화의 전면적 축소와 비대면 문화의 일대 확장이 새로운 컬처, 뉴 노멀new normal로 정착할 것이 분명하다. 종교집회와 군중대회와 같은 집합문화도 변화를 겪을 것이다.

비대면, Untact 또는 Ontact로 불리는 이 새로운 관행은 생활영역과 공공영역 모든 측면에서 '디지타이제이션digitization'을 가속화시킨다. 디지털 월드digital world에서 접촉과 소통이 진행되는 새로운 세계가 열리는 것이다.

기업은 재택근무를 늘리고 화상회의와 정보망을 통해 회의와 결재를 수행할 궁리를 시작했다. 교육은 현장밀집 교육에서 탈피해 화상 교육이 얼마든지 가능함을 보여 주었다. 현장밀집 교육과 대면 교육이 가진 신뢰와 감성의 교환을 희생하고라도 또 다른 유형의 바이러스 습격에 대비하려는 대응전략이 사회영역과 경제영역 모두에서 승할 것으로 예상된다.

중·고등학교 교육을 반드시 교실이라는 한정된 공간에서 행해야 하는가? 대학에 꼭 캠퍼스가 필요한가? 온라인 캠퍼스는 이미 사이버대학에 의해 일반화되었는데 정규대학이라 해서 오프라인 접촉교육을 고집할 필요가 있는가? 그동안 유보했던 여러 가지 질문들이 현실로 떠올랐다. 벌써 문화공연과 전시, 연극, 스포츠에도 무청중, 무관중 시스템이 도입되기 시작했다. 프로야구가 무관중 상태로 개막되었고, 세계적 스타인 BTS가 유튜브로 공연을 개시했다.

유튜브 전시, 인터넷 강의, 디지털 전람회가 새로운 노멀로 떠올랐고, 대기업들도 재택근무와 화상업무 시스템으로 몸집을 줄일 수 있음을 확인했다. 페이스북, 아마존, 구글이 화상업무, 디지털업무

시스템을 도입하면서 대량 해고를 이미 예고한 상태다.

둘째, 탈세계화deglobalization와 지역협력regional integration, 혹은 블록 경제로의 회귀 현상이다. 이번 사태로 인하여 세계의 물류, 생산, 수요와 공급망은 완전히 중단됐다. 교류의 주역인 항공, 조선, 운송 기업은 적자상태에 처했고, 전 지구촌으로 확장됐던 생산 체인 production chain은 여지없이 망가졌다. 타격을 입지 않은 것은 인터넷 정보망과 모바일mobile이다. 모든 국가가 국경을 닫았다. 보더리스 이코노미borderless economy는 보더드 이코노미bordered economy로 잠시 이동해 글로벌라이제이션 이전 상태로 회귀했다. 이에 반해 코로나 바이러스는 교역망을 타고 국경을 쉽게 넘었다.

물론 코로나 사태가 끝난 이후 재개될 것이지만, '국경 없는 경제'의 원상복귀는 어려울 것이다. 그 취약성이 코로나 사태 앞에서 여지없이 드러났기 때문이다. 일부 구조조정이 불가피하다. 국경을 봉쇄한 상태에서 각국은 세계분업을 통해 조달해 왔던 상품의 갑작스런 품귀현상을 목격했다. 별것도 아닌 상품의 품귀로 폭동이 발생할 수도 있는 위험을 감지했다. 생필품은 국가안보로 직결됐다. 과거처럼 부품과 조립, 자원조달은 어느 정도 지속되겠지만, 비상시 생필품에 관한 국가의 관심은 극도로 높아졌다. 식량과 석유는 물론, 휴지와 의약품과 같은 것들 말이다.

대비 첫 단계는 고립된 국민의 생존에 필수적인 상품들의 자국 생산체제를 갖추는 일이다. 기존에는 외국에 의존했던 생필품 생산을 자국으로 불러들일 가능성이 높아졌다. 미국 트럼프 대통령은 벌써 해외에 기지를 둔 생필품 기업의 국내 소환을 발령했다. 경제지리학자인 장 폴 로드리그J. P. Rodrigue는 이를 생산의 단층fault line현상이라 지칭했다. 기술력이 낮은 분야는 국산화, 첨단 분야는 글로벌화로 이분되는 구조다. 첨단 분야의 글로벌 네트워크도 국가안보와 국가 간 친소 유형에 따라 분절될 가능성이 높다. 신뢰도가 낮은 중국에서 기업탈출 러시가 대규모로 이뤄질 수도 있다. 글로벌 공급체인이 지역적 경제블록화로 분절될 개연성이 급증했고, 외국에 진출한 업체의 국내 회귀reshoring가 불가피해졌다.

셋째, 땅의 문화의 핵심인 '자원활용의 극대화'에 심각한 제동이 걸릴 전망이다. 땅의 문화는 인류의 풍요와 안전을 향해 질주했는데, COVID-19는 그 결과 자원활용을 넘어 '자원착취'에까지 이르렀다는 사실을 일깨웠다. 이를 계기로 자원을 적정량 활용하고, 지구의 운명을 파괴하지 않는 범위 내로 경제성장과 교역, 교류의 패턴을 억제해야 한다는 절박한 요구에 전 지구적 공감대가 형성될 것이다. 생산과 소비에 대한 생태론적 반성과 성찰의식은 2000년대 초반 '그린 뉴딜운동'으로 터져 나오기는 했다. 무조건적 '발전정치 development politics'로부터의 탈피와 '생물권 정치biosphere politics'로의 이행이 필요하다는 인식이 그것이다.

2008년 유럽연합에서 내놓은 'EU 20-20-20' 프로젝트는 에너지 효율 20% 상승, 탄소배출 20% 축소, 재생에너지 20% 상향을 전 세계 표준으로 주장한 바 있다. 같은 해 미국의 선라이즈 운동Sunrise Movement 역시 같은 취지였지만, 앞에서 언급한바 경제전쟁에 묻혔다. 문명론자인 제러미 리프킨Jeremy Rifkin은 최근 저서에서 '4차 산업혁명은 탄소 제로여야 함'을 역설했다. 탄소를 가장 많이 배출하는 전력산업을 재생에너지로 교체하고, 각 가정과 기관이 태양에너지 발전소 역할을 해야 하며, 스마트 그리드smart grid 인프라를 갖춰 전력의 공유경제를 만들어야 지구 재앙을 막을 수 있다고 설파했다(Rifkin, 2020). 그의 역저인 《한계비용 제로사회》의 연장선에서 재생에너지를 발전·분배·공유하는 공유사회collaborative commons가 자원착취를 막는 공동체적 질서라는 것이다(Rifkin, 2014).

국제기구의 역할도 공유사회의 전면적 합의를 기반으로 한다면 지금과 같이 국제기구 협약이 휴지조각이 될 위험은 현격히 축소된다. 유럽연합과 여러 국제기구가 절실하게 제안한 '그린 뉴딜'은 땅의 문화의 무지無知와 극단적 이기利己 본능을 수정하는 좋은 대안이 될 것이다.

넷째, 위험의 불평등inequality of risk. 코로나 사태는 독일 사회학자 울리히 벡Ulrich Beck의 '위험사회'에 정확히 부합한다. 산업화와 근대화가 몰고 온 폐해 중 가장 위험한 요인이 비가시적 공포인 바이러스다. 더욱이, 위험사회의 본질이 그러하듯, 위험의 분산은 불평등하다. 빈곤계층과 취약계층에 더욱 집중된다. 작업장 환경, 주거밀도, 취약한 의료보건, 열악한 건강상태, 그리고 희소한 방역기회가 위험의 불평등을 극대화한다. 세계 국가가 취한 일정 기간 '사회 셧다운' 조치는 취약계층과 빈곤계층에 일격을 가했다. 직장을 잃었고, 식량부족과 활동공간의 제약으로 유례없는 고통을 겪는 중이다. 빈곤계층은 바이러스보다 배고픔을 참지 못한다. 바이러스로 죽으나 기아로 죽으나 마찬가지라는 자포자기 심정과 의지 상실을 낳는다.

이는 글로벌 경제가 요구했던 '작은 정부'를 '거대 정부'로 전환해야 하는 구조적 변동이다. 정치와 시장, 국민생계와 건강, 일자리와 복지를 모두 책임지는 '거대 정부'를 소환하고 있는 것이다. 시장에 대한 믿음도 '신자유주의'에서 '사민주의social democracy'로 이동할 개연성이 커졌다.

다섯째, 거대 정부의 요청이 민주주의에 대한 위협 요인으로 작용한다는 것은 일종의 역설이다. 신종 코로나 바이러스가 국가와 사회의 개방성, 연결성, 활동성과 연동해 확산 속도를 증가했기 때문인데, 민주주의 발전수준이 높을수록 신종 코로나 바이러스 확산에 취약하다는 것을 어떻게 설명해야 할까. 방역체계의 효율성은 국가와 사회의 개방성 정도와 역비례한다. 셧다운이 손쉬운 국가, 동시에 시민행동을 면밀히 파악하는 감시망이 갖춰진 사회에서 방역효율성은 당연히 높아진다. 셧다운, 격리, 봉쇄가 손쉽기 때문이다.

중국이 감시사회의 전형이다. 그러나 감시사회는 민주주의의 적이라는 점에서 딜레마에 봉착한다. 다시 말해, COVID-19의 경험은 일상적 감시가 가능한 판옵틱 사회panoptic society 혹은 기껏해야 모니터링 민주주의monitoring democracy를 불러온다.

전문가들은 민주성, 개방성, 투명성을 기준으로 전 세계 국가의 방역체계를, 일단 조금 거친 수준이지만, 중국, 한국, 그리고 미국과 유럽 국가군 유형으로 구분했다. 10 사태가 진정되면 방역체계 유형과 특성에 관한 더 세련된 연구가 나올 것이다.

아무튼 중국은 전면적 봉쇄와 정보망 검열을 통해서 대규모 확산을 막았다. 감시사회의 전형으로 'IT 전체주의'라 할 만하다. 시민의 일거수일투족은 북경정부가 쥐었다. 홉스Hobbs가 말한 거인권력 리바이어던Leviathan을 실제로 목격했다. 한국은 그와 대비되는 민주 유형이다. 감시와 정보망을 동시에 가동하면서도 사생활과 개인주권 침해 수준을 최소화하는 노력이 병행됐다. 미국과 유럽에서는 감시망과 정보망의 공적 활용에 제동이 걸렸다. 이 국가군에서 민주주의와 개인인권에 대한 오랜 믿음은 불행히도 COVID-19 확산에 촉진제로 작용했다.

미국 하버드대 경제사학자인 니얼 퍼거슨N. Ferguson은 COVID-19와의 전투에서 'IT 전체주의'의 위력이 확인되었으며 이는 민주주의에 대한 심각한 위협이라고 지적했다. 'COVID-19는 민주주의를 훼

---

10 이에 대해서는 장훈, "코로나와 빅브라더, 양극화"(〈중앙일보〉, 2020년 6월 23일
    자)가 유용하다. 장훈 교수는 '시민적 협력역량'이 '코로나 방역의 성공요인'이라는
    가설을 세웠다. 자발적 협력이 높을수록 인구 1천 명당 확진자, 사망자 수가 적다
    는 가설이다.

손한다', 코로나 팬데믹의 역설逆說이다. 'COVID-19는 개방사회에 판옵티콘의 도입을 유혹한다', 코로나 팬데믹의 교훈이다.

이와는 사뭇 다른 관점에서, 효율적 재난구제 제도가 요청되고, 취약계층에 대한 신속한 대응과 의료보건체계의 공공성 개선이 다시금 새롭게 조명되고 있다. 1960년대 국민국가 시대의 총아였던 복지국가welfare state와 개입국가에의 요청이 급등하는 중이다. 이는 곧 거대정부의 소환이다. 거대정부는 세계화와 신자유주의에 밀려 지난 세기와 함께 소멸되는 듯했지만, 예기치 않은 코로나 사태가 퇴역 중인 거대정부의 향수를 일깨웠다. 한국은 그런 파동에 재빨리 응답하는 듯이 보인다. 이른바 '한국형 뉴딜'로서, 환영할 만한 신속한 전환이다.

4. 뉴 노멀에서 문명적 뉴딜로

1) 문명사적 각성

우리가 거주하는 유일한 행성인 지구는 지각地殼, 대기大氣, 지하地下, 3개의 권역으로 구성된다. 지각 표면에 거주하는 인류는 풍요와 안전을 위해 대기와 지하를 수탈했다는 것이 문명사적 자각이다. 온실가스와 탄소를 뿜어내 대기권을 오염시켰고, 지하자원을 마음껏 캐내 땅의 문명에 유용했다.

2018년 11월 포항에서 발생한 지진은 지열地熱발전이 원인이었다. 표면 수십 킬로미터 밑 지열을 훔치다가 지각 변동이 일어난 것이다. 인공적으로 발생한 '유발지진'의 성격이 짙었으나 정부가 위촉한 조사반은 일단 '촉발지진'으로 규정해 이재민에 대한 보상 수위를 낮췄다. '유발'이라면 모두 정부 책임이지만 '촉발'이라면 땅도 자연적 책임이 있다는 거였다. 마그마와 지각 변동에 의해 지진을 일으킬 에너지가 응축된 상태에서 지열발전이 모종의 계기를 마련해 줬다는 뜻이다. 아무튼 정부는 촉발trigger이라는 애매한 개념으로 책임을 반감했다. 11

그것이 유발이든 촉발이든 자연적 균형상태를 파괴했다는 점에서는 공통이다. 땅의 문명의 지속 가능성을 위해서라도 대기와 지하를 온전히 보존해야 한다는 각성을 다시 한 번 확인시켜 준 셈이다.

COVID-19가 가져온 뉴 노멀은 단지 자본주의의 단점을 보완하는 정도에 그칠 것이 아니라 인류의 행성인 지구의 생명력과 영속성을 보장하는 '문명사적 뉴딜'이 되어야 한다. 산업혁명 이후 250년간 추진된 자본주의적 발전 패러다임 자체를 수정하는 세기적 과제에 직면했다. 화석연료에 의존하는 경제, 탄소배출에 여념이 없는 성장, 대량생산과 대량소비 없이는 기업생존이 불가능한 정말 이해할 수 없는 시스템 자체에 근본적 변혁을 이뤄야 지구의 생명력이

---

11 포항 지진의 원인을 두고 지질학자들 사이에서는 유발지진설과 자연지진설이 갈렸다. 촉발지진설은 두 주장을 합쳐 놓은 것이다.

보장된다. 언제까지 석유자원에 의존해 살아가야 하는가?

2030년대에는 수소차와 전기차가 가솔린차를 대체할 것으로 예견하고는 있지만, 오늘날 세계를 움직이는 동력의 대부분은 화석연료로부터 나온다. 석탄, 석유, 가스 공급이 중단되면 전 세계가 올 스톱된다. 전 세계 석탄과 석유 매장량이 아무리 풍부하더라도 대기권 오염과 탄소 농도 증가로 인해 지하자원 채굴을 다 마치기도 전에 인류 절멸이 닥칠 개연성이 높다.

학자들의 연구에 의하면, 인간 행동 중 15%는 탄소와 관련 있다. 탄소를 배출한 제품을 입고 쓰거나, 음식물, 생활 오폐수 등으로 인간 자체가 배출원이 된다. 인간 생활의 혁신을 가져왔던 플라스틱과 비닐을 오늘날처럼 남용한다면, 탄소배출은 물론 땅, 강, 바다가 썩지 않는 쓰레기로 뒤덮인다. 우리는 심해 물고기와 동물들이 비닐을 뒤집어쓴 채 몸체가 휘어가는 장면을 자주 보았다. 연민을 자아내는 장면이겠으나 정작 연민의 대상은 인류다. 거주하는 행성이 땅의 문명에 의해 거주불능 상태로 화할 날이 얼마 남지 않았다는 지구과학자들의 경고가 절실하게 다가온다.

리프킨이 말한다. "화석연료 문명은 2028년에 종언을 고할 것이다."(Rifkin, 2014: 89) 8년 남았다.

앞에서 소개한 '그린 뉴딜'은 지구의 생명에 다시금 활력을 불어넣자는 세계사적 각성인데, 이는 자본주의의 패러다임을 바꾸는 것을 전제로 한다. 자본주의 체제가 지난 250년간 발전시킨 이윤극대화 성향을 그대로 유지한다면 그린 뉴딜은 불가능하고 더불어 지구의 생명도 종언을 고한다. 너무 큰 얘기가 아니다. 극단적 시나리오도 아니다. 앞에서 예시한 두 영화 〈지오 스톰〉과 〈컨테이젼〉은 풍요의 문명, 수탈의 문명이 창출한 쌍둥이 비극이다.

탄소배출을 현 시점에서 완전히 중단시킨다 해도 2050년엔 지구 평균 온도가 2도 상승한다는 것이 지구과학자의 예측이다. 2도 상승한다면 어떤 일이 일어날까? 적도가 북상해서 식량대란이 발생하고, 적도의 황열과 말라리아가 확대된 땅 전역에서 기승을 부리고, 기후난민이 3억 6천만 명 발생하며, 해수면 상승으로 도시가 침수한다고 한다. 어떤 지역은 대홍수, 다른 지역은 가뭄과 이상고온에 시달린다. 한마디로 말하면, 지구가 정상이 아닌 상태, '미친 상태'로 진입한다.

앞에서 언급한 폴라니의 대변혁론은 자본주의 자체 수정력에 초점을 두었다. 자본주의 내부에 구조적 모순이 심화되면 자본주의는 그것을 수정해 나가는 적응력 혹은 혁신력을 만들어 낸다. 폴라니는 그런 수정력 내지 혁신의 작용을 이중운동double movement으로 개념화했다. 모순의 성장과 심화, 그리고 그것을 해소하는 혁신의 발생이 이중운동의 요체다. 12

자본주의 내부에 잠재된 복원력! 그러나 COVID-19는 내부 복원력과는 아무 상관없는 외적 충격이다. 기후재앙과 바이러스의 습격

---

12 이 점에서 칼 맑스와 차이가 난다. 맑스의 모순은 자본주의를 파괴하는 힘이었다면, 폴라니는 자본주의의 복원력을 믿었다.

은 아무리 엄청난 복원력으로 무장한 자본주의일지라도 일격에 무너뜨린다. 아예 자본주의가 번성할 토양 자체를 소멸시키는 것이다. 거주불능 상태가 된 지구에서 자본주의를 복원해 봐야 무슨 소용이 있겠는가.

"지구 외에 인류가 거주할 다른 행성Planet B이 없듯이, 기후변화에 플랜 BPlan B는 없다"는 반기문 위원장의 경고처럼, 바이러스의 습격에도 플랜 B는 없다. 향후 닥칠 바이러스는 어떤 본능을 타고날지 아무도 짐작할 수 없다. 겪어 봐야 알 뿐이다. 백신도 치료제도 글로벌 팬데믹을 거쳐야 개발 가능하다.

그러므로 그린 뉴딜의 실행 여부, 성패 여부는 21세기 자본주의의 패러다임적 변혁paradigmatic shift이 전제되어야 그나마 논의가 가능하다. 어떤 변혁을 뜻하는가?

우선, 성장 레이스를 특정 수준 이하로 자제해야 한다. 불가능한 제안이더라도 문명의 붕괴, 지구의 붕괴를 목전에 두고 반드시 해야할 의무가 있다. 끝없는 성장 레이스는 다시 치열한 경쟁을 낳고, 경쟁은 국가 간 전쟁까지 초래했던 것이 20세기의 경험이다. 그렇다고 경제성장이 빈부격차를 줄여 준 것도 아니다. 빈익빈 부익부, 글로벌 불평등은 오늘날의 자본주의에서도 여전히 맹위를 떨친다.

토마 피케티T. Piketty가 《21세기 자본》에서 논증했듯, 경제성장은 부의 편중을 막지 못한다.[13] 최근에 신작 《자본과 이데올로기》에서 그는 다시 불평등 심화현상을 외면한 채 성장 질주에 매몰된 서구

지도자들을 맹비난했다.

"그들은 전 지구적 불평등을 가린 채 초자본주의hyper-capitalist 신화를 밀어붙였다. … 그러나 이번 COVID-19 팬데믹은 그 신화를 단숨에 붕괴시켜 버렸다."(김선태, 2020; Piketty, 2020)

불평등도 문제지만 끝없는 성장 레이스는 더 문제다. 성장 레이스는 불평등을 동력으로 작동한다. 레이스에는 승자와 패자, 앞선 자와 뒤처진 자가 반드시 나뉘기 때문이다. 뒤처진 자는 말할 것도 없고, 앞선 자라 해서 불평등을 해결한 것도 아니다.[14] 피케티의 해결책은 주로 조세정책에 국한된다.[15] 이는 자본주의 자체의 수정은 없다는 점에서 한계를 갖는다. 조세정책은 아무리 훌륭한 결과를 예상한다 해도 국가의 정치체제와 지도자의 정치성향에 따라 좌우되기 때문이다. 조세정책은 정치체제의 함수다. 끝없는 탐욕의 질주를 어떻게 제어할 것인가? 해결책은 마땅치 않지만 달걀로 바위를

---

13 한편 필자가 피케티와 나눈 심층 인터뷰 내용이 〈중앙일보〉 2014년 9월 24일 자에 실렸다.

14 다른 한편, 경제성장은 빈곤인구를 줄였다는 긍정적 반론도 만만치 않다. 프린스턴대 앵거스 디턴(Angus Deaton) 교수는 그의 저서 《위대한 탈출》에서 "경제성장은 사망률 감소, 생활수준 향상 등 인류사회에 진보를 촉진했다"며 "불평등은 감수할 수 있는 것 아닌가"라고 반문했다. "아프리카 최빈국도 산업혁명 당시 영국보다 삶의 질이 높다. 절대 빈곤층이 30년간 40%에서 14%로 줄었고, 평균수명 역시 100년 동안 30년이 늘었으며, 모든 계층의 절대적 소득 개선이 발생했다"는 것이다.

15 《21세기 자본》 2부가 모두 조세정책을 논하는 데에 할애된다. 그럴듯한 대안이라도 정치적 결정론의 굴레를 벗어날 수 없다.

치듯 일단 문제제기라도 해야 한다.

　둘째, 생산과 소비 패턴의 본질적 변혁이 필요하다. 20세기 발명품인 대량생산과 대량소비는 인류사회에 풍요를 선사했다. 일자리도 만들었고, 빈곤층의 소득도 늘렸다. 일자리 창출은 20세기 동안 모든 정치체제, 모든 국가의 최우선적 정책이었다. 대량생산과 대량소비가 그 배경에서 작동했고, 대기업과 글로벌 기업이 출현했다. 그런데 그런 체제가 인류의 미래를 보장할 수 있는가?

　앵거스 디턴 교수의 긍정적 평가처럼 빈곤층 구제, 평균수명 연장, 절대적 소득 상승을 가져왔다 해도 그것은 지구 한 권역의 과잉생산과 과잉소비를 전제로 한 것이고, 부국과 빈국 간의 격차는 더욱 벌어졌다. 자원착취, 오염, 낭비와 지나친 사치 등 문명의 이름으로 자행되는 멋과 맛의 향연, 그것도 새로운 것을 찾아 질주하는 끝없는 욕망의 향연을 지속해야 가능한 것이다. 그런 풍경은 생활 주변에 널려 있다.

　예컨대, 패션도 가구도 산업이다. 유행상품은 철이 지나면 폐기처분된다. 옷장 속에 얼마나 많은 철 지난 옷들이 보관되어 있는가? 버린 천 조각과 옷가지들이 어떻게 처분되는지 나는 모른다. 집안을 장식한 가전제품들이 폐기처분되는 곳은 어디인가, 그리고 어떻게 처분되는가? 싫증나면 바꾸는 가구와 생활용품들을 구입하기 위해 꾸준히 경제활동을 해야 한다. 지구의 다른 쪽은 집도 생활용품도 조달하지 못하는 빈곤상태다. 자본주의 체제에서 재활용은 빈곤층의 대명사일 뿐, 상위 소득국에서는 그냥 버리는 것이 미덕이다. 생산을 촉진하기 때문이다.

이런 형태의 생산과 소비가 은연중 지구를 괴롭힌다는 것을 인식하기까지 거의 250년이 걸렸다. 지금도 경쟁 레이스와 풍요한 소비생활에 묻혀 그것이 자원낭비 내지 자원착취와 동일한 행위임을 인정하지 않는다.

자원 재활용, 자원 공유를 지향하는 혁신기업들이 다수 태어나기는 했다. 에어비앤비AirBnB, 우버Uber, 위워크Wework 같은 공유기반 기업들 말이다. 에어비앤비는 숙박 공유, 우버는 유휴 자동차를 경제활동에 끌어들였고, 위워크는 사무실 공유를 통해 건축 수요를 줄였다. 그러나 코로나 팬데믹 사태에 이 혁신기업들이 가장 심각한 타격을 입었다. 사회적 거리두기와 재택근무 방역방침이 활동 중단, 접촉 중단을 초래해 모빌리티 산업에 일대 충격을 가했다. 결과는 대규모 정리해고로 이어졌다.

실리콘밸리에서 태어나고 있는 이른바 디지털 혁신기업이 자원효율성, 공유경제 같은 혁신 아이디어를 내세워 대량생산과 소비를 부추기는 구시대 기업을 축출했지만(Schmidt & Cohen, 2014), 신상품과 디자인을 추구하는 부자 나라의 생활 패턴과 일정 기간 쓰고 버리는 소비 패턴이 바뀌지 않는 한 디지털 혁신기업의 연착륙은 매우 어렵다. 그렇다고 혁신기업들이 탄소 제로를 고집하는 것도 아니다.

다시 리프킨의 지혜를 빌리자면, 4차 산업혁명의 총아인 사물인터넷IoT, 인공지능AI, 3D 프린팅을 활용해서 생산자와 소비자가 한 몸인 프로슈머prosumer의 탄생과 확산을 기대해 볼 수는 있겠다. 필요한 물품의 자체 생산이 IoT, AI를 활용한 3D프린팅으로 가능하다는 것이다. 리프킨은 2050년이 되면 소수의 대기업만 남고 프로슈머가 전 지구적으로 확산된다고 예견했다. 전제를 달았다. 공유경제sharing economy와 협력공동체collaborative commons가 현 질서의 대안으로 형성, 확산되면 프로슈머끼리 필요한 물품을 생산하고 교환하는 경제가 가능하다는 것이다(Rifkin, 2014: 230~245). 실현 가능성을 일단 유보한다면 자본주의 체제의 구조변혁을 전제로 한 언명이다. 공유경제, 협력공동체는 현재의 자본주의 체제가 지워 버린 기능의 복원을 뜻한다.

현재의 문명에서 시장은 무엇을 상실했는가? 본래 시장 기능은 재분배redistribution, 상호호혜reciprocity, 재생산reproduction 3가지다. 이른바 3R로 불리는 시장의 본질적 기능 중 자본주의가 제거한 것이 재분배와 상호호혜다(Polanyi, 1944). 역으로, 재분배와 상호호혜 기능을 촉진했다면 자본주의는 생존하지 못했을 것이다. 나눠 주고, 나눠 쓰고, 필요한 것을 주고받는 경제에서 자본주의적 대량생산과 소비가 살아날 리 만무하다. 오직 재생산, 그리고 대량소비! 이것이 없으면 글로벌 시장은 형성되지 않는다. 자급자족을 기반으로 하되 필요한 물품만 교역하는 형태에 머물 개연성이 크다. 경제성장도 획기적 수준에서 일어나지 않을 것이다. 오늘날처럼 활발한 교역과 교류가 필요치 않을 것이다. 이것이 딜레마다.

부국은 빈국에 과잉생산으로 남는 물품을 공여하는 것에 익숙하다. 빈국이 그 물품에 길들여져 소득수준을 훨씬 넘는 상품을 구매하도록 부추기는 데에 익숙하다. 자본주의의 추동력이다. 자본주의는 '자선charity'을 좋아하고, '연대solidarity'를 싫어한다. 3R-자본주의3R-Capitalism, 일종의 '사회적 자본주의social capitalism'로 전환하자는 문명사적 각성이 성공하려면 연대가 절대적이다. 그러나 누가 전위前衛를 맡을 것인가? 국가, 자본가? 아니면 소비자? 여행은 시작되었으나 길은 묘연하다.

2) 한국, 문명적 뉴딜: 진단과 제언

한국형 뉴딜의 윤곽이 공개됐다. 경제회생을 위한 긴급대책을 위시해서 경쟁력 증진과 관련된 경제구조의 재설계까지가 담겼다. 뿐만 아니라, 생계보장과 활력증진을 위한 고용정책과 복지정책, 사회적 취약계층과 비정규직, 임시근로자, 계절노동자, 시간제 노동자를 보호하기 위한 각종 조치들도 계속 강구될 것이다. COVID-19는 비대면 모빌리티untact mobility의 유용성을 각인시켰고, 기업구조, 교육, 정부행정 및 각종 사회적 서비스의 패턴에 엄청난 변동을 초래할 것이다. 원격의료를 둘러싸고 의협과 병원협회 간 대립 양상도 펼쳐질 전망이다.

큰 폭의 사회적 변동은 이익집단 간 격렬한 투쟁과 갈등을 몰고 오기 마련이다. 지난 총선으로 이원화된 한국의 정당체계가 이런 사회적 갈등과 대립을 적절히 풀어낼지 의문이지만, K-방역의 성공사례가 세계에 알려졌듯이, 한국형 뉴딜이 문명사적 전환의 길잡이가 되어야 한다는 세기적 사명감을 최우선 명제로 설정하면 문제는 의외로 쉽게 풀릴 수 있다.

협치를 통한 갈등해소에는 '양보와 자제'가 전제요건이다. 이익 선점, 혹은 이익 고수의 근시안적 태도로는 문제가 더욱 악화될 뿐이다. 이 책의 필자들이 각 정책 영역에서 해법을 찾아 고심한 이유도 이것이다. 완벽한 해법은 아닐지라도 '문명사적 뉴딜'이 되기 위한 선제요건과 정책 마인드를 점검하고자 했다. 이 책은 크게 3부로 나뉜다. 총론에 해당하는 1부, COVID-19의 경험현장과 보건의료체계를 다룬 2부, 그리고 정치·사회영역의 변동과 정책적 디자인을 탐색한 3부가 그것이다.

권순만 교수는 우리의 보건의료체계가 어떻게 방역에 성공을 거뒀는지를 점검했고, 넉 달 사이 정부가 발한 긴급 대응조치들과 법적 장치들이 어떻게 작동했는지를 살폈다. 그리고 이를 바탕으로 2차 팬데믹에 대비해 보건의료체계의 효율성을 증진할 방안을 모색했다(2장).

김석호 교수는 희생이 가장 컸던 진원지 대구·경북에서 과연 무슨 일이 일어났으며, 중앙정부와 지자체의 협력 공간이 제대로 조율되었는지를 살폈다. 인터뷰와 현장관찰을 통해 생생한 목소리를 들을 수 있다(3장).

조원광·배영 교수의 연구는 조금 색다르다. SNS를 수놓은 수많은 말들과 개념들, 시급한 제안들을 분석하여 시민들이 발한 분노 표현이 정책수행에 과연 어떤 효과를 초래했는지를 분석했다. 그들이 개념화한 '징벌 공동체', 분노와 좌절의 언어가 넘쳐나는 SNS 공론장은 결코 성공적 정책수행에 도움이 되지 않음을 밝혔다(4장).

3부는 COVID-N 대비 정책적 제언이다. COVID-19가 향후 예기치 않게 발생할 COVID-N의 예행연습이라면, 이 참에 복지제도의 전면적 개혁을 앞당기는 일대 수술이 필요하다. 복지전문가인 최혜지 교수는 재난지원금의 시의적절성을 인정함과 동시에 기본소득 논쟁을 복지제도의 발전적 기틀을 마련하는 방향으로 끌고 가고자 한다. COVID-19 사태로 생계 위협을 받는 집단은 여럿이다. 돌봄 노동자, 비정규직과 임시직, 비숙련공, 노약자, 청년 등이 그러하다. 사회보장 혜택에서 소외된 사각지대 집단이 다수인 한국의 현실을 고려하면 기본소득의 필요성이 인정된다는 것이다. COVID-N을 대비해서라도 취약계층, 저임금 비정규직, 사각지대에 놓인 집단들의 생계 위협을 사전에 제거하는 일대 혁신이 필요하다(5장).

언론 전문가인 유현재 교수는 넉 달간의 신문·방송 기사를 면밀히 분석해 공론장의 주역인 언론·방송이 위기 소통risk communication에 얼마나 충실했는지를 점검했다. COVID-19 확산기간에 행한 국민 신뢰도 조사에서 언론·방송은 거의 하위에 머물렀다. 그 원인을 여러 각도에서 조명한 유 교수는 팬데믹 상황에서 언론·방송의 이상적 역할을 '심리적 방역'으로 규정한다. 한국의 언론·방송이 심리적 방역기능을 높이기 위해 어떤 요건을 갖춰야 하는가, 그리고 그를 위한 개혁방안은 무엇인지를 모색했다(6장).

7장은 사회 전반에서 진행될 대변혁의 양상들을 찬찬히 짚어 한국사회의 특징을 살리는 경로를 모색했고(장덕진 교수), 8장은 빅브라더 시대 정치적 변동과 거버넌스의 문제를 점검하고, 모니터링 정부monitoring government의 출현에 대한 시민사회의 대응적 자세를 촉구했다(강원택 교수).

이 책은 학계 전문가들의 긴급진단이자 정책제언이다. 불과 몇 개 정책영역을 점검한 연구결과이지만, 한국형 뉴딜을 문명사적 차원으로 높이는 '종합적 설계'를 만들어 이행하는 데에 일조가 되기를 바라는 마음 간절하다.

참고문헌

김선태(2020), "코로나-19로 드러난 자본주의의 민낯 … 불평등 해소만이 해결책", 〈뉴스퀘스트〉, 2020. 5. 11.

김연수(2020), "코로나-19 사태, 원격의료 도입 계기 삼아야", 〈중앙일보〉, 2020. 5. 20.

송호근(2020), "지구의 시간", 〈중앙일보〉, 2020. 5. 11.

_____(2020), "Outlook: 1일 접촉 3명 제한, 2미터 거리두기 제안", 〈중앙일보〉, 2020. 2. 27.

_____(2020), "방역독립선언서", 〈중앙일보〉, 2020. 3. 2.

장 훈(2020), "코로나와 빅브라더, 양극화", 〈중앙일보〉, 2020. 6. 23.
홍석철(2020), "원격의료로 포스트 코로나 시대 열자", 〈한국경제〉, 2020. 7. 9.
홍윤철(2020), 《팬데믹》, 포르체.

Chua, A. 저, 김승진 역(2020), 《정치적 부족주의》, 부키.
Deaton, A. S. 저, 이현정 역(2015), 《위대한 탈출》, 한국경제신문사.
Karl Polanyi(1944), *The Great Transformation: The Political and Economic Origins of Our Time*, Boston.
Ostrom, E. 저, 윤홍근 역(2010), 《공유의 비극을 넘어》, 알에이치코리아.
Piketty, T. 저, 장경덕 외 역(2014), 《21세기 자본》, 글항아리.
_____ 저, 안준범 역(2020), 《자본과 이데올로기》, 문학동네.
Rifkin, J. 저, 안진환 역(2020), 《글로벌 그린 뉴딜》, 민음사.
_____ (2014), 《한계비용 제로사회》, 민음사.
Schmidt, E. & Cohen, J. (2014), *The New Digital Age: Transforming Nations, Business and Our Lives*, New York: Vintage.
Wells, D. W. 저, 김재경 역(2020). 《2050 거주불능 지구》, 추수밭.

2

COVID-19, 소용돌이를 겪다

2

COVID-19와 보건정책*
성과와 한계

권순만 서울대 보건대학원

신종감염병 COVID-19가 우리나라와 전 세계의 경제와 사회에 크나큰 영향을 미치고 있다. 바이러스의 변형 혹은 신종 바이러스여서 우리가 과학적으로 여전히 그 실체를 충분히 파악하지 못하다 보니 불확실성이 크고, 따라서 사회 경제 전반에 대한 영향이 막대하다. 예를 들어 가장 효과적인 치료법이 무엇인지에 대한 합의가 없고, 백신도 아직 개발되지 않았으며, 얼마나 오래 기다려야 백신을 이용할 수 있을지도 잘 모른다. 항체가 얼마나 잘 생기는지, 일단 생기더라도 얼마나 지속되는지에 대해서도 아직 불확실하다. 이러다 보니 과학적 근거에 기반한 대응에도 어려움이 따른다.

그리고 사람들의 이동이 국가 안에서는 물론 국경을 넘어 매우 많

*　자료 수집에 수고해 준 윤성훈 조교, 이동규 조교께 감사드립니다.

다 보니, 격리나 봉쇄와 같은 전통적 대응이 민주적 가치와 충돌하거나 또 경제에 미친 영향이 매우 막대해서, 감염병의 전파를 막는 것이 매우 어렵고 예상치 못한 큰 사회적 비용을 야기하고 있다. 나아가 감염병에 대응하는 정책 역시 기술적 혹은 의과학적 측면뿐만 아니라 그것이 가지는 경제적, 사회적 편익과 비용을 고려하지 않을 수 없다.

1. COVID-19의 역학과 방역

1월 말에 첫 번째 COVID-19 환자가 발생한 이후 2월 중순 대구 신천지교회와 관련하여 확진자 수가 폭발적으로 증가하였다. 대규모 환자가 발생한 대구·경북 지역에서는 COVID-19 환자를 치료할 수 있는 병상이 부족하게 되었고, 보건의료체계에 큰 위기가 왔다. 비록 갑자기 환자가 급증하기는 했지만 특정 지역의 특정 집단에서 대규모 확진자가 발생한 것은 불행 중 다행으로, 신천지교회의 모든 신자를 중심으로 대규모 진단검사를 시행하여 확진자를 조속히 발견하여 격리하고 치료하였다. 또 확진자와 동선이 겹치는 대상자들에 대한 역학조사와 진단검사를 통해 비교적 성공적으로 바이러스 확산을 통제할 수 있었다.

신천지교회의 모든 신자에 대해 진단검사를 시행한 결과, 확진자의 연령분포상으로 외국에 비해 젊은 사람들이 더 많은 결과가 나왔다. 외국의 경우 아무래도 고위험군이나 노령층을 중심으로 진단검사를 실시하였지만, 우리의 경우 대규모 진단검사 능력을 바탕으로 광범위하게 진단검사를 시행함으로써 확진자 수도 빠르게 증가했지만, 젊은 연령층이 확진자에 많이 포함된 결과 우리나라의 COVID-19 평균 사망률이 외국에 비해 낮아진 것이다. 반면 대부분의 서구 국가들은 급속도로 확진자 수가 증가하여 보건의료체계가 마비되었다(〈그림 2-1〉). 우리나라는 초기에 방역을 잘하여 감염의 빠른 확산을 막음으로써 환자 수의 폭증을 피하고(이른바 역학곡선의 완만화), 의료체계의 마비를 방지할 수 있었다. 초기 방역에 실패하여 환자 수가 폭증할 경우, 평소에 엄청난 정도의 유휴 인력과 시설·병상이 존재하는 경우가 아니라면, 이를 감당할 수 있는 의료체계는 지구상에 거의 존재하지 않는다. 즉, 우리나라의 COVID-19에 대한 대응은 의료체계의 성공이라기보다는 방역의 성공으로 보는 것이 더 타당하다.

COVID-19에 대한 한국 대응의 큰 특성 중 하나는 대규모 진단검사이다. COVID-19의 특성 중 하나는 무증상 상태에서 감염시킨다는 것이므로, 증상이 없는 상태에서라도 검사를 통해 감염 여부를 조기에 파악한다면 감염의 확산을 빨리 막을 수 있는 장점이 있다. 첫 번째 확진자가 발생한 시점은 한국과 서구 국가들, 예를 들어 미국, 영국, 독일, 이탈리아가 모두 1월 말로서 동일하다. 하지만 그 이후 시행된 진단검사 건수를 보면 한국이 압도적으로 높다(〈그림 2-2〉). 여기에는 과거 메르스MERS: Middle East Respiratory Syndrome(중동

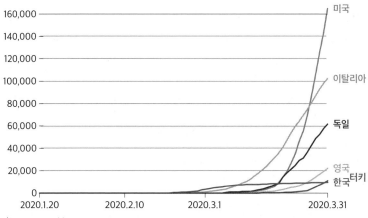

〈그림 2-1〉 COVID-19 확진자 수

자료: Our World in Data.

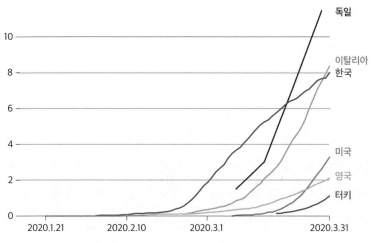

〈그림 2-2〉 인구 1천 명당 COVID-19 검사 수

자료: Our World in Data.

호흡기증후군) 경험을 통해 조기 검사의 중요성을 인지한 질병관리
본부KCDC: Korean Center for Disease Control and Prevention가 일찌감치 검사
키트 생산자들에게 중요성을 인지시키고, 조기 승인을 통해 진단 키
트의 대규모 생산을 가능하게 한 것이 큰 역할을 하였다.

한국의 경우 진단검사 산업이 다른 나라들에 비해 비교적 높은 기
술적 수준과 생산 능력을 보유했다는 점 또한 빠른 시간 내에 생산
을 크게 늘릴 수 있는 배경이 되었다. 건강보험이 도입된 이후 정부
는 의사의 (직접 노동에 대한) 수가는 비교적 강하게 규제하는 대신
비의사 투입요소인 진단, 검사, 의약품 등의 가격에 대해서는 덜 강
하게 규제하여, 비의사 투입요소의 마진(수가와 비용 간 차이)이 상
대적으로 더 높다. 그에 따라 건강보험 체계에서 진단검사의 비중이
다른 나라에 비해 상대적으로 더 높고, 그 결과 진단검사 인력의 수
준 및 관련 산업의 역량과 규모가 외국에 비해 우수하다고 볼 수 있
다. 그리고 이는 역설적으로 COVID-19와 같은 위급 상황에서 빠
른 진단키트 개발과 대규모 생산으로 이어졌다.

2. 성공적 대응

1) 대응 정책의 특성

앞서 언급했듯이 우리나라의 COVID-19 대응 성공은 방역의 성공으로 볼 수 있는데, 필자의 판단으로는 이러한 성공적 방역의 핵심은 준비성preparedness 그리고 유연성flexibility이라고 생각한다. 2015년 메르스 사태는 한국 보건의료 부문에 큰 충격을 안겨 주었다. 우리 스스로 보건의료 선진국이라고 생각했는데, 중동이 아닌 지역에서 가장 많은 사망률이 발생한 곳이 한국이 되었고, 그것도 최고 수준의 병원 중 하나인 삼성의료원에서 대규모 감염이 발생한 것이다. 나아가 국민들에게 감염자의 규모나 현황, 동선 등에 대한 정보가 전혀 제공되지 않았다.

하지만 메르스의 실패 경험은 결코 헛된 것이 아니었다. 이후 감염병 예방 관련 법률의 개정을 통해 KCDC의 역량(특히 역학조사)이 크게 강화되었다. 감염자의 동선을 파악하기 위해 인터뷰뿐만 아니라 신용카드 사용내역, 휴대전화 위치, CCTV 정보 등을 이용할 수 있게 되었고, 동선파악 결과 또한 주민들에게 알려 주게 되었다. 법 개정의 결과로, 감염병 위기상황에서 정부가 위험시설을 폐쇄하는 것도 가능해졌고, 신천지교회의 경우에도 100여 곳의 교회시설이 폐쇄되었다.

또 재난적인 감염병 발생 시 중앙정부와 지방정부의 역할도 명확하게 정의되었고 재난위기체계도 갖추어졌다. 통상 감염병에 대해서는 지방정부의 역할이 중요한데, COVID-19와 같이 그 영향이 막대하고 신종 감염병이어서 질병에 대한 정보나 지식이 제한될 때에는, 중앙정부가 특히 기술적 측면에서 리더십을 가지고 지방정부와 협력하는 것이 국가 차원에서의 전반적인 대응 능력을 키우는 데 유리하다. 예를 들어, 미국에서는 중앙정부와 지방정부 사이의 코로나 대응과 관련한 불협화음으로 분권화된 접근의 한계를 드러냈다(Kim, 2020).

이와 같은 법 개정과 정책적 대비의 결과 감염병 위기상황에 대한 우리나라의 준비성preparedness이 크게 향상되었고, 이번 COVID-19에 대해 초기에 매우 빠르게 대응할 수 있었다.

COVID-19에 대한 초기 대응의 주요 요소들은 진단검사, 확진자 동선파악, 그리고 치료를 들 수 있다. 광범위한 진단검사를 통해 확진자를 조기에 파악하고 필요시 격리함으로써 확진자가 다른 사람들을 감염시키는 것을 조기에 차단할 수 있었다. 특히 COVID-19는 감염 속도가 매우 빠르고 무증상 상태에서 타인을 감염시키는 것이 가능하다는 특성이 있어서, 조기 진단을 통한 확진자 파악의 효과가 더욱 크게 나타났다. 그리고 확진자의 동선을 파악하고 공개함으로써 확진자와 동선이 겹치는 사람이 신속하게 진단검사를 받을 수 있도록 하였다.

검진과 확진자 동선파악 역량은 시간이 흐르면서 더욱 높아졌다. 예를 들어, 대구 신천지교회와 관련해 9천여 명을 진단하는 데 2주

가 소요되었으나, 쿠팡 물류센터에서 감염자가 발생한 후에는 관련
자 5천여 명을 진단하는 데 불과 3일밖에 소요되지 않았다(〈파이낸
셜타임스〉, 2020). 또 신천지교회에서의 집단 발생 시에는 확진자의
동선을 파악하는 데 5~6일이 소요되었으나, 이제는 신용카드 사용
정보와 무선전화 위치정보 및 기타 정보를 신속하게 통합하여 불과
10~20분이면 확진자의 동선을 완전히 파악할 수 있게 되었다.

특히 요양기관과 같은 고위험 노인시설에서는 환자의 안전을 위
해 종사자들에 대한 그룹검사pooled testing를 주기적으로 실시하고 있
다. 그룹검사란, 종사자 여러 명의 검체檢體를 모아 한 번에 검사한
후 혹 여기서 양성이 나오면 검체에 포함된 모든 종사자를 개별적으
로 검사해 개별 확진자를 파악하는 것이다.

그러나 메르스의 경험에 의한 정책학습만으로는 COVID-19에 효
과적으로 대응하는 데 한계가 존재한다. 즉, 새로운 감염병이기 때
문에 여전히 과학적 근거가 미비한 상황에서 변화하는 환경, 정책
시행에서 경험하는 오류, 그리고 새롭게 밝혀지는 과학적 근거에 대
해 빠르고 탄력적으로 대응하는 것 또한 매우 중요하다. 새롭게 밝
혀지는 과학적 근거에 기반해 빠르게 정책을 수행하고, 실패 사례로
부터 배워서 빨리 기존 정책을 교정하는 것이 필요한 것이다.

검사 시 환자가 검사장소나 의료기관을 감염시킬 수 있는 위험을
줄이고, 또 빠르게 많은 수의 검사를 가능하게 하기 위해 도입된 드
라이브 스루Drive Through 검사는 과히 혁신적인 아이디어였다.

대규모 검사가 진행된 결과 대구·경북지역에서 빠르게 확진자가

증가했을 당시, 이들을 모두 입원시킴에 따라 병상 수가 부족해져, 집에서 입원을 기다리다가 사망하는 사례들이 발생하였다. 그러나 COVID-19의 특성 중 하나는 경증 환자가 많다는 것이며, 실제 입원이 필요한 중증 환자는 비교적 소수라는 것이 추후 밝혀졌다.

이에 따라 생활치료센터와 환자중증도 분류체계triage가 도입되어, 중증 환자는 병원에 입원하고, 경증 환자는 생활치료센터에 입소하였다. 생활치료센터는 정부나 기업의 연수원 등을 경증 환자의 상태를 모니터하고 관리하는 시설로 변경한 것으로서, 병상과 같은 의료자원을 중증환자에게 집중하는 데 크게 기여하였다(Kwon, 2020).

2) 코로나 대응정책의 정치경제

사회적 거리두기에 대한 국민들의 참여에 힘입어 한국은 다른 나라들과 달리 봉쇄lockdown와 같은 극단적 조치는 피할 수 있었다. 엄밀하게 말하면, 국민들의 자발적인 사회적 거리두기가 있었기에 봉쇄에 준하는 효과를 발휘할 수 있었다. 골드만삭스는 락다운 지표 Effective Lockdown Index를 만들었는데, 이는 옥스퍼드대에서 수집한 각국의 정부정책에 대한 정보에 구글과 애플에서 나온 사람들의 이동자료를 결합한 것이다(Goldman & Sachs, 2020). 이 지표에 따르면, 한국은 정부가 공식적 봉쇄조치를 하지 않았음에도 불구하고 2월 말부터 3월 말 사이에 아시아 고소득 국가 중 봉쇄 정도가 가장 높은 것으로 나타났다. 정부의 봉쇄정책 강도가 가장 낮았음에도 불구하고 이 지표가 가장 높게 나온 것은 국민들의 거리두기 참여가 높아서 이동이 가장 낮은 수준이었기 때문이었다고 유추된다.

뉴질랜드는 3월 말에 그리고 싱가포르는 4월 초에 락다운 지표값이 올라갔는데, 싱가포르의 경우 이주노동자 집단감염에 따라 정부의 조처가 강화된 결과이다. 3월 초부터 3월 말에 걸쳐 락다운을 시행한 이탈리아, 스페인, 프랑스, 영국, 독일의 경우 락다운 지표값이 그 추이를 잘 보여 주는데, 독일의 경우 락다운 정도가 다른 유럽 국가들보다 상대적으로 낮음을 알 수 있다. 한국의 경우 최근 들어 생활방역으로 전환했고 국민들의 이동이 상당 부분 예전 수준으로 증가했기 때문에 이 지표값이 최근에는 더 낮아졌으리라 예상된다.

감염병 위기상황에서 정부의 투명한 의사소통은 국민들이 정부 정책을 신뢰할 수 있게 하고, 따라서 정부 정책의 효과를 크게 높인다. 예를 들어 마스크 착용과 사회적 거리두기는 국민들이 자발적으로 열심히 참여해야만 그 효과를 볼 수 있는 것이다. 과거 메르스 때와는 달리 매일 KCDC 본부장, 보건복지부 차관 혹은 고위 정책담당자가 국민들에게 COVID-19 현황(확진자, 사망자, 완치자 그리고 지역적 분포)을 상세히 설명한 것은 국민들의 신뢰를 높이는 데 효과적이었다. 그 결과 국민들이 정부의 발표를 신뢰하고 특히 KCDC에 대한 신뢰가 매우 높게 나타났다(유명순, 2020).

우한武漢에서 환자가 급증한 후 중국으로부터의 입국을 제한하자는 주장이 한동안 제기되었다. 물론 전통적으로 격리와 봉쇄는 감염병 통제를 위한 효과적 방법으로 사용되어 왔다. 하지만 중국과의 정치적 이유 외에도 실제 중국으로부터 입국하는 사람 중 내국인이 더 많다는 점, 글로벌 공급망 등 경제적 이유 등으로 인해 정부는 중국으로부터의 입국을 막지 않았다. 과연 중국과의 항공망을 폐쇄했더라면 COVID-19를 더 효과적으로 통제할 수 있었을까는 여전히 논란일 수 있다. 그러나 유럽, 미국, 싱가포르의 경험을 보면 국경봉쇄는 그리 효과적이지 않았다. 대만과 뉴질랜드의 경우에는 효과적이었다고 볼 수도 있겠다.

하지만 그러한 봉쇄적 접근을 선호한다면 대구·경북 지역에서 확진자가 급증했을 때에도 그 지역을 봉쇄했어야 했는데 그것이 과연 정치·사회적으로 가능했었는지는 의문이다. 또 위험한 외국을 피해 귀국하고자 하는 우리 국민들을 받아들이지 않는 것이 과연 가능한가 하는 점 역시 문제가 될 것이다.

뉴질랜드의 경우에는 개방경제라고 보기 어려워 봉쇄에 따른 경제적 비용이 우리와 비교해 크지 않고, 대만의 경우 현 집권당이 중국과 대립각을 유지하고 있다는 사실로 인해 좀더 쉽게 중국과의 국경 봉쇄를 결정할 수 있었다고 생각된다.

최근 우리나라보다 확진자 수가 훨씬 많은 유럽 국가들이 봉쇄를 완화하는 것에서 보듯이, 단순히 국경봉쇄뿐만 아니라 COVID-19에 대한 다양한 대응책에 있어서, 의과학적 관점 혹은 감염의 관점에서만 정책을 채택할 수는 없고, 궁극적으로 다양한 정치경제적 현실을 고려할 수밖에 없을 것이다.

3. COVID-19 대응 정책의 한계

1) 확진자 동선 공개와 프라이버시

COVID-19 발생 초기부터 정부는 광범위한 진단검사를 실시하고 검사 결과를 토대로 확진자의 동선을 파악하여 구체적인 정보를 국민들에게 제공했는데, 이는 우리나라의 방역 성공에 충분히 기여하였다고 인정된다. 하지만 감염자의 신용카드 사용내역, 휴대전화 위치, CCTV 정보 등 개인 정보를 수집하고, 이를 통해 확인한 세세한 이동경로 정보를 지방정부가 국민들에게 다 알려 줘서 감염자와 동선이 겹친 사람들에게 검사를 받도록 하는 것에 대해서는 논란이 있을 수 있다. 과연 어느 정도 수준까지 확진자 동선 정보를 국민들에게 알려 줘야 할까?

특히 초기에는 지방정부 간에 경쟁적으로 구체적 정보를 제공하다 보니 프라이버시에 대한 고려가 충분하지 않았다. 나이, 성별, 거주지와 같은 개인 정보가 제공되면서 개인의 신상이 밝혀지다 보니 실제로 주민들이 감염자의 신상에 대해 대충 파악할 수 있는 경우도 생겼다. 그 결과 확진자에 대한 낙인烙印과 비판이 발생하였고, 언론 역시 경쟁적으로 확진자에 대한 정보를 제공하는 경향을 보였다. 예를 들어, 5월 초 확진자가 이태원의 성소수자 클럽을 방문했다는 보도는 매우 실망스러운 언론의 행태였다.

확진자가 지나간 모든 경로를 너무 상세하게 공개함으로써 발생하는 것은 개인의 프라이버시 문제뿐만이 아니다. 동선 공개에 포함된 식당이나 가게는 상당 기간 소비자가 방문하지 않아서 막대한 손실을 겪을 수 있다. 특히 신종 감염병이다 보니 국민들이 느끼는 불확실성과 걱정이 지나칠 수 있기 때문에 더욱 그러하다.

확진자가 방문했더라도 이후 소독이 이루어지기 때문에 감염 우려가 없음에도 불구하고 국민들은 그 장소를 기피하게 된다. 공식적인 사이트에서는 2주가 지나면 업소 정보가 지워지지만, 국민들이 이미 사진을 찍고 인터넷에 유포한 업소의 이름은 여전히 지워지지 않아서 피해가 발생한다.

물론 확진자의 동선파악과 정보공개는 법에 근거한 것이기는 하다. 하지만 우리나라에서의 관련 법 개정이 얼마나 사회적 합의를 거쳐 이루어졌는지는 의문이다. 실제로 감염병 관리 관련법은 메르스가 한창 진행 중이던 시점, 그리고 종식된 시점, 이렇게 2015년에만 두 차례나 개정되었다(〈표 2-1〉 참조). 또 한창 COVID-19가 정점을 찍던 올해 3월에 다시 한 번 법 개정이 이루어졌다.

긍정적으로 평가한다면 빠른 정책 집행을 위해 신속한 법 개정이 이루어졌다고 볼 수 있지만, 광범위한 사회적 합의 없이 프라이버시 침해의 가능성이 있는 법률 혹은 처벌과 규제를 강화하는 정책들이 도입되었다고도 볼 수 있다. 예를 들어 역학조사관을 신속하게 증원한 점은 빠른 법 개정의 장점으로 볼 수 있다. 하지만 메르스 확진자 동선파악과 정보공개에 대한 조항이 신설된 것이 2015년 7월이었음을 고려하면 이러한 동선파악과 정보공개에 대해 사회적으로 충분

〈표 2-1〉 감염병 예방 및 관리에 관한 법률 개정의 주요 내용

구분	주요 내용
메르스 이후 1차 개정 (2015.7.6.)a	가. 국가와 지방자치단체는 감염병이 효율적 치료 및 확산방지를 위해 질병의 정보, 발생 및 전파 상황을 공유하고 상호 협력하도록 함(제 4조 제 3항 신설). 나. 보건복지부장관은 국민의 건강에 위해가 되는 감염병이 확산되는 경우 감염병 환자의 이동경로, 이동수단, 진료의료기관 및 접촉자 현황 등 국민들이 감염병 예방을 위해 알아야 하는 정보를 신속히 공개하도록 함(제 34조의2 신설). 다. 감염병이 국내 유입 또는 유행이 예견되어 긴급한 대응이 필요한 경우 방역관이 감염병의 의심·방역대책, 감염병환자 등의 진료·보호를 수행하기 위하여 통행의 제한 및 주민의 대피, 감염병의 매개가 되는 음식물·물건 등의 폐기·소각, 의료인 등 감염병 관리인력에 대한 업무부여 및 방역물자의 배치 등 감염병 발생지역의 현장에 대한 조치를 할 수 있도록 하고, 해당 지역 경찰서의 장, 소방관서의 장 및 보건소의 장 등의 방역관의 조치를 협조하도록 함(제 60조). 라. 감염병 역학조사에 관한 사무를 처리하기 위하여 역학조사반을 보건복지부에 30명, 시·도에 각각 2명 이상 두도록 하고, 긴급한 상황으로서 즉시 조치를 취하지 않으면 감염병이 확산되어 공중위생에 심각한 위해를 가할 것으로 우려되는 경우 역학조사반이 감염병환자가 있는 장소의 일시적 폐쇄 등의 조치를 할 수 있도록 함(제 60조의2 신설).
메르스 이후 2차 개정 (2015.12.29.)b	가. 보건복지부장관이 예방접종통합관리시스템을 구축·운영하도록 법적 근거를 마련하고, 예방접종통합관리시스템의 구축·운영을 위하여 예방접종 대상자의 인적사항 등 필요한 자료를 수집·관리·보유할 수 있도록 하며, 관련 기관 및 단체에 필요한 자료의 제공을 요청할 수 있도록 함(제 33조의2 제 1항 및 제 2항 신설). 나. 국가는 감염병의 연구·예방, 전문가 양성 및 교육, 환자의 진료 및 치료 등을 위한 시설, 인력 및 연구능력을 갖춘 감염병전문병원 또는 감염병연구병원을 설립하거나 지정하여 운영하도록 함(제 36조의2 신설).

a: 국가법령정보센터(http://www.law.go.kr/lsInfoP.do?lsiSeq=172762&ancYd=20150706&ancNo=13392&efYd=20160107&nwJoYnInfo=N&efGubun=Y&chrClsCd=010202&ancYnChk=0#0000) 2020.4.24. 방문.
b: 국가법령정보센터(http://www.law.go.kr/lsInfoP.do?lsiSeq=178127&ancYd=20151229&ancNo=13639&efYd=20160107&nwJoYnInfo=N&efGubun=Y&chrClsCd=010202&ancYnChk=0#0000) 2020.4.24. 방문.

〈표 2-1〉(계속)

메르스 이후 2차 개정 (2015.12.29.)b	다. 사업주는 근로자가 이 법에 따라 입원 또는 격리되는 경우 〈근로기준법〉 제60조에 따른 연차유급휴가 외에 그 입원 또는 격리기간 동안 유급휴가를 주도록 함(제41조의2 신설). 라. 감염병 감염 여부의 조사·진찰을 거부하는 사람에 대해서는 공무원이나 사법경찰관리가 동행하여 감염병관리기관에서 조사·진찰을 받도록 하고, 조사·진찰 시 조사대상자를 격리조치할 수 있도록 하되, 감염병환자 등이 아닌 것으로 인정되는 경우 격리조치를 해제하며, 정당한 사유 없이 격리조치가 아니하는 경우 조사대상자가 〈인신보호법〉에 따른 구제를 받을 수 있도록 함(제42조 제2항부터 제8항까지 신설). 마. 감염병환자, 감염의사환자를 진료한 의료기관 등 이 법에 따른 조치로 손실을 입은 자와 감염병환자들이 발생·경유하거나 보건복지부장관 등이 그 사실을 공개하여 손실이 발생한 의료기관 등에게 손실보상심의위원회의 심의·의결에 따라 그 손실에 상당하는 금액을 보상하도록 함(제70조, 안 제70조의2 신설). 바. 이 법에 따른 감염병의 발생 감시, 예방·관리 및 역학조사업무에 조력한 의료인 또는 의료기관 개설자에 대하여 예산의 범위 내에서 재정적 지원을 할 수 있도록 하고, 이 법에 따라 입원 또는 격리된 사람에 대하여 예산의 범위 내에서 생활지원 및 그 밖의 재정적 지원을 할 수 있도록 함(제70조의3 및 제70조의4 신설).
2018년 주요 개편 (2018년)c	가. 현행 '군(群)'별 감염병 분류체계를 '급(級)'별 분류체계로 개편하고, 관련 규정을 정비함(제2조, 제11조, 제12조, 제16조, 제41조, 제42조, 제63조 등).d 나. 감염병 위기상황 발생 시 컨트롤타워 역할을 수행할 수 있는 긴급상황실 설치·운영의 법적 근거를 마련함(제8조의5 신설). 다. 감염병관리위원회 위원장을 보건복지부차관에서 질병관리본부장으로 변경하고, 위원 수를 현행 20명 이내에서 30명 이내로 확대함(제10조).

c: 국가법령정보센터(http://www.law.go.kr/lsInfoP.do?lsiSeq=202892&ancYd=20180327&ancNo=15534&efYd=20200101&nwJoYnInfo=N&efGubun=Y&chrClsCd=010202&ancYnChk=0#0000) 2020.4.24. 방문.
d: 국가법령정보센터(http://law.go.kr/LSW/lsRvsRsnListP.do?lsId=001792 &chrClsCd=010102&lsRvsGubun=all) 2020.4.24. 방문.

〈표 2-1〉 (계속)

2018년 주요 개편 (2018년)c	라. 고위험병원체를 보존·관리하는 자는 매년 고위험병원체의 보존현황에 대한 기록을 작성하여 질병관리본부장에게 제출하도록 하고 있는 현행 보건복지부령의 규정을 법률로 상향함(제 21조). 마. 정기예방접종이 명령을 필수예방접종으로 변경하고, 필수예방접종 대상이에 현행 고시에 규정되어 있는 '사람유두종바이러스 감염증'과 'A형간염'을 법률에 상향하여 규정함(제 24조, 제 27조 제 1항 및 제 28조 제 1항). 바. 감염병환자 등과 접촉한 자를 격리하기 위한 접촉자 격리시설 지정의 법적 근거를 마련함(제 39조의3 신설 등). 사. 시·도 역학조사반 중 1명 이상은 의사로 임명하도록 함(제 60조의2).
코로나 이후 (2020년 4월)e	가. 보건복지부장관은 감염병의 예방 및 관리에 관한 기본계획을 수립할 때에 감염병 대비 의약품·장비 등의 비축 및 관리에 관한 사항을 포함하도록 함(제 7조 제 2항 제 2호의2 신설). 나. 제 1급감염병 환자로 의심되는 사람이 감염병원체 검사를 거부할 사실을 보고 받은 보건복지부장관, 시·도지사 또는 시장·군수·구청장은 그 사람에 대하여 감염병원체 검사를 하게 할 수 있도록 하고, 이를 거부한 사람은 300만 원 이하의 벌금에 처하도록 함(제13조 제 2항 및 제 80조 제 2호의2 신설). 바. 보건복지부장관은 감염병의 확산으로 인하여 〈재난 및 안전관리 기본법〉에 따른 주의 이상의 경보가 발령되면 감염병환자의 이동경로, 이동수단, 진료의료기관 및 접촉자 현황 등을 국민에게 공개하도록 하고, 공개된 사항 중 사실과 다르거나 이견이 있는 당사자는 보건복지부장관에게 이의신청을 할 수 있도록 하는 등 감염병위기 시 정보공개의 범위, 절차 등을 구체적으로 명시함(제 34조의2).

e: '1급 감염병'으로 분류된 신종 코로나바이러스 감염증(http://www.rapportian.com/news/articleView.html?idxno=122941).

<표 2-1> (계속)

코로나 이후 (2020년 4월)e	사. 감염병관리기관의 지정 주체에 보건복지부장관을 추가하고, 보건복지부장관이 지정한 감염병관리기관이 아닌 경우 느 경우에 드는 경비는 국가가 부담하도록 함(제 36조 제 1항 및 제 6조의3 신설).
	아. 보건복지부장관은 제1급감염병이 유행으로 인하여 의약외품·의약품 등이 급격한 물가상승이나 공급부족으로 국민건강을 현저하게 저해할 우려가 있을 때에는 일정 기간 동안 그 의약외품·의약품 등의 수출이나 국외반출을 금지할 수 있도록 하고, 이를 위반한 자에 대해서는 5년 이하의 징역 또는 5천만 원 이하의 벌금에 처하도록 함(제 40조의3 및 제 77조 제 3호 신설).
	자. 제 1급감염병이 발생한 경우 보건복지부장관, 시·도지사 또는 시장·군수·구청장이 감염의심자에 대하여 격리·조사·진찰·치료 또는 입원 조치를 할 수 있도록 하는 한편, 격리 조치를 거부한 자 등에 대한 벌칙을 상향함(제 42조 제 2항, 제 3항 및 제 79조의3 신설).
	차. 보건복지부장관, 시·도지사 또는 시장·군수·구청장은 <재난 및 안전관리 기본법>에 따른 주의 이상의 경보가 발령된 경우 감염취약계층에게 마스크 지급 등 필요한 조치를 할 수 있도록 함(제 49조의2 신설).
	타. 감염병 예방·방역·역학조사를 위하여 필요한 경우 시장·군수·구청장이 방역관·역학조사관을 둘 수 있도록 하고, 보건복지부 소속 공무원으로 두는 역학조사관의 수를 30명 이상에서 100명 이상으로 확대함(제 60조 제 1항 및 제 60조의2 제 1항).
	파. 시·도지사 및 시장·군수·구청장이 감염병환자 등이 위치정보를 경찰관서에 요청할 수 있도록 하고, 보건복지부장관은 감염병 예방 및 감염 전파의 차단을 위하여 필요한 경우 국민건강보험공단의 정보시스템 등을 활용하여 보건의료기관에 출입국관리기록 등의 정보를 제공하도록 하며, 의료인, 약사 등은 의료행위를 하거나 의약품을 처방·조제하는 경우 환자 등의 출입국관리기록 등의 정보를 확인하도록 함(제 76조의2).

히 논의가 이루어졌다고 보기는 어렵다.

금년 3월에 개정된 '감염병 예방 및 관리에 관한 법률'에서는, 정부가 공개한 (감염자의 이동경로와 접촉자 등) 사항과 관련하여 사실과 다르거나 의견이 있을 시 당사자가 보건복지부장관에게 이의 신청을 할 수 있도록 정보 공개의 범위, 절차 등을 구체적으로 명시한 점은 긍정적이다. 하지만 제1급감염병 환자로 의심되는 사람이 감염병 병원체 검사를 거부한 경우 300만 원 이하의 벌금에 처하도록 한 것, 그리고 제1급감염병이 발생한 경우 보건복지부장관, 시·도지사 또는 시장·군수·구청장이 감염병 의심자에 대하여 격리·조사·진찰·치료 또는 입원 조치를 할 수 있도록 하고, 격리 조치를 거부한 자 등에 대한 벌칙을 상향한 것은 충분한 사회적 논의와 합의를 거친 것이라고 하기 어렵다는 면에서 절차적 문제가 있을 수 있다(반면 2015년 말 개정에 의하면 감염병의 연구·예방, 전문가 양성 및 교육, 환자의 진료 및 치료 등을 위한 시설, 인력 및 연구능력을 갖춘 감염병 전문병원 또는 감염병 연구병원을 설립하거나 지정하여 운영하도록 하였으나 실제 정책으로 시행되지 않았다).

2) 공공보건의료

민간 중심의 보건의료체계에서는 감염병처럼 수익성이 낮은 부문의 병상이 부족하며, 위급상황에 빠르게 대응해 필요 병상을 배분하는 데에도 한계를 보일 수밖에 없다. 민간병원 입장에서는 시설 투자가 많이 필요하지만 환자당 수익이 그리 높지 않으며, 더욱 중요하게는 자칫 병원 전체의 감염으로 이어질 가능성이 있으므로, 감염병 환자를 위한 병상에 투자하는 것을 꺼리게 된다.

우리나라의 인구당 병상 수는 OECD 국가 중 일본 다음으로 많지만, 그 대부분은 민간병원들이다. 한국의 공공병상 비중은 10%에 불과하며, 그 다음으로 낮은 나라는 벨기에(25%)와 독일(40%)이다(〈그림 2-3〉). 그 다음으로 공공병상 비중이 낮은 나라는 그리스, 프랑스, 호주, 이탈리아 등인데, 이 나라들의 공공병상 비중은 65% 정도이니, 우리나라의 공공병상 비중이 국제적 기준에 비해 얼마나 낮은지 알 수 있다.

이번 코로나 사태에서도 공공병원의 역할은 막중하였다. 예를 들어, 지방 의료원에서는 기존 환자를 모두 내보내고 COVID-19 환자를 전담해서 치료하였다. 하지만 공공병원에서조차 중증 감염병 환자를 치료하기 위한 음압병실이나 격리병동은 부족한 실정이다.

우리나라의 건강보험은 의료기관이 자발적으로 건강보험과 계약을 맺는 것이 아니라 이른바 당연(강제)지정제도에 의해 모든 공공·민간 의료기관이 건강보험체계에 들어가서 환자를 치료해야 한다. 건강보험 도입 초기에 건강보험 수가가 일반적인 (관행)수가보다 낮았기 때문에 의료기관이 건강보험에 참여하는 것을 꺼릴 것을 우려해 당시의 권위주의 정부가 강제지정제도를 시행한 것이다. 이는 다른 나라들에 비해서는 분명 민간의료기관에 대한 과도한 규제라고 볼 수 있으나, 공공의료기관이 소수였던 당시 상황에서 민간의

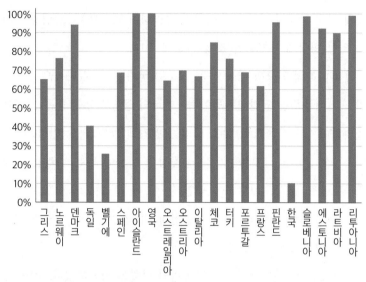

〈그림 2-3〉 OECD 국가들의 공공병상 비율

자료: 국가통계포털(KOSIS), 접근일: 2020.06.18.
   Eurostat. https://appsso.eurostat.ec.europa.eu/nui/submitViewTableAction.do, 접근일:
   2020.06.18.

료기관이 제대로 참여하지 않을 경우 건강보험제도가 작동하기 어
려울 것이란 우려와 관련 있었을 것이다.

  반면 의료기관은 환자에게 비급여 서비스를 자유롭게 제공함으로
써 급여 서비스로부터의 낮은 수익을 비급여 서비스의 높은 수익으
로 보상받는 것이 가능했다(일본에서는 비급여와 급여 서비스를 동시에
제공하는 것이 금지된다). 이번 코로나 사태에서도 민간의료기관이
환자를 거부할 수는 없으나 현실적으로 감염 우려 등으로 COVID-
19 환자 치료를 꺼렸고, 현실적으로 대부분의 COVID-19 환자는
공공병원에서 치료받았다.

COVID-19 사태 초기에는 신종 감염병의 정체를 제대로 모르는 상황에서 모든 환자가 입원 치료를 받도록 권고되었다. 그러나 2020년 3월부터는 환자를 '경증·중등도·중증·최중증' 4단계로 분류하여, 입원 치료의 필요성이 낮은 환자는 '생활치료센터'에 머물며 생활 및 의료지원을 받고, 중등도 이상으로 분류된 환자는 환자 상태에 따라 국가지정 입원치료기관, 감염병 전담병원 등에서 입원 치료를 받는다.

국가지정 입원치료기관은 질병관리본부 지휘하에 수년 전부터 운영되었으며, 중증도가 높은 입원환자를 다룬다. 반면 감염병 전담병원은 입원치료기관으로서, COVID-19 환자가 입원할 병상이 부족해지자 정부에서 이들을 입원시키기 위한 병상을 추가할 목적으로 지정한 기관으로, 중증도가 비교적 낮은 '중등도' 환자들을 전담하여 치료한다(질병관리본부, 2019. 11. ; 보건복지부, 2020. 3. 13.).

국가지정 입원치료기관은 음압격리병실 등 감염병 관리시설을 갖추었다. 메르스 등을 거치며 신종 감염병 환자 등에 대한 격리 입원 치료시설의 필요성이 대두되자 이에 대응하기 위하여 질병관리본부장의 지원하에 설치되었으며, 2017년부터 관련 지침이 발간되어 운영 중에 있다. 현재 전국 29개 병원에 535개 병상(음압 198, 일반 337)이 운영 중에 있으며, 국립대병원 11곳(38%), 지방의료원 6곳(21%), 공공병원 3곳(10%), 민간 대학병원 8곳(28%), 민간병원 1곳(3%)으로, 공적 역할을 수행하는 병원들의 비중이 69%로 나타났다(질병관리본부, 2019. 11.).

감염병 전담병원은 '감염병 관리법'에 따른 감염병 관리기관 중 기존 병상을 개조하여, 중증은 아니나 입원치료가 필요한 중등도로 분류된 COVID-19 환자를 전담 치료하는 병원으로, 2020년 2월 21일 43개 병원이 지정되었다. 감염병 전담병원의 경우 국립대병원 3곳(4%), 지방의료원 36곳(54%), 공공병원 17곳(25%), 민간 대학병원 6곳(9%), 민간병원 5곳(7%)으로 공적 역할을 수행하는 병원들

〈표 2-2〉 수도권 COVID-19 입원환자의 의료기관 분포

기준: 입원환자 수*(%)

의료기관 구분	서울	경기	인천	서울 + 경기	수도권 (서울 + 경기 + 인천)
국립대학병원(①)	24 (2%)	32 (4%)	0 (0%)	56 (3%)	56 (3%)
지방의료원(②)	404 (41%)	641 (83%)	52 (63%)	1,045 (59%)	1,097 (59%)
공공병원(③)	462 (46%)	41 (5%)	1 (1%)	503 (28%)	504 (27%)
민간대학병원(④)	87 (9%)	25 (3%)	17 (20%)	112 (6%)	129 (7%)
일반민간병원(⑤)	17 (2%)	37 (5%)	13 (16%)	54(3%)	67(4%)
총계	994 (100%)	776 (100%)	83 (100%)	1,770 (100%)	1,853 (100%)
전체 공공병원 입원율 (① + ② + ③)				91%	89%
전체 민간병원 입원율 (④ + ⑤)				9%	11%
총계				100%	100%

* 서울, 경기는 전체 환자 수, 인천은 최근 2주간 환자 수(6/1~6/14). 서울, 경기와 달리, 인천은 최근 2주간 환자의 경로만 공개됨.
* 자료: 아래의 자료를 이용해 필자 계산.
1) 서울시(2020) COVID-19 확진자 현황. http://www.seoul.go.kr/coronaV/coronaStatus.
2) 경기도(2020) COVID-19 확진자 세부현황. https://www.gg.go.kr/bbs/board.do?bsIdx
3) 인천시(2020) COVID-19 확진환자 동선. https://www.incheon.go.kr/health

의 비중이 85%로 높게 나타났다(보건복지부, 2020. 3. 13.).

실제로 COVID-19 환자들이 입원해서 치료받은 장소를 구체적으로 보면 서울·경기 지역에서는 91%의 환자가, 서울·경기·인천으로 범위를 넓힐 경우 COVID-19 환자의 89%가 공공병원에서 치료를 받았다. 특히 지방의료원이 COVID-19 환자 치료에 막중한 역할을 했음을 알 수 있다(서울의 경우 국립의료원의 역할로 인해 지방의료원의 비중이 상대적으로 낮게 나옴).

다행히 우리나라에서는 초기 방역에 성공하여 환자 발생이 크게 증가하지 않은 덕택에 지방의료원과 여타 공공병원에서 병상이 크게 부족하지는 않았으나, 환자가 폭증했던 대구·경북 지역에서는 병상이 부족해 다른 지역으로 환자를 보내야 했고 집에서 대기 중 사망하는 환자들이 발생하였다. 또 예외적으로 대구·경북에서 민간병원의 역할이 있었던 것은 동산병원이라는 민간병원이 큰 역할을 수행했기 때문인데, 이는 병원이 다른 곳으로 이전하는 과정에서 병상이 비어 있었기 때문에 가능하였다.

향후 대규모 감염질환 위기상황에서 국가가 공공의 이익을 위해 효과적으로 동원할 수 있는 정책 수단으로서 공공의료기관과 공공의료인력의 역할이 확대되어야 한다. 하지만 앞서 언급했듯이 정부는 법률에서 규정한 감염병 전문병원의 설립조차 하지 않고 있다.

나아가 공공의료기관의 숫자만 늘리는 것은 대안이 될 수 없고, 공공의료에 대한 인력과 시설 투자를 늘려서, 국민들이 치료받고 싶어 하는 곳으로 공공의료기관이 선호될 수 있어야 한다. 또한 병원의 특성상 특정 분야에만 집중하기보다는 기본적인 의료역량을 갖추어야 한다. 그런 의미에서 민간병원이 하지 않는 분야(예를 들어 벽·오지나 빈곤층 환자 치료)에서만 공공병원이 역할을 해야 한다면 공공의료는 여전히 소외될 것이다. 또 OECD 국가 중 인구당 의사 수가 가장 낮은(가장 높은 국가인 오스트리아의 절반 수준) 현재 상황을 개선해야만 공공의료를 강화하고, 앞으로 계속 닥칠 신종 감염병에 효과적으로 대처할 수 있을 것이다.

3) 취약계층 보호와 형평성

COVID-19 확산 초기 '우한 코로나'라는 명칭에 대한 논란과 함께, 중국인 혹은 중국교포들에 대한 차별과 낙인에 대한 우려가 있었다. 또한 지금도 확진자나 확산이 많이 된 지역에 대한 낙인이 여전히 존재한다는 우려도 있다. 코로나 초기에 차별을 걱정하는 분들이 필요한 의료를 제대로 받지 못하는 안타까운 상황이 발생하기도 했다.
 또 신종 코로나 바이러스가 확산되면서 우리 사회의 취약계층이 그 피해를 훨씬 더 많이 입고 있다. 인구 전체의 COVID-19 평균 치명률은 낮지만 80세 이상 노인들의 치명률은 25%를 상회한다. 장기 입원환자가 많고 평소 서비스의 질에 대해 많은 문제들이 제기되는 정신병원, 요양시설, 복지시설일수록 감염병에 더 취약하고, 그 대응으로 전체 시설을 격리하다 보니 그곳에 재원한 사람들과 일하는 사람들이 많은 고통을 겪었다. 실제로 대구의 요양병원 몇 군데에서 집단감염이 발생했고, 최근 서울의 데이케어센터에서도 많은 수의 감염자가 발생하였다.

사회적 측면에서 보면, 재택근무가 장려되었지만 대기업 종사자나 화이트칼라가 아닌 일용직이나 중소기업 근로자일수록 그러한 혜택을 누리는 것이 요원하다 보니, 유럽의 선진국처럼 유급병가제도가 있는 나라가 부럽기만 하다. 작업환경 측면에서 근로자들이 밀집되어 일하는 곳은 감염 위험이 높은 결과 콜센터와 물류·배달 부문에서 집단감염이 발생하였다.

또한 사회적 거리두기가 절실하게 권장되었지만 이러한 과정에서 빈곤층 아동이나 노인, 장애인 등 취약 계층은 더 큰 어려움을 겪어야 했다. 예를 들어 독거노인에 대한 배달 서비스가 위축되고, 노인정이나 휴게소가 닫히면서 취약계층 노인들이 시설을 이용할 수 없게 됨에 따라 이들의 신체적·정신적 건강이 더욱 취약해지리라 우려된다. 따라서 위기상황일수록 이러한 사회적 취약계층에 대한 배려를 소홀히 하지 않아야 한다.

5월 들어 정부는 미등록 이주민도 비용 부담과 강제 출국에 대한 걱정 없이 COVID-19 검사와 치료를 받을 수 있다고 발표했다. 또한 여러 지방정부들도 이주노동자, 미등록 이주민을 대상으로 특별 COVID-19 검사를 시행하기 시작했다. 그런데 실제로 진단검사를 받는 이들은 굉장히 적은데, 이는 미등록 이주민들이 신분 노출을 꺼리고, 더 중요하게는 정부 대책을 신뢰하지 않기 때문으로 추정된다(〈중앙일보〉, 2020. 5. 12. ; 〈뉴시스〉, 2020. 5. 21.).

전 세계적으로 이주노동자는 감염이 많이 발생한 취약집단이었다. 방역의 성공사례로 여겨지던 싱가포르에서 많은 확진자가 발생한 것은 이주노동자들이 거주하던 열악한 주거환경과 관련이 깊다. 중동 지역 역시 노동자의 거의 대부분이 이주노동자이고, 사회경제적으로 취약한 이들 노동자들에서 집단감염이 발생하였다.

싱가포르에서는 집단으로 거주하는 외국인 노동자 약 32만여 명 중 1만 명 이상이 확진자가 되었다(〈오마이뉴스〉, 2020. 6. 8.). 하지만 싱가포르에서는 이들을 배제하기보다는 사회에서 이주노동자를 더 포용하는 계기로 삼기 위해 노력하는 것으로 보인다.

우리나라뿐 아니라 많은 나라에서 사회경제적으로 취약한 계층이 신종 코로나 바이러스 감염에도 취약한 것으로 나타나고 있다. 즉, 기저질환자, 노인, 빈곤계층, 도시슬럼 거주자, 이주노동자들에게서 감염률이 훨씬 더 높게 나타났다. 그리고 전 도시를 봉쇄하는 정책들(락다운lockdown과 같은)은 이러한 취약계층에 더 치명적인 부작용을 야기하고 있다(Loayza, 2020). 빈곤층의 경우 봉쇄 등의 정책에 의해 생계에 크나큰 타격을 입어, 질병으로 인한 조기 사망보다 빈곤과 영양부족으로 인한 조기 사망의 위험이 더 높아진 것이다.

따라서 국가 차원에서 누구에게나 동일한 강도의 정책을 펼치기보다는, 건강 측면에서 취약한 기저질환자나 노인에게는 강력한 보호를 제공하되 다른 인구 집단은 경제활동을 계속하도록 하자는 의견들이 강하게 대두되고 있다(Acemoglu, Chernozhukov, Werning & Whinston, 2020).

4) 의사결정 구조

매일 발표되는 신규 확진자 수는 중요한 정보임에 분명하다. 코로나 위기상황에서 이는 의사결정에 있어 중요한 기준이 되며, 확진자 수를 최소화하는 것은 매우 중요하다. 하지만 코로나가 영향을 미치는 범위가 보건의료만이 아니라 우리 사회 전반에 걸쳐 있음을 고려하면 정부의 대응책은 확진자 수, 나아가 보건의료 정책의 관점에만 제한되면 안 된다.

예를 들어, 학교를 열 것인가에 대한 의사결정 시에는 학교에서의 감염 가능성뿐 아니라 학교를 열지 않고 비대면 수업으로 진행할 때의 학습효과, 나아가 사회경제 수준이 다른 학생들 간에 학업성과의 격차가 더 커질 가능성, 맞벌이 부부의 아이들 돌봄 문제, 특히 초등학교에서 학생들이 배우고 경험하는 학습 이외 요소의 중요성 등을 충분히 검토해야 한다. 나아가 사회적 거리두기 정책을 지속할 때 소상공인과 경제에 미치는 영향도 당연히 고려되어야 한다.

하지만 현재 우리나라의 정책결정은 상당 부분 의학적 관점에 근거해 이루어지면서, 코로나 대응정책이 감염자 수의 증가와 감소에 미치는 영향에만 논의가 집중되어 있다.

COVID-19는 새로운 질병이기 때문에 과학적 근거가 여전히 부족하고 높은 불확실성에 직면할 수밖에 없다. 예를 들어 감염 확률, 다양한 치료법에 대한 논란, 항체의 형성, 지속성, 효과 등에 대한 논란이 지속되고 있다. 이러한 상황에서 사회적 영향을 무시하고 과학적 근거만을 고집하는 것은 문제가 있다.

이러한 신종 감염병의 위험을 제로로 만드는 것은 불가능할 것이고, 우리는 질병 위험의 일상화를 받아들여야 한다. 백신과 치료약에 대한 논의가 많지만, 상용화되기까지 얼마나 기다려야 하는지, 정말 백신과 치료약이 만들어지면 다 해결되는지 여부는 여전히 불확실하다. 사스, 메르스, 조류독감에서 COVID-19로 이어지듯이 (인류가 개발의 패러다임을 바꾸지 않는 한) 변이를 통해 새로운 감염병이 앞으로도 지속적으로 발생할 것이다.

따라서 좀더 지속가능한 의사결정 구조가 만들어져야 한다. 정부 대응책을 마련하는 데 있어 의학적 관점뿐만 아니라 사회경제적 관점에서도 비용과 편익을 고려해, 궁극적으로 우리 사회가 어느 정도 위험을 받아들일 것인가를 논의하여야 한다. 감염병을 막기 위한 최선의 정책이라 하더라도 그 사회적 비용이 너무 크다면 받아들이기 어려울 수 있다. 따라서 이러한 의사결정에서 국민의 참여가 중요한데, 우리나라에서는 이 부분이 거의 부재한 실정이다.

바람직한 의사결정 구조는 참여와 공론화이다. 즉, 정책결정에 필요한 과학적 근거와 함께 가치판단이 고려되어야 한다. 과학科學과 숙의熟議가 함께 진행되어야 하는 것이다. 우선 의학·생물학 전문가는 질병의 제반 특성, 특히 그 위험의 과학적 근거를 산출해야 하고, 사회과학자는 다양한 대응책의 효과와 사회적 비용 및 편익을 도출하여야 한다. 일반 국민은 제시된 과학적 특성, 위험도, 제반 정책의 편익과 근거를 기반으로 토론deliberation하고 가치판단과 정책의 우선순위에 대한 의견을 제시해야 한다. 그리고 정부는 이를 모두 종합하여 최종적인 의사결정을 한다면 근거에 기반하면서도 정치적으로 지속가능한 합리적 대안을 도출할 수 있을 것이다.

5) 새로운 시도 [1]

코로나 위기상황에서 감염자가 자신이 감염된 줄 모르고 의료기관을 방문하여 의료인을 감염시킬 수 있기 때문에 한시적으로 비대면 의료가 허용되었다. 첫 방문이 아닌 재방문의 경우 전화로 처방받는 것이 허용되었고, 생활치료센터에 있는 경증 COVID-19 환자들을 위해 병원에서 원격으로 환자를 상담하였는데, 비대면 진료를 경험한 환자들 대부분이 만족을 표하였다.

또 장기요양보험의 혜택을 보기 위해서는 노인이 신체기능평가 등을 포함한 인정조사와 의사소견서를 받아야 하는데, 코로나 사태로 인해 많은 노인들이 인정조사를 받지 못하는 피해를 입었다. 향후 노인요양보험 인정조사의 경우 유사시 비대면이 가능하도록 제도적 개선이 필요하다.

비대면 의료는 벽·오지에 있는 환자의 의료 접근도를 높이고자 처음 논의되었으나 최근에는 노인이나 장애인과 같이 의사를 방문하기 어려운 환자들을 위해 더욱 중요해졌다. 만성질환자는 장기간

---

1 권순만(2020)의 내용을 확장한 것임.

지속적으로 의료 서비스를 이용하므로 가끔은 비대면으로 상담하고 처방을 받으면 더욱 효과적이다. 노인의 경우 요양원이나 병원에 입원하는 것보다는 집에서 비대면으로 의사와 상담할 수 있다면 불필요한 입원이 줄어들어 커뮤니티 케어의 발전에도 기여한다. 나아가 비대면 진료를 허용하는 것은 의료와 정보통신기술의 융합발전에 기여하는 중요한 마중물이 될 수도 있을 것이다.

하지만 비대면 진료에 대한 논란과 오해가 많은 것이 현실이다. 우선 비대면 진료는 통상적인 대면진료를 대체하는 것이 아니다. 같은 조건이라면 환자는 당연히 의사와 직접 만나는 대면의료를 선호할 것이다. 하지만 여러 가지 이유로 병의원을 방문하기 어려운 환자는 비대면을 통해서라도 상담을 받는 것이 건강을 위해 훨씬 바람직하다. 의료인이 환자를 방문하는 왕진과 같은 형태가 거의 없는 우리 현실에서는 더욱 그러하다.

비대면 의료를 활성화하는 것이 정책의 우선순위는 아닐 것이다. 정책의 우선순위는 비대면 진료를 아예 금지하는 현행법을 바꾸어, 국민이 원하는 경우 비대면 의료를 받을 수 있게 물꼬를 터주는 것이다. 비대면 의료가 허용된 후에도 국민이 만족하지 않으면 활성화되지 않을 것이고 국민이 만족하면 활성화될 것이다. 비대면 의료가 활성화되더라도 대면 의료보다 더 중요해질 수는 없다. 아무리 비대면 원격의료가 발달한 나라에서도 그러하다. 하지만 비대면 의료 자체를 원천적으로 금지하는 식의 강력한 규제를 하는 나라는 없다. 그러한 규제는 소비자와 환자를 위한다는 명목상의 구실보다 실제로는 의사협회의 비대면 진료 반대로 인해 존재한다.

동네의원은 비대면 진료가 대규모 원격의료로 이어져 대형병원으로의 환자 쏠림현상이 커지는 것을 우려한다. 하지만 오히려 비대면 진료를 통해 환자와의 접점을 늘리고 대형병원과의 협력을 강화하여 환자가 대형병원으로 몰리는 것을 막을 수 있다. 환자와 가장 가까운 곳에서 지속적 관계를 통해 환자의 건강을 책임지는 동네의원의 역할을 비대면 진료가 대체하는 것이 아니라 보완하고 시너지 효과를 낼 것이다. 비대면 진료를 허용하면서 구체적으로 병원과 의원의 역할 분담과 협력에 대해 고민하고 정책에 반영하면 될 것이다.

또한 비대면 진료와 원격의료가 허용되면 의료가 영리화된다는 주장은 매우 과장된 것이다. 현재의 병·의원은 수익이나 영리와 무관한 비영리기관이고, 비대면 진료와 원격의료에 산업계가 투자하면 의료계가 영리체계로 바뀐다는 말인가? 현재 법적으로 의료기관은 모두 비영리기관이지만, 다 수익을 내고 세금도 내기 때문에 실제로 비영리기관이라고 보기는 어렵다. 사회적 편익이 있는 제도임에도 불구하고 이해집단의 압력에 의해 비대면 의료가 불법화되는 사례는 한국이 유일하다.

긍정적 편익만 존재하는 정책은 없다. 약간의 부작용이나 사회적 비용이 발생하더라도 편익과 효과가 더 크면 그러한 제도를 받아들이되 부작용을 최소화하려는 노력이 필요하다. 환자의 편의와 건강의 편익은 무시하고 비대면 의료 자체를 불법으로 규정하는 우리나라의 과도한 규제는 전 세계적으로 유례가 없는 것이며, 공급자 중심의 사고와 개원가의 이해를 대변하는 것이다. 이번 코로나 사태를 맞아 비대면 진료가 한시적으로 허용된 것을 계기로 비대면 진료와 원격진료가 허용되어야 한다.

4. 맺으며

우리나라는 COVID-19에 조기에 빠르게 대응한 결과 확진자 수 증가를 억제하고 환자를 의료체계의 과부담 없이 치료할 수 있었다. 락다운과 같은 강력한 제한정책을 시행하지 않고도 달성한 이러한 방역의 성공은 미국 및 유럽 국가들과 상당히 차별화된 성과로 볼 수 있다. 이러한 신속한 대응은 5년 전 메르스로부터의 소중한 정책학습과 함께, 드라이브 스루 검진의 예에서 보듯이 환경변화에 신속하게 반응하여 유연하게 정책결정을 한 결과이기도 하다.

하지만 이번 경험을 통해 우리가 더욱 고민해 보고 개선해야 할 점도 많이 발견되었다. 동선파악과 정보공개에 따른 프라이버시 문제, 이번에는 환자가 급증하지 않아서 공공병원을 통한 환자 치료가 가능했지만 궁극적으로는 현재 매우 취약한 공공의료를 강화시켜야 하는 과제, 노인과 취약근로자 등 취약계층 보호의 과제, 지나치게 의학적 판단에 근거하는 의사결정 구조를 향후 사회 전반적 영향을 고려한 의사결정 구조로 바꾸는 것 등이 그것이다.

우리 사회가 코로나 위기를 슬기롭게 극복하면 보건부문에서도 더 큰 발전을 이룰 수 있을 것이다. 위기를 통해 발견한 우리 사회의 약한 고리에 대한 안전망을 강화하고, 공공의료의 역할을 증대하며, 비대면 진료를 허용한다면 보건정책이 한걸음 더 나아가는 데 기여할 수 있으리라 기대해 본다.

참고문헌

권순만(2020), "비대면 의료 원천 금지하는 국가 없다", 〈문화일보〉, 2020. 6. 9.
〈뉴시스〉(2020. 5. 21.), "대구 달서 외국인 근로자들, 코로나-19 검사 기피 여전".
〈오마이뉴스〉(2020. 6. 8.), "싱가포르 총리는 왜 이주노동자에게 감사를 표했나".
유명순(2020), 4차 코로나-19 국민위험인식조사.
〈중앙일보〉(2020. 5. 21.), "신분노출 우려해 검사 꺼려: 불법체류 39만 명 방역 사각".

경기도(2020), 코로나-19 확진자 세부현황.
    https://www. gg. go. kr/bbs/board. do?
국가통계포털(KOSIS), 접근일: 2020. 06. 18.
서울시(2020), 코로나-19 확진자 현황.
    http://www. seoul. go. kr/coronaV/coronaStatus
인천시(2020), 코로나-19 확진환자 동선.
    https://www. incheon. go. kr/health

Acemoglu, D. , Chernozhukov, V. , Werning, I. , & Whinston, M. (2020), "Multi-risk SIR model with optimally targeted lockdown", *NBER.*

http://www. nber. org/papers. https://appsso. eurostat. ec. europa. eu
(접근일: 2020. 06. 18.)

Goldman Sachs(2020), Global economics comment: Effective lockdown index: May 8 Update.

Kim, B. (2020), "Lessons for America: How South Korean authorities used law to fight the Coronavirus", *Lawfare*, March 15. https://www. lawfareblog. com

Loayza, N. (2020), "Costs and trade-offs in the fight against the COVID-19 pandemic: A developing country perspective", *Research and Policy Brief*, No. 35, World Bank, 15 May 2020.

Oh, M. -D., Park, W. B., Park, S. -W., Choe, P. G., Bang, J. H., Song, K. -H., … Kim, N. J. (2018), Middle East respiratory syndrome: What we learned from the 2015 outbreak in the Republic of Korea, *The Korean Journal of Internal Medicine*, 33(2), 233~246. doi: 10. 3904/kjim. 2018. 031

https://www. ft. com/content

3

대구의 기억을 통한 사회적 연대의 모색

김석호 서울대 사회학과

1. 왜 지역인가? 왜 대구인가?

COVID-19가 세상에 알려지고 우리 삶의 모든 것이 변한 지도 벌써 6개월이 지났다. 절체절명의 위기 앞에 서 있던 대한민국은 K-방역을 자랑스러워할 정도로 안정을 찾았다. 일본과 미국, 유럽에서 2차 확산으로 긴장이 고조되는 것과 대조적으로 우리의 일상은 평화롭기까지 하다. 하지만 2020년 7월 말 현재 전 세계적으로 확진자는 1,700만여 명에 이르고, 우리나라에서도 언제 다시 재확산이 시작될지 알 수 없다. COVID-19는 끝나지 않았다. 설사 COVID-19를 요행히 완전 제압하더라도 앞으로 이보다 훨씬 더 고약한 바이러스는 계속 출몰할 것이다. 인간의 지구 학대와 자연 생태계 착취가 계속되는 한, 우리는 신종 코로나 바이러스와 같은 치명적인 바이러스를 상수로 받아들이고 적응하며 살아야 할 것이다.

이 글은 COVID-19 사태 초기 우왕좌왕하던 대한민국의 적나라
한 모습에 대한 성찰을 담고 있다. 아울러 이 글은 앞으로 자주 만나
게 될 감염병을 공동체 차원에서 어떻게 다뤄야 하는가에 대한 질문
을 던지고 이에 대한 잠정적 답변을 시도한다.

필자는 신종 코로나 바이러스가 한참 확산하고 있을 때 우리 삶이
어떻게 변할 것이며 그 변화를 연착륙시킬 수 있는 체계는 어떤 모습
이어야 하는가에 대하여 〈동아일보〉 칼럼에서 다음과 같이 주장한
바 있다.

이제 단단한 희망의 씨앗을 지역에 심자. 우리는 지금 한 치 앞도 모르
는 캄캄한 터널을 떨며 지나고 있다. 이를 지나면 다른 어떤 터널이 나
올지 예측할 수 없다. 그래서 앞으로도 겪게 될 감염병에 대응할 수 있
는 지역 사회에서의 조직화가 필요하다. 최소한의 안전 수단인 마스크
를 원활하게 보급할 수 있는 전문성과 실력을 갖춘 생활 밀착형 조직이
필요하다. 지역 특성에 맞는 시민의 연결망이 정확한 정보를 제공하
고, 건강 약자를 보호하며, 주민이 불안하거나 두려워하지 않고 차분
하게 실천할 수 있도록 도울 수 있으면 된다. 지역 내 연대가 희망의
씨앗이다. 지방정부가 우왕좌왕한다면 이를 공론화해 강제할 수 있는
문제해결형 조직이 필요하다. 정치와 감염병을 포함한 모든 재난에 대
비할 수 있는 '진짜' 시민사회를 이제부터라도 만들자.

— 김석호, 〈동아일보〉, 2020. 3. 2.

이 글에서도 제시할 해법은 '생활 밀착형 문제해결 조직'이며, 이는 다른 말로 표현하면 '지역 중심형 총체적 방역 거버넌스'이다. 지역사회 조직화 또는 사회적 연대만이 감염병의 시대를 헤쳐 나가면서 주민의 일상을 보호하고 생명을 구할 수 있다. 필자는 지방정부와 지역 시민사회가 중심이 되어 감염병뿐 아니라 재난과 위험에 대비해 상시적 거버넌스를 구축하고 운영해야 한다고 주장한다.

사실 이 같은 주장은 물리적 거리두기를 기본으로 하는 신종 코로나 바이러스 확산 방지에 역행하는 것으로 보일지도 모른다. 신종 코로나 바이러스가 사람 간 접촉을 통해서 전파되기 때문이다.

신종 코로나 바이러스는 사람들 간 밀접한 접촉 과정에서 기침, 재채기, 대화 시 나오는 비말droplets로 전파된다. 비말은 보통 공기 중 먼 거리를 가지 않고 바로 땅과 물체의 표면으로 떨어진다. 물론 전염은 공기 중에 존재하는 작은 비말로 발생하기도 한다. 드문 경우이기는 하나 오염된 표면을 만지고 그 손으로 다시 얼굴을 만지면서 감염이 되기도 한다. 감염된 사람의 증상이 시작된 후 첫 3일 동안 전염성이 가장 강하다. 물론 증상이 발현하기 전 또는 증상이 없는 사람들로부터 감염이 되기도 한다. [1]

자신과 타인을 보호하기 위해 혼자가 되어야 하는 시대에 만나서

---

1   https://en.wikipedia.org/wiki/COVID-19_pandemic(2020. 7. 17. 검색)

함께 극복하는 시민사회 조직화를 주장하는 것이 무리해 보일지도 모른다. 하지만 지난 6개월간 난리를 겪으며 얻은 소중한 교훈 중 하나는 격리와 분리에 바탕을 둔 중앙정부가 주도하는 보건의료적 방역만 강조하면 경제적, 사회적, 심리적 방역에서 더 큰 구멍이 나고 결국 보건의료적 방역도 실패한다는 사실이다. 그리고 그 구멍에서 흘러나온 독수는 사회적 약자와 취약계층의 생명을 노린다. 그 구멍을 효과적으로 메우기 위해서는 지역을 가장 잘 아는 지방정부와 생활세계에 촉수를 뻗고 있는 시민사회가 상호 보완적 체계를 미리 구축해야 한다. 감염병 확산이 나타나고 시작하면 이미 늦다.

그렇다면 '지역 중심형 총체적 방역'의 구체적 모습은 어떠해야 할까? 간단히 답할 수 없는 질문이다. 이 질문에 답하기 위해서는 중앙과 지방의 감염병 대응체계, 중앙정부 관련 부처들과 지방의 관계, 지방정부의 책임과 권한, 지역 시민 조직화의 수준과 역량 등을 종합적으로 고려해야 한다. 한 편의 짧은 글로 답할 수 있는 문제가 아니다. 문제의 본질이 다층적, 다면적, 복합적이기에 한두 가지 정책 제안으로 풀어내는 것은 불가능하다(정지범 외, 2012). 따라서 이 글에서는 철저하게 한 지역, 대구에 집중해 감염병 방어체계가 지역에서 어떤 형태로 만들어져야 하는가를 고민해 보고자 한다. 왜 대구인가? 대구 빼고는 K-방역은 의미가 없다! 대구 현지에서 만난 한 시민운동가가 한 말이다.

우리 입장에서는 방역에 실패했는데, 정부가 K-방역이라고 막 선전한다. 이러면 대구시민으로 보면 납득이 안 가는 부분이 꽤 많아요. 문제가 엄청 많았지만, 어떻게든 운 좋게 방역이 되었고, 국무총리도 내려왔고, 서로 윈윈하면서 하다 보니 전체적으로 방역을 잡았고, 그러다 보니 여러 가지 어떤, 우리가 여기 대구에서 생활치료센터도 처음으로 만들었고, 드라이브 스루도 했고, 여러 가지 새로 만든 것도 있고 ···.

— 대구 지역 시민활동가 A

신종 코로나 바이러스가 더 퍼지는 것을 막기 위해 전 국민이 싸웠지만, 실상 이는 대구의 위기였다고 해도 과언이 아니다. 대구에서 신종 코로나 바이러스를 진화하지 못했다면 대한민국은 암흑으로 변했을 것이다. 감염자 수, 사망자 수, 취약계층의 생존 위기가 집중된 곳도 대구였다. 절박한 상황에서 치열하게 고민하고 상상력을 발휘해 만든 K-방역 프로토콜의 기초를 쌓은 것도 대구의 실험이었다.

따라서 대구를 살펴보는 것은 '지역 중심형 총체적 방역'의 그림을 그려 내기 위해서 당연하다. 우리 삶을 위협하는 바이러스가 확산했을 때 현재 대한민국의 방역체계 수준에서 어떤 일이 벌어지는가를 살펴보려면 대구를 봐야 한다. COVID-19 사태의 한복판에서 치열하게 투쟁한 대구를 알아야 한다. 그래야 교훈도 제대로 얻고 대비도 제대로 할 수 있다. K-방역이란 게 실체가 있다면 그건 곧 대구의 경험이다.

중앙정부에서도 공보의를 대구에 다 보냈잖아요. 중앙정부가 이런 건 엄청 잘한 거거든요. 이런 건 우리나라만 있는 시스템이에요. 이런 시스템을 활용해 가지고 의료진도 보내고, 누가 민간병원에 있는 사람들 보내겠습니까. 이런 부분들에 전체적으로 종합적으로 판단을 해서 서로 평가를 해서 부족한 부문이 뭔가 좀 냉철하게 … .

— 대구 지역 시민활동가 A

문재인 K-방역 하니까, 대구가 이리 고생했는데, 자기 성과를 … 이건 대구 경험이 전국화될 거예요. 이거는 분명히 그래야 하니까.

— 대구 지역 시민활동가 C

2. 대구가 위험하다

대한민국이 멈췄다. 2020년 2월 18일 대구에서 31번째 확진자가 발생하고, 그가 신천지의 열성분자며, 비말을 통해 전염되는 신종 코로나 바이러스에 신천지의 활동 방식이 좋은 먹잇감이라는 사실이 알려지면서, 사회 전체가 작동을 중단했다. 누구도 예상치 못한 '슈퍼 전파자'의 등장은 COVID-19에 대한 정부의 선제적 조치가 감당할 수 없는 영역이었다. 정부는 COVID-19의 위협에 대비하기 위해 2020년 1월 20일 위기 유형을 '주의' 단계로 격상하고, 〈중앙재난안전대책본부 구성 및 운영 등에 관한 규정〉에 따라 중앙방역대책본부를 설치하였다. 2 행정안전부는 2월 20일 대구에 재난안전 특별교부세 20억 원을 지원하였으며, 국무회의에서는 대구시의 긴급방역 예산이 포함된 예비비 1,041억 원 지출안을 의결하였다. 정세균 국무총리는 대구에 상주하였으며, 대구·경북 지역 COVID-19 대응 〈범정부특별대책지원단〉도 설치되었다. 지원단은 중앙사고수습본부 병상관리TF팀장을 단장으로 행정안전부, 보건복지부, 환경부, 자치단체 등 10개 기관 합동으로 구성되었다. 지원단은 대구광역시청에 별도의 사무실을 마련하여 자가격리 관리, 구호물품 지원 등의 행정적 조치를 지원하고 자치단체연락반을 운영하여 인근 지자체와 협력체계를 마련하였다.

권영진 대구시장이 이례적으로 COVID-19 관련 기자 브리핑에 직접 나섰다. 시정을 책임지는 정치인으로서 책임 있는 자세였다. 대구시는 시정을 '코로나 대응 비상체제'로 전환하고 중앙방역대책본부와 협조체제를 구축하였다. 대구시는 2월 21일 〈대구시 코로나19 비상대응본부〉를 구성하였는데, 지역 감염병 전문가와 시 공무원으로 이루어진 이 조직은 COVID-19 사태를 관리하고 의료시스템을 유지하기 위한 것이었다. 대구시는 중앙사고수습본부에 군 병원에 대한 활용 허가, 계명대 대구동산병원의 감염병 전문병원 지

---

2 해당 법률은 질병관리본부를 중앙방역대책본부로 설정하고, 이후 위기 상황에 대한 수습상황 관리, 현장 방역 조치 및 방역 인프라 가동, 재난지원금 및 생활안정 지원 등을 진행할 수 있는 권리를 부여하였다.

정, 의료인력 지원 등을 건의하였다. 또한 2월 25일 기존 보유 마스크 50만 장을 취약계층에게 미리 배부하고, 1천만 장을 추가적으로 구매하여 배부하였다.

모두가 대구에서 신종 코로나 바이러스가 확산하는 것을 저지하기 위해 자원과 수단을 총동원하고 있었다. 그러나 상황은 점점 더 나빠졌다. 대구시의 COVID-19 확진자는 2월 19일 10명, 20일 23명, 21일 50명, 23일 148명과 같은 식으로 가파르게 증가하였다. 2월 29일 확진자 수가 741명을 기록하며 최고치를 찍을 때 모두가 공포에 휩싸여 우왕좌왕했다. 갑작스러운 확산은 중앙정부의 행정적 대비책을 넘어 구체적이고 실질적인 대응체계를 구축할 필요성을 대두시켰다.

확진자 수가 폭증하면서 이들을 수용할 수 있는 병상이 부족해졌고, 이에 따라 3월 1일, 질병관리본부는 대응지침을 '봉쇄전략'에서 '피해 최소화 전략'으로 전환하였다. 즉, 감염 확산 초기에는 감염 가능 시기 접촉자를 신속히 확인하고 격리하다가, 병상이 부족해지는 시점에 이르자, 중증환자는 병원에 입원하여 치료하되 경증환자는 공공연수원 등의 국가운영시설이나 숙박시설 등 생활치료센터에서 지원을 받을 수 있도록 한 것이다.

질병관리본부의 전략 변화에 따라 3월 2일 대구시와 정부의 협조 하에 〈생활치료센터 운영지원단〉이 구성되었다. 대구시는 중앙교육연수원 등 공공기관 및 공공시설에 생활치료센터를 확보하였으며, 정부는 국립중앙의료원 〈전원지원상황실〉을 통해 병상 배정을 총괄함으로써 중증환자의 병상 배정과 타 지역 이송을 관장하였다.

모두의 노력으로 4월 이후 대구시의 COVID-19 확산세는 소강상태에 진입한다. 대구시는 31번 확진자가 발생한 이후 52일 만인 4월 10일 최초로 일일 확진자 0명에 도달하였다. 이러한 분위기 속에서 4월 7일 대구시는 '정부방역주도형 방역'을 '시민참여형 방역'으로 전환하겠다고 발표하였다. 또한 이를 위해 범시민추진위원회와 비상경제대책본부를 구성하였다. 범시민추진위원회는 시민사회 인사 등을 포함하여 4월 21일 출범하였고, 4월 29일에는 정부의 기본생활수칙보다 강력한 7대 기본생활수칙을 공표하였다.

이제 대구는 전국의 다른 대도시와 다를 바 없는 상태를 유지하고 있다. 이를 두고 방역에 성공했다고 할 수 있을까? 확진자와 사망자 수 같은 통계 이면에 존재하는 문제는 없었을까? 그 문제는 사라졌을까? 적어도 대구시장이나 지방 관료들은 그렇게 생각하는 것 같다. [3]

그런데 이번에 간부인사를 보니까, 경제부시장은 사임했는데. 7월 간부인사를 보면, 그 관련된 사람들은 이번에 승진했고, 그 밑에 있는 사람들이 과장으로 승진하고 이러니까. 자기들 표현대로 한다면, 이건 경질이 아니고, 정책실패에 대해 책임지는 것도 아니고, 또 한편으로 자기들 잘했고, 이런 어려움 속에서 잘했고, 개고생했으니까, 개

---

[3] 실제 대구시 고위 공무원과의 통화에서도 백서를 출판하기 전에는 공식적인 인터뷰를 할 수는 없다는 입장을 확인할 수 있었다.

고생한 사람이 그 사람뿐만이 아닌데, … 그런데 공무원들이 제일 먼저 나오는 게, 벌써 백서 나온다는 게 몇 달 되었어요. 좀 안정화되니까, 제일 먼저 나오는 게 백서예요. 그 할일이 그거라는 거죠.

— 대구 지역 시민활동가 C

방역에 성공했다는 평가, 방역 부서 담당자들의 승진, 과업을 완수했을 때 펴낸다는 백서 계획 등에서 읽을 수 있는 대구시의 기류와 대구시민의 평가는 상당히 다르다. 서울대 사회발전연구소가 5월 초에 실시한 서울, 경기, 대구 시민 대상 조사결과에 따르면, 서울시민과 경기도민이 자신의 광역단체와 기초단체를 COVID-19 대응에서 높이 평가하는 것에 반해, 대구시민은 매우 부정적이다. 대구시민이 COVID-19 대응을 잘했다고 평가하는 기관은 질병관리본부와 의료계뿐이다. 그래프에 수치로 제시하지는 않았지만 대구시민의 대구시에 대한 평가는 서울과 경기뿐만 아니라 전국의 자기 광역단체 평가 평균보다 상당히 낮다.

대구시는 2015년 메르스 사태 때 확진자가 1명 발생했다. 그 확진자가 공무원이었고 삼성병원 응급실에 다녀온 사실을 보고하지 않아서 징계를 받기도 했지만, 대구시 공무원들은 대구가 나름대로 메르스 청정지역이라는 자부심을 마음에 품고 있었다. 메르스 방역 백서도 출간했다. 그러나 이번 대구시의 대응 과정을 보면 오히려 이 기억이 독이 된 것으로 보인다. 2월 18일 31번째 확진자가 발생했을 때 권영진 대구시장이나 고위 공무원들은 이 기억을 근거로 당시 구성해 놓은 TFTask Force의 권고를 따르면 충분히 방어할 수 있다고 믿은 듯하다. 그러나 열흘 만에 700명 가까이 발생하는 확진자를 감당하기에 대구시의 대응은 안일했고 무책임했다. 물론 대구시 고위 관료들의 생각은 다르겠지만.

〈그림 3-1〉 공공기관의 COVID-19 대응 평가: 서울시민, 경기도민, 대구시민

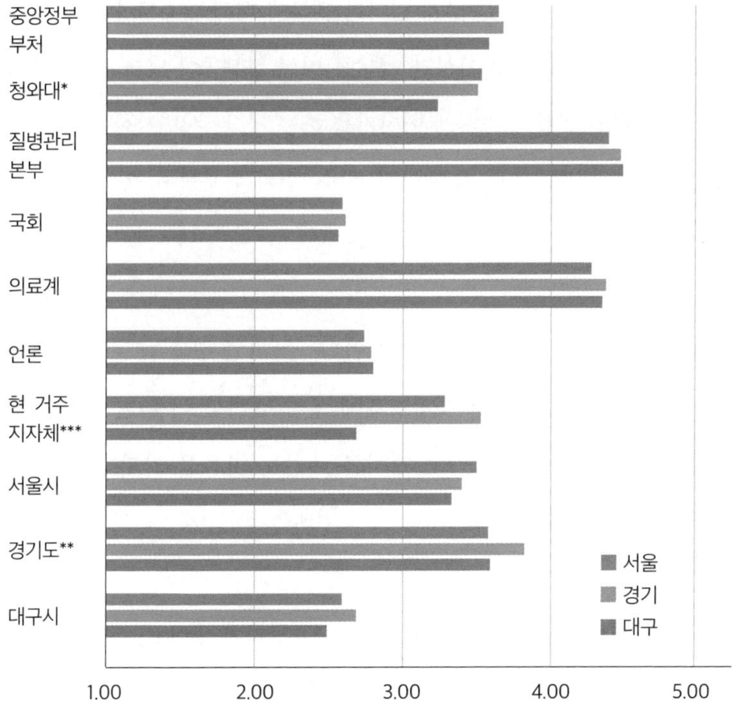

기준: 1 (매우 잘못하고 있다) ~ 5 (매우 잘하고 있다).
* P < 0.05 수준에서 유의미한 차이.
** P < 0.01 수준에서 유의미한 차이.
*** P < 0.001 수준에서 유의미한 차이.

메디시티 대구는 대구의 대표 브랜드인데, 그거를 실현하기 위해서 메디시티 협의회가 있어요. 사단법인으로. 그게 이제 각 대학의 병원장들, 보건의료 쪽의 직능단체들, 대구시, 이렇게 해서 협의회를 구성한단 말이에요. 여기에서 자기들이 10년 넘었으니까, 계속해서 소통했을 거잖아요. 그래서 병상을 확보했기 때문에, 이 메디시티 협의회가 일등공신이다, 이렇게 나오는 거예요. 이거는 끼워 맞추는 거다. 반성과 성찰보다는, 운 좋게 넘어간 부분에 대해 이것도 붙이고 저것도 붙이고 이래가지고 자화자찬하는, 이런 부분들이 되게 강한. 행정이나 관련된 분들은 그렇게 이야기를 하는 거고, 시민사회는 이 무슨 자화자찬, 어떻게 이렇게 권영진 권비어천가를 부를 수 있느냐 ⋯.

— 대구 지역 시민활동가 C

대구시민은 여전히 두려워하고 있다. 그리고 향후 대구지역 경제에 대한 전망은 잿빛이며 가계경제에 대한 예상도 어둡다. 관료들이 끝나지도 않은 COVID-19로 백서를 쓰려는 마음을 가지고 있는 한 대구는 여전히 위험하다.

전국 각지에서 대구시로 어마어마한 구호물자가 왔어요. 정말 상상하지 못할 정도로. 거의 매일 트럭이 계속 몰려올 정도인데, 그 구호물품을 방치해 썩혀 버린 거예요. 대구시 같은 경우에는 그걸 보관할 곳도 없어 월드컵경기장 운동장에다가 쌓아 놓고, 말하자면 과일이라든지 생물 같은 경우는 다 썩혀 버린 거죠. 심지어는 구청에서도 마찬가지예요. 구청 같은 경우 구청으로 오는 물품들조차도 구청에서 심하게 말하면 지하창고에 싹, 막말로 쳐 넣어놓은 상태. 그래서 구호물품이 있음에도 현장에 필요한 사람에게 전달이 안 되는 거예요. 정말 부끄러워서 저희들이 참. 저 같은 경우에는 처음 이야기해요.

— 대구 지역 시민활동가 B

신종 코로나 바이러스가 대구에서 폭발한 시기에만 초점을 둬서 그렇지, 생활방역과 재난지원금을 둘러싼 논란으로 시기를 확장하면 대구가 왜 아직도 위험한가를 쉽게 알 수 있다.

이 같은 위험이 대구에만 존재한다고 말할 수 있을까?

대구시만 그러냐. 제가 최근에 보면, 그 전에 그걸 말씀드리기 전에, 전제를 했으면 좋겠다는 것이 뭐냐 하면, 지금 대전이나 광주나 수도권에 소규모 집단 감염이 계속 이루어지고 있잖아요. 그런 곳의 행정을 제가 간접적으로 보게 되잖아요. TV를 보거나, 뉴스를 듣거나, 언론을 통해서, 기타 자료들을 보는데. 나은 부분도 분명히 있어요.

— 대구 지역 시민활동가 B

사실 2020년 2월에 대구시에 선포된 '감염병 특별관리지역'은 제도적 지원에서 한계를 가진다. 이는 '감염병'이라는 구체적 사안에서 중앙과 지방 정부의 역할을 명확히 구분하는 법률이 존재하지 않았기 때문이다. 보건의료와 관련된 여러 법안에는 선언적 규정만 존재할 뿐, 실체적 규정이 없다.

〈감염병의 예방 및 관리에 관한 법률〉은 감염병에 대해 가장 상세하게 다루고, 우선 적용되는 법률인데, 여기에서도 책임 주체에 보건복지부장관과 자치단체의 장을 병기하고 있어, 둘 간 책임 구분이 불분명하다. 국가 규모로 조치가 진행되는 일부 조항에 대해서 보건복지부장관이 책임지고, 학교 등 지역 단위의 예방 조치에서는 자치단체의 장이 책임지도록 하지만 전반적으로는 병기되어 구분이 모호하다(〈그림 3-2〉). 〈그림 3-2〉에서 알 수 있듯이, 지방자치단체는 중앙정부가 관련법에 의해 구축한 재난안전관리 조직체계의 하부에 위치하면서 보조하는 역할을 한다. 지방정부가 주도적으로 재난대응을 신속하게 할 수 있는 체계가 아니다. 감염병과 같이 한시가 급한 재난에서는 탈이 나지 않을 수 없다.

아무리 그렇더라도 대구시의 잇따른 정책실패와 무책임은 짚고 넘어가야 한다. 수천 명의 공무원 조직을 거느리고 동마다 주민센터를 두고 있는 대구광역시와 기초자치단체들은 평소에 하던 일을 이어 갈 뿐 위의 갈급한 문제를 해결하기 위한 비상대응체계로의 전환이 너무 늦었다. 대구시의 무능력에 대한 논란은 확진자 증가가 멈추고 사회경제적 차원의 대응을 이어 가는 중에도 계속된다.

3월 11일 대구시는 중앙정부에 대구시를 '특별재난지역'으로 선포할 것을, 그리고 대구시민들에게 긴급생계자금과 긴급생존자금을 지원할 것을 요청하였다.4 국회는 3월 17일 2. 36조 규모의 대구·경북 지원 추경예산안을 통과시켰다. 이는 재난대책, 회복지원, 금

〈그림 3-2〉 재난안전관리 조직체계

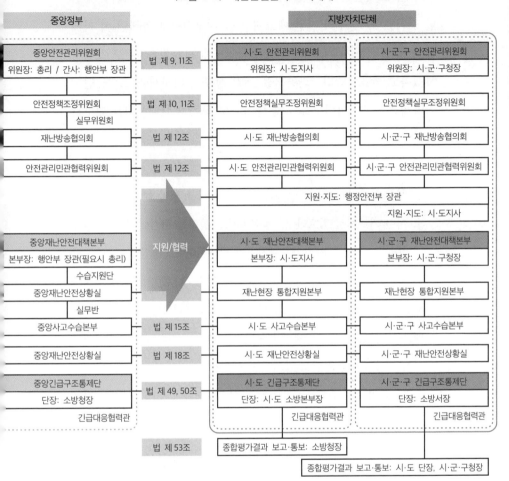

중앙정부		지방자치단체	
중앙안전관리위원회 위원장: 총리 / 간사: 행안부 장관	법 제 9, 11조	시·도 안전관리위원회 위원장: 시·도지사	시·군·구 안전관리위원회 위원장: 시·군·구청장
안전정책조정위원회 실무위원회	법 제10, 11조	안전정책실무조정위원회	안전정책실무조정위원회
재난방송협의회	법 제12조	시·도 재난방송협의회	시·군·구 재난방송협의회
안전관리민관협력위원회	법 제12조	시·도 안전관리민관협력위원회	시·군·구 안전관리민관협력위원회
		지원·지도: 행정안전부 장관	
		지원·지도: 시·도지사	
중앙재난안전대책본부 본부장: 행안부 장관(필요시 총리) 수습지원단	지원/협력	시·도 재난안전대책본부 본부장: 시·도지사	시·군·구 재난안전대책본부 본부장: 시·군·구청장
중앙재난안전상황실 실무반		재난현장 통합지원본부	재난현장 통합지원본부
중앙사고수습본부	법 제15조	시·도 사고수습본부	시·군·구 사고수습본부
중앙재난안전상황실	법 제18조	시·도 재난안전상황실	시·군·구 재난안전상황실
중앙긴급구조통제단 단장: 소방청장 긴급대응협력관	법 제 49, 50조	시·도 긴급구조통제단 단장: 시·도 소방본부장 긴급대응협력관	시·군·구 긴급구조통제단 단장: 소방서장 긴급대응협력관
	법 제53조	종합평가결과 보고·통보: 소방청장	
		종합평가결과 보고·통보: 시·도 단장, 시·군·구청장	

4   행정상 관리명칭에 불과하던 '감염병 특별관리지역'과 달리 '특별재난지역'은 〈재
    난 및 안전관리기본법〉에 근거하여 선포된다. 이에 따라 지자체가 전액 부담하던
    피해복구와 피해자 생활안정 지원 관련 재원을 정부와 지자체가 공통으로 부담하
    게 되었다. 구체적으로, 정부는 피해자 생활안정 지원비용의 약 70%와 피해복구
    비의 50%를 지원하며, 전기요금·건강보험료·통신비·도시가스 요금 등 공공
    요금 감면이 이루어진다.

융지원, 조세감면 및 특별재난지역 후속조치 예산 등을 지원하기 위한 것이었다. 정부의 지원 예고에 따라 대구시는 보유하던 시 자체 예산 중 일부를 자영업자와 중소상공인에게 긴급생존자금으로 집행하겠다고 발표하였다. 한편 3월 25일 정부는 대구시에 소상공인·취약계층 지원, 피해수습 등을 명목으로 하는 재난대책비를 교부하였다.

장애인 쪽 자가격리하는 분에게 밥 해먹으라고 생쌀을 보내 줘요. 채소 이런 거. 해서 먹으라고. 움직이지도 못하는 사람이 밥을 어떻게 해먹어요. 그러다가 장애인 확진자가 발생했어요. 병원이 갈 데가 없는 거예요. 장애인 단체들이 서울시에 박원순 시장한테 부탁해서 서울의료원에 다섯 명이나 갔어요. 매뉴얼을 빨리빨리 만들어서 해야 하는데, 복지부는 자기들 집에서 근무한다고 하는데 전화도 안 받고. 대구시는 복지부 지침을 보고 있고. … 꼼꼼하게 챙겨서 더 필요한 곳이 어딘지, 살펴봐서 우선순위를 정하고 사각지대를 찾아서, 물자가 적절하게 공급될 수 있도록 해줘야 하는데, 그런 개념이 없이 그냥 오면 하고, 너무 남아도 문제가 될 수 있으니까 막 주다 보니까, 어떤 데는 물량이 너무 넘쳐 버리고, 어떤 데는 그것도 모르고. … 구호성금이라든지, 물품이 왔을 때 어떻게 배분하는지 어느 정도 훈련이 되어 있다고 판단했는데, 이번에는 전혀 제가 생각하는 것보다는 못 미치는 ….

— 대구 지역 시민활동가 C

당초 대구시가 긴급한 지원을 호소하며 요청한 '특별재난지역' 선포와 긴급생계자금 지원이었지만, 이후 대구시가 이를 시민들에게 직접적으로 분배하는 과정에서도 많은 비판이 잇따랐다. 대구시는 3월 23일 저소득층 특별지원, 긴급복지 특별지원, 긴급생계자금 지원이 포함된 4,960억 원 규모의 '코로나19 긴급생계지원 패키지' 계획을 발표하였다. 문제는 해당 긴급생계지원 패키지 신청을 약 2주 후인 4월 6일부터 받고, 지급은 그로부터 열흘 후인 4월 16일 이후부터 이루어질 것이라고 발표한 것이었다. 즉, 발표일을 기점으로 약 3~4주 이후에나 지원금을 받게 된다는 대구시의 발표에 반발이 이어졌고, 이후 대구시는 4월 10일부터 지원금을 순차적으로 지원하는 것으로 계획을 변경하였다. 그러나 '코로나19 긴급생계지원 패키지'는 지급 과정 또한 순탄치 않았다.

먼저 저소득층 특별지원은 기초생활수급자와 차상위계층 등 10만여 가구에 평균 50만 원 안팎의 지원금을 지급하는 것을 목표로 하였다. 그런데 기존 4월 10일 이후로 지원금을 지급하겠다던 대구시의 계획과는 달리, 선불카드는 4월 20일이 지나서야 배부되기 시작하였다. 대구시는 전자화폐(선불카드)의 형태로 특별지원금을 지급하려 하였는데, 해당 카드를 공급할 수 있는 유일한 업체가 상장폐지 위기를 겪으며 생산에 차질을 빚었기 때문이다.

제가 말씀드리는 것은 방역행정에도 인력이 부족하고, 그 인력이 너무 집중되고, 효율성은 떨어지고, 이런 부분이 하나 있고. 그리고 이것과 동시에 여러 가지가 동시에 접근되어야 할 부분이 있는데 이런 건 전혀 없고, 이런 부분들이 동시에 2차 유행이 온다면 빨리 연결을 해서 방법을 만들어야 한다. — 은재식, 우리복지시민연합

긴급복지 특별지원은 기준 중위소득 75% 이하인 약 8만 가구에 평균 59만 원씩 3개월 동안 총 1,413억 원의 지원금을 나누어 주는 것을 목표로 한다. 그러나 대구시의 계획과는 달리 긴급복지 특별지원에 신청한 가구는 극히 일부로, 대구시가 당초 발표한 지원 대상 중 3월 말에는 약 1%,[5] 기준이 완화된 4월 말에도 약 6.7%[6]만 지원을 받고 있다. 이러한 실패의 원인으로는 다른 지원금과 중복 수혜가 가능함에도 불구하고 원활하게 홍보가 되지 못했던 점, 지원 기준이 가구원 전체의 최근 6개월 이내 평균 금융재산이어서 최근에 나빠진 살림을 반영하지 못한다는 점 등이 지적된다.

메르스 때도 혼쭐났지만, 전 광범위하게 질병도 차이가 있고, 그러니 이 평상시에 재난이라는 부분들의 그런 법과 제도와 매뉴얼이 다 있는데도 불구하고, 왜 감염병에 별로 신경을 안 쓰고 훈련된 것도 없고, 매뉴얼 자체를 그야말로 표면에서 읽는 거지, 내가 뭘 할 의도가 없고, 하려고 하면 한정 없이 해야 하고, 준비도 안 되어 있고, 이런 것이기

5 http://mn.kbs.co.kr/news/view.do?ncd=4414571
6 https://www.tbc.co.kr/tbc_news/n14_newsview.html?p_no=20200427163-930AE02989

때문에. 그냥 단순하게 홍수 나고 이러면 거기서 물품 전달하고, 보상해 주고 이것만 생각했는데, 지자체장의 리더십 차이가 크다는 생각을 가지고 있고, 또 사전에 얼마나 준비했느냐 이런 측면도 있고.

— 대구 지역 시민활동가 C

마지막으로 2,927억 원 규모의 긴급생계자금 지원은 기준 중위소득 100% 이하 가구에 가구원 수에 따라 50만 원에서 최대 90만 원까지를 지급하는 제도이다. 중복수혜가 불가능한 기존 복지지원 대상자를 제외하고, 약 46만 가구 108만 명이 지원받을 수 있을 것으로 기대하였다. 그러나 대구시는 공무원·교직원·공공기관 임직원을 지원 대상에서 배제하였다. 지속적으로 월급을 받는 이들은 고통분담 차원에서 세금으로 마련된 긴급생계자금을 받지 말아야 한다는 것이 그 이유였다. 그런데 공무원·교직원·군인·공단 직원 등 총 3,928명의 부당수령이 발생하였으며, 이를 시정하는 과정에서, 당초 긴급생계자금 지원 대상에 포함되는 비정규직 공무원들에게 지급했던 긴급생계자금을 환수하고 징계하는 등 많은 혼란을 빚었다. 이는 부처 간 행정협력에 시간이 걸릴 것을 우려한 대구시가 신청자의 소득만을 조건으로 두고, 부정수급자에 대해 이후 환수하겠다는 방침을 세우면서 생긴 행정실패 때문이라는 비판을 받았다.

결과적으로 대구시는 당초 발표한 '코로나19 긴급생계지원 패키지'의 3가지 지원정책 모두에서 행정적 혼란을 겪게 되었다. 대구시와 관련된 다양한 이해당사자들은 이러한 행정적 혼란의 원인으로

① 대구시의 1당 독점 장기화로 인한 관료주의가 야기한 행정력의 저하, ② 보수적 시스템 도입으로 인한 지원체계 부재, ③ 시민사회 내 체계적 네트워크의 부재로 인해 지방행정에 대하여 비판할 수 있는 프로그램의 상실 등을 지적한다. 결국 긴급생계지원 패키지 예산 중 약 1천억 원이 지급되지 못한 상태이며, 대구시는 이를 이후 다른 형태의 긴급생계자금으로 편성하겠다고 발표하였다.

저는 이번에 정말 깨달은 것은 행정의 무력감이에요. 정말 무사안일한 행정일 때 어떤 일이 벌어지는가를 말하자면 똑똑하게 본 거죠. … 정치적 이유죠. 대구 같은 경우는 지금 지방자치 실현되고 40년 동안 그냥 단일정당이잖아요. 의회조차도 100% 1당이었단 말이에요, 최근까지. 그러면 무조건 1당이 시 행정부, 군 행정부, 구 행정부까지 시구군 행정부 자체가 다 1당이고, 의회조차도, 비판과 견제를 해야 되는 의회조차도 다 1당이었단 말이에요. 한 당이었단 얘기죠. 1당독점이 오랫동안 지속됐기 때문에, 이 모든 행정이든 의회가 무사안일에 극단을 달리고 있는 거죠. 어떤 비판도 견제도 없었잖아요

— 대구 지역 시민활동가 B

3. 행정만 바라볼 수 없다: 관군과 의병

언론 기사에서 나타난 대구시의 입장은 '억울함'이다.[7] 상황이 한참 악화하고 있을 시기, 권영진 대구시장은 중앙정부가 대구시에 충분한 지원을 하지 않으며 전국을 종합적으로 관리하기 때문에 대구도 그중 하나로 취급될 수밖에 없다고 불만을 토로했다. 미국 ABC 방송과의 인터뷰에서는 "현재 바이러스 유입과 전파를 막는 데 중점을 두고 있는 국가적 격리 조치는 지역 내에서 전파되는 질병 감염을 방지하기에 적합하지 않다"고 비판하기도 했다. 어느 여당 정치인의 '대구 봉쇄' 실언을 빌려와 진보 정권이 보수 대구를 배제한다는 주장을 하기도 했다. 하지만 문제의 핵심은 대구시를 포함한 한국의 지방정부가 COVID-19와 같은 감염병으로 인한 재난에 전혀 준비가 없었다는 것이다. 대구시민들은 시장의 주장에 동의하지 않는다 (〈그림 3-1〉).

기존의 관료들은 자기의 미션을 가지고, 자기의 업무를 그대로 하면 되는 건데, 이거는 전혀 다른 맥락에서 일을 풀어냈어야 되니까, 전혀

---

7 대구시 공무원들과 접촉하여 인터뷰를 시도하였으나, 대구시는 아직 코로나 사태가 끝나지 않고 백서를 작성 중에 있다는 이유로 요청을 모두 거절하였다. 필자는 코로나 사태가 끝나지 않았는데 백서를 내는 이유를 납득하지 못한 상태에서 대구 시민사회 중심으로 인터뷰를 하고 이미 발표된 언론 자료와 양적 자료 분석에 집중하기로 하였다.

다른 감각이 필요한데, 그 감각이 없는 거죠. 기존의 감각만 있고, 새로운 재난상황에서의 감각이 없었던, 이런 것이 핵심적 문제가 아니었던가 싶은 거죠. 정무적 감각과 재난에 대한 감각이 없으니까, 계속해서 오판을 하는 거죠.　　　　　　　　　　　　　　　― 대구 지역 시민활동가 A

　　감염병 재난 상황에서 준비가 전혀 없었다는 사실은 두 가지 이유로 대구시에 특히 뼈아프게 다가올 수밖에 없다. 첫째, 대구는 COVID-19에 비견할 만한 재난을 여러 번 겪은 적이 있다. 대표적인 것이 1995년 달서구 상인동 상인네거리에서 등교 시간에 발생한 가스 폭발로, 사망 101명, 부상 202명 등 총 303명의 사상자를 냈다. 특히 근처 영남중학교 학생 42명이 사망해 대구 지역에 큰 상처를 남겼다. 당시 여당인 민주자유당은 국회에서 이 사건을 다루지 못하도록 방해해 매서운 비판을 받기도 했다. 대구에서 발생한 또 다른 재난은 2003년 2월 18일에 발생한 대구 지하철 화재 참사이다. 정신질환을 가진 남성의 방화로 시작된 이 화재로 192명이 사망하고 148명이 다쳤다. 정부는 대구를 특별재난지역으로 선포하였으나, 사고 직후 대구시가 사고를 축소·은폐하고, 현장을 훼손하는 등 부실한 대응으로 피해가 확대된 것으로 밝혀져 공분을 샀다. 두 번의 대형 재난 이후 관련 기관 사이의 공조체제와 관리체계 구축의 필요성이 대두되기도 하였다.
　　그러나 대구는 1995년과 2003년의 아픔을 겪고도, 2015년 메르스로 혼쭐이 나고도 변하지 않았다. 관련법에 의거해 자동적으로 설치되는 재난대응 조직은 있었으나 대구시는 질병관리본부가 주도하는 확진자 분리와 치료, 접촉자 격리를 보조하는 역할에 그쳤다.

> 저는 대구가 아쉬운 것은 대구가 자연재해 이런 거는 잘 없어요. 사회적 재난이 꽤 많은 지역이잖아요, 특히 지하철은. 이런 부분이 있었다면 뭔가 달라야 한다는 거예요. 재난이 성격은 달라도, 우리가 2003년에 지하철 참사가 있었을 때, 그 다음 날 대구시장이 50사단 동원해가지고 물청소 했거든요. 그 지하철 불탄 데. 있을 수 없잖아요, 재난 났는데. 진실도 규명해야 하고, 시신도 수습해야 하고, 여러 가지를 해야 하는데, 그거를 물청소해 버렸다고요. ─ 대구 지역 시민활동가 C

둘째, 대구시를 강타한 재난이 하필이면 감염병이었다는 점이 대구에 치명적이었다. 대구시는 2019년 '메디시티 대구'를 선포했다. 대구를 대한민국의 의료 메카로 발전시키고, 첨단 의료기술과 서비스를 발전시키겠다는 비전을 공식화한 바 있다. 대구시는 메디시티를 표방하고 혁신성장국을 설치해 대구 경제의 한 축으로 의료산업을 키우려던 계획에 차질을 빚을 것을 염려한다. 의료 메카로서 대구의 이미지에 타격을 줄 것이기 때문이다. COVID-19 국면에서 대구는 메디시티라는 목표가 무색하게 속수무책으로 무너졌다.

> 대구가 메디시티 대구, 의료특별도시라고 많이 이야기해 왔는데, 이번에 그런 것들이 전부 허상임이 드러났다고 봐요. 지역 대학병원 응

급실이 모두 폐쇄되었고, 대구의료원에는 기존에 입원해 있던 환자들이 다른 병원으로 갑자기 옮겨야 했고, 백혈병, 소아암 같은 기존에 질병이 있는 분들은 예정된 진료도 받을 수 없었죠.

— 김상현, 성서공동체FM[8]

신종 코로나 바이러스가 급속히 퍼지면서 알려진 사실은 대구에 공중보건의 역학조사관이 단 한 명뿐이라는 것이었다. 그런데 메디시티라니. 어쨌건 우여곡절 끝에 2020년 7월 현재 대구시의 일일 확진자는 없거나 한 손으로 셀 수 있는 정도로 상황이 진정되었다. 하지만 COVID-19라는 초유의 감염병 사태를 마주하여, 중앙정부와 지방정부 간 협력은 없는 거나 마찬가지였고, 보건 방역과 함께 반드시 이루어져야 하는 경제 방역, 사회 방역, 심리 방역이 공백 상태에 있었다.

시민사회도 사태 초기 손을 놓고 있기는 마찬가지였다. 《2012 한국민간단체총람》에 의하면 전국에 11,934개의 단체가 존재하는데, 이 중 387개가 대구에 등록되어 있다(시민운동정보센터, 2012). 이는 서울이나 경기에 비해 매우 적은 수이기는 하나 다른 광역시인 대전(394개), 울산(270개), 광주(367개), 인천(448개)과 비교해 시민사회의 활동이 저조하다고만 할 수도 없다. 민주노총, 참여연대, 경실련 모두 대구에 지부를 두고 있다. '우리복지시민연합', '대구시민

---

8 〈뉴스민〉 인터뷰 중에서. http://www.newsmin.co.kr/news/50179/

센터', '전태일의 친구들', '이주와 가치', '대구쪽방상담소' 같은 단체는 시민들의 삶 속에서 생활 밀착형 조직으로 자리 잡았으며, 이들은 시 행정에 대한 비판과 의제 설정 기능도 수행한다. 대구시도 이에 부응하여 주민참여예산사업을 2020년 115억 원으로 확대하였으며 이 예산은 시민투표와 주민참여예산위원회의 심사를 거쳐 집행된다. 그러나 코로나 사태 초기 대구 시민사회의 모습은 무기력 그 자체였다. 시민의 보건에 필요한 정보를 공급하고 어려움에 처한 집단을 찾아내 행정의 부재를 메워 주는 역할은커녕 그저 두려움에 떠는 일개 시민으로 돌아간 듯 보였다. '코로나19 극복 대구광역시 범시민대책위원회'(이하 '대책위원회') 조차 4월 21일에서야 출범했을 정도로 대응이 늦었다. 그리고 이조차도 관 주도 성격이 강한 조직이다.

> 시민운동이나 저희들 같은 경우에도 2~3일은 우리가 도대체 뭘 할 수 있을까, 뭘 해야 되는지, 가만히 있으면 되는 건지, 굉장히 혼란스러웠죠. 저희 같은 경우에는 오히려 타 지역으로부터의 자극이 활동에 동력이 되었던 것 같아요. 팬데믹 초기에 저희들 내부에서 그런 이야기를 한 것은, 우리 또한 굉장히 뭐라 할까, 융통성이 없다. 굉장히 시민운동도 굳어 있는 게 아니냐. 유동적으로 변환이 가능해야 하는 건데, 이런 시기에 아무것도 생각 못하는 2~3일 동안 멍하니 있었던, 이건 시민운동이 사회현상에 대해서 굉장히 민감하게 반응하고 이런 것을 전혀 하지 못하고 있는 것이 아니냐. ─ 대구 지역 시민활동가 A

대구시 행정이 무책임하고 시민사회가 어찌할 바를 모르는 동안 가장 먼저 피해를 본 집단은 사회적 약자와 취약계층이었다. 저소득 층 노인, 장애인, 노숙인, 이주노동자, 시설 수용 정신질환자, 그리고 최저시급 일자리를 잃은 청년 등. 누구도 그들에게 어디로 가라고 말해 주지 않았다. 누구도 그들을 돌보지 않았다. 누구도 그들에게 마스크를 주지 않았다(김동은, 2020).

이주민들이 우리나라에 많이 들어와 있습니다. 비자가 없는 사람을 코로나가 피해 가는 것도 아니고, 우리 동네에도 남편이 외국 사람인 경우가 있습니다. 그런데 마스크 배분할 때 빠졌습니다. 그런 것 하나에서도 보호받지 못하는 사람들, 세금도 꼬박꼬박 내는 국민인데도 불구하고 계속해서 이러한 사각지대가 생깁니다.　　─대구 지역 시민활동가 D

장애인들에게는 이번 코로나가 아무것도 없는 약간 암흑지대였다는 말씀을 드리고 싶습니다. 장애인들이 집단으로 거주하는 시설에 큰 문제가 있었습니다. 이번 코로나-19 사태가 벌어졌을 때 예방이라는 이유로 시설 전체를 격리하는 그런 일이 있었습니다. 그래서 오히려 더큰 위험에 노출되었습니다. 일상적 도움을 받아야 하는 장애인 당사자, 그러니까 음식 조리, 청소나 가사 노동, 활동지원사의 도움을 받아야 하는 장애인 당사자가 있는데 그런 장애인 당사자에게 조리를 해야만 하는 음식 부재료를 보냈다는 것은 장애인 당사자에 대한 이해가 전혀 없었다는 것입니다.　　─대구 지역 시민활동가 E

여기서 배제되는 사람들이 있다. 성매매 피해여성 같은 경우 기초수급 대상도 아니고 저소득도 아니다. 노동을 할 수 있는 상황으로 구분된다. '성매매 피해여성이 받을 수 있는 수혜, 혜택이 없구나!'라는 것을 느끼게 되었다.

— 대구 지역 시민활동가 F

감염예방 보건 수칙이나 질병정보의 제공, 증상이 있을 때 행동 수칙 전파, 생존에 위협을 받는 사람들에 대한 지원, 도움이 필요한 지역과 집단에 대한 파악, 구호물품 전달 조직, 자원봉사자 모집과 운영 등 무엇 하나 이루어진 것이 없었다. 이는 중앙정부와 지방정부 간 책임과 권한의 모호함 때문이기도 하지만, 좁혀서 대구만 보면 전반적인 행정의 무책임과 무능, 방역 담당 부서와 다른 부서 간 칸막이 때문이기도 하다. 그리고 시민들의 삶을 파고들지 못하는 행정으로 발생한 틈과 사각을 메울 정도로 시민사회가 탄탄하지 못하기 때문이다.

재난이 발생하니까, 내가 알고 있는 지역사회가 생각보다 좁더라. 어디에 무엇이 존재하고, 네트워크도 생각보다 약하고. 분절되어 있는 느낌이 많이 들었죠. 네트워크가 가다가 뚝뚝 끊겨 있다는 느낌이 들었고.

— 윤종화, 대구시민센터

그래도 다행인 것은 시민사회의 무기력이 오래가지 않았다는 것이다. 이는 도움이 필요한 쪽과 도움을 주고 싶은 쪽을 연결하는 '대구시민센터'의 역할이 효과를 드러내면서 나타난 변화였다. 대구의 위기가 심각한 단계에 이르렀을 때 전국 각지에서 돕고 싶다는 연락이 빗발쳤다. 대구시민센터가 이에 호응해 두려움과 어려움으로 고통받는 사람들을 도울 방법을 모색하기 시작했다.

정규군인 대구시 행정이 우리의 삶을 방어하지 못한다면 시민 스스로 지킬 방법을 찾아야 했다. 의병의 등장이었다. 가장 시급한 것이 누구에게 어떤 도움을 줄 것인가를 파악해 정리하는 일이었다. 대구시민센터도 해오던 사업이 있고 그에 맞춰 인력을 운용하기 때문에 이를 전담할 수 있는 조직이 없었다. 전담 팀을 꾸린다고 해도 한 단체가 대구시 전체를 담당하는 것은 애초부터 불가능했다. 그래서 생각해 낸 게 대구시민센터가 플랫폼 역할을 하고 사회적 약자와 취약계층 등에 밀착된 실천중심형 시민단체와 봉사단체를 통해 도움이 필요한 사람들을 찾아내 당장 필요한 게 무엇인지 파악하는 체계를 만드는 것이었다.

도대체 뭘 할 수 있을까, 뭘 해야 되는지, 가만히 있으면 되는 건지, 굉장히 혼란스러웠죠. 우선 상황실을 꾸몄죠. 전국에서 들어오는 물품을 모으고. … 이걸 그러면 어떻게 배분할 것인가, 현장을 파악하자. 그래서 상황실에서 현장을 파악하기 시작한 거죠. 계속 전화를 돌려서, 무엇이 필요하냐, 어떻게 전달하면 좋겠느냐, 리스트를 만들기 시작했죠. 그 리스트를, 가령 쪽방상담소, 중증장애인센터, 미혼모센터 이런 데, 이주여성지원센터 이런 곳을 거점을 중심으로 파악한 것이죠. 거기에 물건이 들어가면 그것이 퍼지고, 학교 밖 청소년 지원센터 이런 데를 쭉 리스트를 만들고, 네트워크를 만들기 시작했던 거죠. 그래서 전국에서 들어오는 것을 중심으로 해서 가능하면은 저희들이 물건을 사무실에서 쌓아 놓기보다는, 바로 배송이 되도록 시스템을 만들었죠.

— 윤종화, 대구시민센터

오히려 시민들은 이런 불안 속에서도 뭔가 극복을 위해서 기여를 하는 봉사를 하고자 하는 마음이 굉장히 강하게 있었어요. 굉장히 강하게, 어디 가서 어떻게 해야 할지를 모르는 거예요. 지금 어려움을 겪는 사람들이 누굴까를 생각하게 되는 거고. 그러면서 무료급식소가 폐쇄되었음을 알게 되었고, 그러면 무료급식소를 이용할 수밖에 없는 계층들은 지금 어떻게 끼니를 이을까, 라는 생각이 미쳤고.

— 김채원, 전태일의 친구들

보건의료적 방역으로 분주한 정부의 손길이 닿지 않는 곳곳을 시민사회가 메웠다. 물론 그런 시민사회를 지원하는 곳 또한 정부가 아닌 시민사회였다. 문창진 대구시민센터 사무국장은 "시민센터는 대구 시민사회를 지원하는 중간 조직이다. 시민사회에 도움이 되고자 했고, 시민사회 안에서도 열악하거나 취약한 단체를 돕는 역할을 해나가려고 한다"고 말했다. 결과적으로 대구시민센터에 연결된 조직들은 어려움에 처한 사람들을 찾아내고 그들이 필요한 자원을 연결된 조직을 통해 한곳으로 모으고, 다시 도움이 필요한 사람들에게 조직을 통해 전달하는 체계가 확립되었다. 가용한 자원과 노력을 필요한 곳에 연결해 주는 연계기관, 중간 허브가 역할을 하고 시민과 밀접히 연관된 조직이 움직이기 시작한 것이다.

저희도 몰랐는데 플랫폼 역할을 하기로 하고 어떤 단체들이 있는지 확인하는 과정에서 더 많은 분들이 활동하고 있다는 걸 알게 됐죠. 이주여성폭력피해 쉼터에 전화했더니 성서공단노조 이주노동자회를 연결해 주시고, 대구경북여성단체연합에 전화했더니 여성단체 내 쉼터들이 있고, 위기청소년 쉼터도 있고 이런 곳들이 더 있었던 거죠.

— 윤종화, 대구시민센터

'이주와 가치'와 '성서공단노동조합'은 성서공단에서 미등록 외국인, 외국인 노동자, 결혼이주여성을 포함한 이주민에게 마스크를 나눠줬고, '자원봉사능력개발원'은 연기자 이영애 씨가 기부한 5천만 원으로 마스크와 손 소독제, 생필품을 구매해 쪽방 전역에서 방역 안내문과 물품을 전달했다. 9 '달서구 청소년 쉼터'는 대구시민센

---

9 "쌀도 한 4천kg, 라면 40만 개, 마스크 3만 개 정도 들어왔어요. 초기에는 물품도 다양했어요. 고구마, 초콜릿, 대파, 감자, 쌀국수, 운동 테이프, 삼계탕, 마스크 팩, 양말, 참기름, 깨, 오이, 건빵, 수건 등 다양하게 들어왔죠. 그래서 물류팀이 새롭게 생겼어요. 저는 안에서 물품을 조합해서 매주 750개의 코로나 키트를 만드는 것을 총괄했어요. 양말, 칫솔, 치약, 비누, 쌀, 라면, 마스크를 넣어서 키트를 만들었죠(오현주 팀장, 자원봉사능력개발원 대구 쪽방상담소. 〈뉴스민〉 6월 3일자. http://www.newsmin.co.kr/news/49660/).

터와의 20여 년 동안의 협업을 바탕으로 단체 간 네트워킹과 청소년과 유아에게 마스크를 배부했다.

'성서공동체FM'은 '코로나19 특별생방송'을 편성하고 수십 명의 시민제작자들이 리포터 역할을 하게 해 식자재 소진 소식과 공적 마스크 판매 상황을 전하고 가짜뉴스를 검증하였다. 재난 상황에서 왜곡되고 악의적인 정보가 확산하는 걸 막고 지역 내 소통 채널 역할을 해 시민들 사이에 두려움이 전염되는 것을 방지할 수 있었다. '대구 여성의 전화'는 쉼터 입소가 중단된 와중에도 꾸준히 피해자와의 전화 상담을 이어갔으며, '다울건설협동조합'은 무료급식소가 폐쇄되고 노숙인 쉼터에 외부인 출입이 금지되면서 끼니를 때우기 어렵게 된 사람들에게 도시락을 날랐다. '교육공동체 희년'은 북구에 있는 로컬푸드 직매장을 연결해 집에 갇힌 학생들에게 식료품과 간식 꾸러미를 전달했다. 전남 신안에서 보낸 튤립 꽃으로 나눔을 진행하기도 했다. '대구위기청소년교육센터'는 대구시민센터, 대구환경운동연합, 민주사회를 위한 변호사모임을 통해 마스크, 손 소독제, 간식을 받아 청소년들에게 우편으로 발송했다. 물품을 보내면서 고립으로 인한 우울감과 경제적 곤궁에 시달리는 청소년을 위한 편지도 동봉했다.

의료진에 대한 지원도 이어갔다. '전태일의 친구들'은 격무에 시달리며 식사할 시간과 장소가 마땅치 않았던 의사와 간호사들을 위해 매일 김밥을 쌌다. 관군이 전방에서 신종 코로나 바이러스와 싸우는 동안 의병들이 연대해 후방을 지켰다.

4. 꿈틀대는 시민사회:
지방정부의 소환과 시민민주주의의 가능성

관군官軍이 낸 구멍을 의병義兵이 임시방편으로 메웠다. 관군도 마냥 손을 놓고 있었던 것은 아니다. 다만 총리실, 질병관리본부, 대구시가 확진자 동선 추적, 검사, 지역 대형병원 동원, 생활지원센터 확보 등 보건 방역에만 집중한 사이 경제·사회·심리 차원에서의 방역이 없었고, 이로 인해 시민들, 특히 사회적 약자들이 겪어야 하는 고통이 컸다는 의미이다. 불안 속에 두문불출하며 고통조차 드러내지 못하고 알려지지 않은 사람들이 방치된 날들이 계속되었다.

대구시가 기존 보유 자원을 시민들에게 분배하고, 감염병 치료 및 확산 방지를 위한 추가적인 자원을 중앙정부에 요청하는 등의 역할을 했으나 그뿐이었다. 사실 그럴 만한 권한, 책임, 자원도 주어지지 않았다. 핵심적인 결정은 대부분 중앙정부의 몫이었다. 특별교부세, 예비비 의결, 자원 분배, 의료 인력과 병상 확보, 지역 간 협력 조정 모두 중앙정부의 손에 의해 만들어졌다. 중앙정부가 콘트롤타워가 되고 지방정부가 보조하는 역할에 그치는 현재 국가 중심 방역체계에서는 지역 내 정책 사각死角의 발현과 배제는 피할 수 없었다.

중앙은 지역을 모른다. 지역을 아는 누군가가 권한을 가지고 나서지 않으면 사각은 알려지지 않은 채 말라 갈 수밖에 없다. 사회적 약자들은 공포에 떨었고, 마스크를 못 구해 허둥대야 했다. 장애인

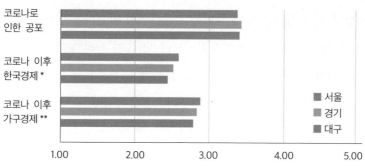

〈그림 3-3〉 코로나로 인한 공포와 미래 전망: 서울시민, 경기도민, 대구시민

기준: 1 (전혀 느끼지 않는다) ~ 5 (매우 심하게 느낀다)
* P < 0.05 수준에서 유의미한 차이.
** P < 0.01 수준에서 유의미한 차이.

과 그 가족은 생업을 포기하고 감염되면 끝이라는 마음으로 옥쇄玉碎를 택했다. 최저시급을 받고 일하는 청년들은 아르바이트 자리가 없어 갑자기 곤궁해졌다. 쉼터에서 지내는 청소년들은 스트레스와 우울증에 시달렸지만 견디는 선택 이외에는 할 수 있는 게 없었다. 외국인 노동자들은 마스크를 약국에서도 구매할 수 없었으며 편견과 혐오, 그리고 차별의 대상이 되어야 했다. 급식소에서 끼니를 이어가는 노숙인들과 빈곤 노인들은 예고 없이 무료급식이 없어지면서 당장 한 끼를 해결할 수 없었다. 그렇다고 일반 시민의 사정이 더 나았던 것도 아니다. 지역주민의 불안과 공포를 어루만져 줄 수 있는 총체적 방역 거버넌스는 존재하지 않았다. 그래서인지 서울, 경기, 대구에 사는 모두가 두렵기는 마찬가지였지만 유독 대구시민의 미래 전망이 어두웠다(〈그림 3-3〉).

그래도 소득은 있었다. 상술한 것처럼, 평상시 존재감 없다고 비판받던 대구시가 잔뜩 긴장한 모습으로 카메라 앞에 매일 출연했다. 시장이 지난 하루 시민의 안위를 걱정하면서 확진자는 얼마나 늘었고, 동선 추적은 어떻게 진행되었으며, 접촉자 관리는 어느 수준까지 진행되었는가를 시시콜콜 전달했다. 병상 부족으로 입원하지 못하고 집에서 기다리던 확진자들도 언제쯤이면 병원에 갈 수 있는지 가늠할 수 있게 되었다. 이로써 시민들도 껍데기이고 부패의 온상이라고 생각하던 지방정부가 자신들의 삶에 얼마나 소중한 존재인가를 깨닫게 되었다.

경기도와 서울에서 도지사와 시장은 칭찬을 받았으나, 대구의 시장은 여론의 뭇매를 맞았다. 하지만 시민을 지키기 위해 최전방에서 사투를 벌이다가 실신까지 하는 진정성은 생생하게 사람들에게 전해졌다. 경기도로 이사 가고 싶다는 푸념을 한 주민들이 많았다는 것 자체가 허울뿐이던 지방자치가 이제 제대로 자극을 받고 각성을 시작했으며, 유권자들도 자신의 손으로 뽑은 단체장이 자신과 가족의 생명을 살릴 수도, 죽일 수도 있다고 인식하기 시작했다.

대학병원을 4개나 가진 대구여서 그나마 신종 코로나 바이러스가 수도권으로, 전국으로 퍼지지 않은 것이라는 평가도 많았다. 지역의 의료 인프라가 얼마나 중요한지 알게 되었다. 그리고 아무리 병원을 많이 짓고 의료진을 충원해도 지방정부의 행정이 작동하지 않으면 무용지물이 될 수 있다는 것도 절감했다. COVID-19는 시민의 마음에 지방정부를 제대로 소환했다.

코로나 전과 후가 달라져야 한다고 말을 해요. 행정이 가장 중요하다고 봐요. 행정의 중요한 역할이 있는데, 공권력인데, 지방에서는 가장 큰데. 초창기에 어떤 일이 대구시에 일어났느냐 하면, 전문가들이 조언하고 자문했잖아요. 자문하러 들어갔는데, 관료들은 잘못 결정할까봐, 눈 밖에 날까봐, 책임질까봐. 공무원들이 자기들의 권한이 있는데, 전문가들의 자문을 받아서 최종적으로 합리적 판단을 해야 할 공무원들이 전체적으로 안 하고, 마치 전문가들의 결정을 받듯이요. 전문가 한 분이 화를 엄청 내셨대. 당신들이 결정하는 거지, 내가 도와주러 오는 거지 내가 결정하는 거냐.　　　　　—대구 지역 시민활동가 C

병원에도 못 가고 집에서 자가격리하거나 아니면 심각해져가지고 일부는 이송하는 과정에서 죽은 사람이 23명일 거예요. 그 뒤로 더 있을 수 있어요. 이건 충격이잖아요. 아무리 폭발적으로 늘었어도, 병원 앞에도 못 가고 죽었다는 건 있을 수 없는 일인데.

　　　　　—대구 지역 시민활동가 C

코로나가 시민의 일상 뒤편에서 잠자고 있던 지방정부를 소환했다. 확실한 교훈도 얻었다. 누구도 예측하지 못한 신천지와 준비 없이 맞은 대혼란을 버텨 내며 얻은 교훈은 소중하다. COVID-19와 같은 감염병 재난 시에는 보건의료적 대응도 중앙정부와 질병관리본부에 모든 걸 맡기기보다는 지방정부가 중심을 잡고 이겨 내야 한다는 것, 지역에 의료 인프라가 아무리 잘 갖춰져 있어도 조직과 매뉴얼이 없으면 무엇 하나 제대로 할 수 없다는 것. 보건의료적 방역의 성공은 좋은 의료 인프라, 효과적인 행정력, 의료진의 노력만으로는 충분하지 않으며, 지역의 사회경제적 안정과 사회적 지원망의 연대가 함께 이루어져야 가능하다는 것. 그리고 바이러스의 확산 방지에만 치중할 경우 장애인, 이주민, 취약계층의 삶은 드러나지도 않은 채 피폐해져 간다는 것. 결론적으로 주민과 가까운 좋은 지방정부가 필요하다는 것.

COVID-19가 소환한 것은 지방정부만이 아니다. 보수 정치세력에만 우호적인 정치지형에서 힘겹게 활동해 오던 대구 시민사회가 자신감을 얻는 계기가 되었고, 스스로를 되돌아보는 성찰의 시간도 가질 수 있었다. 그리고 대구시민들은 자신들의 일상과 거리가 먼 것으로만 생각했던 비판적, 정치적 시민단체가 이미 그들의 삶 속으로 들어와 공동체가 어려움에 직면하면 없어서는 안 되는 존재라는 것을 깨닫게 되었다.

1987년 이후의 이 시민의식의 태동과 더불어서 곳곳에서 공동체 생활을 하는 소모임이나 그룹들이 많이 생겨났잖아요. 특히 마을을 중심으로. 물론 우리같이 의제를 중심으로 하는 시민단체도 있지만, 마을 중심의 공동체들이 많이 이제 사실은 활발해지면서, 그 힘이 이번에 발휘된 거죠. 현실 속에서 어떤 역량을 발휘할 건가를 저는 이번 코로나 사태 때 제일 강력하게 보여 줬다고 생각해요. 만약에 그런 마을 공동체나 저희 같은 단체가 없었다면, 바로 이웃이 어려움을 겪고 있어도 누구도 못 나서는 거죠.   ― 김채원, 전태일의 친구들

할 때마다 이번이 마지막이라고 했는데 신기하게도 또 연결이 되고 연
결이 되고 … 시민사회도 많이 바뀌지 않을까 생각하고 있습니다. 이
번 코로나 시국에 일어났던 다양한 시민사회의 역할은 행정이 해야 했
던 부분이라고 생각합니다. 정부의 보조기관 같은 역할만 했는데 오히
려 시민사회는 혼란의 시기에 기준을 만드는 것이 필요해 보입니다.

                                           ― 이숙현, 교육공동체 희년[10]

대구시 정책으로 녹아나게 시민사회의 목소리를 높여야 하지 않나라
는 생각이 들어요. 마스크 미착용 시 벌금 부과 행정명령에 대해서도,
그런 결정을 하기 전에 마스크를 좀더 싸게 구입할 수 있도록 지원해
준다든가 하는 대안들을 충분히 내놓을 수 있지 않았을까요? 이런 부
분들은 시민사회가 할 수밖에 없지 않나 생각이 들어요.

                                            ― 고명숙, 이주와 가치[11]

---

10 〈뉴스민〉 인터뷰 중에서. http://www.newsmin.co.kr/news/50971/729
11 〈뉴스민〉 인터뷰 중에서. http://www.newsmin.co.kr/news/49535/

5. 대구여서 가능할 것이다

이 글에는 대구시의 실책을 비판하거나 대구 시민사회의 활약을 부각하려는 의도가 없다. 우리가 다시 COVID-19 이전으로 돌아갈 수 없으며, 뉴 노멀이 노멀인 세상에서 살아야 한다면, 이제는 과거의 나태함과 실수를 반복해선 안 된다는 간절한 외침만이 있을 뿐이다.

일을 당하고 임시방편으로 비상체제를 만들고 허둥대다가 모두를 고통과 비탄에 빠지게 하고, 귀중한 목숨을 떠나보내는 일을 또 저지르지 말자는 것이다. 더 늦기 전에 지방정부와 지역 시민사회가 상호 보완적으로 기능할 수 있는 책임과 권한을 공유하는 '지역 중심형 총체적 방역 거버넌스'를 만들자는 것이다. 그래서 이번에는 반드시 대구의 경험으로부터 배워야 한다.

그러니 이 평상시에 재난이라는 부분들의 그런 법과 제도와 매뉴얼이 다 있는데도 불구하고, 감염병에 별로 신경을 안 쓰고 훈련된 것도 없고, 매뉴얼 자체를 그야말로 표면에서 읽는 거지, 내가 뭘 할 의도가 없고, 하려고 하면 한정 없이 해야 하고, 준비도 안 되어 있고, … 되게 아쉽죠. 결론부터 이야기하면, 시민사회의 전문성과 역량이 바닥을 드러냈는데. 나중에 조금 기능을 회복했지만, 저는 좀더 우리가 많은 걸 생각을 해봐야 한다. 단체마다 다 성격이 있고 이런 거지만. 그런 부분으로 봤을 때, 별도로 활동하는 단체는 몇 개 없어요, 대구에.

전문성과 역량을 키워야 하는 거예요. 단체마다 성격도 활동방식도 다 다르고.
                                                                 ─ 은재식, 대구 우리복지시민연합

중앙과 지방 행정의 원활한 협조체계, 지방정부와 지역 시민사회가 보건의료적, 심리적, 경제적, 사회적 방역의 주체로 서로 협력하고 감시하는 체계가 필자가 처음에 제시한 '지역 중심형 총체적 방역 거버넌스'다. 어쩌면 뻔한 결론이지만 그 뻔한 것이 존재하는 지방정부가 지금까지 한국사회에 없었으며, 그 뻔한 게 없어서 대혼란에 빠졌고, 전국적으로 300여 명 이상의 귀중한 생명을 잃었다. 재난관리의 실질적 책임과 권한을 지방정부에 줘야 한다. 지방정부가 혼자 다루기 어려운 문제를 시민, 시민단체, 기업이 함께 해결할 수 있도록 해야 한다. 시민단체가 지방정부를 감시하게 해야 한다.

물론 이러한 형태의 거버넌스가 중앙정부의 역할을 배제하거나 모든 것을 지역으로 가져와야 한다는 의미는 아니다. 다만 중앙이 모든 계획을 세우고 결정하면 지방은 그저 집행하는 하향식 구조가 아니라, 지방정부와 시민사회가 중앙정부의 지침과 원칙을 준수하며 지역의 특성에 맞는 대응을 하다가 필요한 자원을 중앙정부에 요청하는 상향식 구조로 감염병 대응체계가 변해야 한다는 것이다. 그러기 위해서는 지방정부와 지역 시민사회의 역량을 키우는 것이 필요할 것이다. 특히 시민사회가 행정이 미치지 못하는 빈 곳을 메우는 역할에 그치지 않고 상시적인 대응체계에서 실질적 역할을 할 수 있어야 한다. 뉴 노멀 시대의 지역 중심형 총체적 방역 거버넌스는 자발적 참여를 바탕으로 한 시민민주주의의 틀 안에서 만들어져야 한다.

> 그 이야기는 많이 하죠. 거버넌스의 부족이다. 지금 시도에 만들어지고 있거든요. 대구는 되게 빨리 만들어졌어요. 감염병관리지원단인가. 그전에 안 만들어진 지자체도 지금 막 만들려고. 그런데 이런 전문가 집단과 관과의 거버넌스, 이걸 얼마나 효율적으로 1차적으로 되느냐 하는 게 있는 거고, 두 번째는 병상을 획득하는 데 있어서 대구가 메디시티 대구였는데, 핵심부서가 메디시티 협의회였잖아요. 이게 보건 파트가 메디시티 협의회와 연결되는 게 아닙니다. 대구에서는 경제 파트하고 연결됩니다. … 장애인 확진에 대해서는 어떻게 할 것인가, 아이들은 어떻게 할 것이냐, 자가격리를 못 하는 경우는 어떻게 할 것이냐. 이런 여러 가지 케이스를 놓고, 또 병원은 어떻게 할 것이며, 이런 부분들이 동시에 돌봄과 우리 일상생활과 경제활동과 치료와 이런 전체적으로 종합적으로 행정이 굴러가야지. ─대구 지역 시민활동가 C

한국에서는 그러한 체계가 만들어진 적이 없으니 해외 사례를 살펴보는 것이 도움이 된다. 미국과 독일은 모두 연방주의 체제로 국가를 운영하고 있어 주의 권한이 강하고, 재난관리 또한 주정부 및 지방자치단체들이 주도적 역할을 수행한다. 한편 중앙정부는 지자체에서 자체적으로 해결할 수 있는 선을 넘은 대형재난 상황의 경우 지원한다.

독일의 재난대응체계는 연방정부Bund, 주정부Land, 그리고 시, 군 Kreis 정부와 기초자치단체인 게마인데Gemeinde로 구성된다. 독일의 재난관리 시스템은 평상시의 응급 관리 및 계획과 전시의 국가방위 개념인 민방위로 구분할 수 있다. 이에 따라 평상시의 관리체계는 주정부가 책임지고, 대규모 재난 및 전시에는 연방정부, 즉 연방내무부BMI가 담당하는 것을 기본적 구조로 한다(양현모·문재원·이상태, 2009). 일반적으로 재난 관리의 주 책임은 게마인데에 있고, 재난의 유형과 규모, 피해 정도에 따라 광역자치단체, 주정부, 연방정부 등이 개입하여 지원한다. 또한 각 지역의 연방기술지원단, 독일적십자사Deutsches Rotes Kreuz, 독일사고구조단DLRG, 말터기사단Malter, MHD, 존스앰뷸런스협회JOH 단체들은 정부와 협력하여 재난, 위기상황에 대응하고 있다(〈그림 3-4〉).

독일은 2013년 중부 유럽을 강타한 홍수로 66억 8천만 유로의 심각한 재산피해를 입었다. 그러나 사망자 수는 8명에 그쳤다. 바이에른주의 데겐도르프Deggendorf, 파사우Passau, 레겐스부르크Regensburg, 안스바흐Ansbach 지역에서는 피해가 심해지자, 풍수해 피해 복구지원을 위해 각 지역의 연방기술지원단이 지원작업에 참여하였다. 연방기술지원단은 연방 산하기관이기는 하나, 전체 인력의 99%인 8만 3천 명이 자원봉사자들로 구성된 조직이다. 자원봉사 활동과는 다르게 기술적 지원을 제공하기 위한 목적을 지니며, 자원봉사 인력 또한 다양한 기술을 습득한 전문가들이다. 이들은 대형 재난뿐만 아니라 각 지역에 발생하는 재난의 경우 규모와 유형에 상관없이 해당

<그림 3-4> 독일의 재난대응체계: 중앙정부와 지방정부의 관계 *

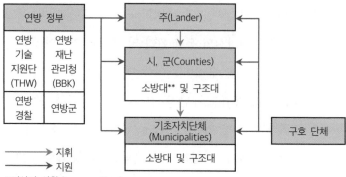

→ 지휘
→ 지원

* 평상시 상황 (in peacetime)
** 특수 작전군 (specialized Forces)

자료: https://ec.europa.eu/echo/files/civil_protection/vademecum/de/2-de-1.html

<그림 3-5> 미국의 재난대응체계: 중앙정부와 지방정부의 관계

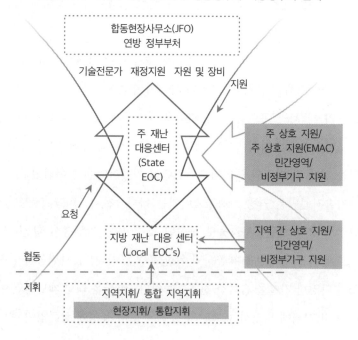

지자체 및 민간단체들과의 협력을 통해 문제해결을 지원하고 있다 (원소연, 2013).

최근 COVID-19 방역과 관련해서도 연방기술지원단의 지역에서의 활약이 빛났다. 마그데부르크에서는 50명의 연방기술지원단이 코로나 진단센터 건설에 참여하여, 확진자 진단에 도움을 주었다. 이들은 사회적 거리유지를 위해 관공서의 대면 데스크에 비말 가림막을 설치하였고, 각 지방자치단체와 주의 위기조정 팀 컨설턴트로 참여하고 있다.

미국의 경우도 크게 다르지 않다(〈그림 3-5〉). 미국의 재난안전 관리 체계는 지방정부city, county 중심으로 이루어진다. 지역에서 발생하는 소규모 재난들은 지방정부, 지방정부의 재난대응센터EOC, Emergency Operation Center가 자체적으로 처리하며, 대형 재난이 발생하여 지방정부 자체적으로 대응이 어려운 경우 주정부에 지원을 요청한다. 특급 재난과 같이 주정부에서 대응이 어려운 경우에는 연방재난관리청FEMA, Federal Emergency Management Agency에 지원을 요청한다. 재난안전 관리와 대응에서 적십자 등 민간 NGO의 역할도 매우 중요한데, 이들은 현장의 재난관리 측면에서 지원한다(정지범, 2016). 시민사회의 성공적 대응이 돋보인 허리케인 샌디 이후, 뉴욕 재난관리본부NYCEM, New York City Emergency Management와 비영리단체인 New York Cares, NYC service 그리고 Volunteer Orgazniation Active in Disaster가 모여 VCTFCity's Volunteer Coordination Task Force를 창립하였다. 대부분 자원봉사자들로 구성된 VCTF는 위기상황 시 미국시민 지원에 주력한다. VCTF는 최근 COVID-19 확산에도 성공적으로 대응하였는데, 미국시민의 신체적 안녕뿐만 아니라 삶의 질까지 고려한 지원체계를 제공하고 있다. 이를테면 New York Cares의 숙련된 자원봉사자들은 온라인 교육으로 전환됨에 따라 기술지원이 필요한 학생들과 아이들에게 수만 건의 지원 전화를 제공하였고, VCTF의 커뮤니티 파트너인 Xavier Mission은 여성 오토바이 클럽과 파트너십을 맺고 식료품이 필요한 노인과 100여 가구에 식료품을 전달하였다. 특히 New York Cares의 경우, 뉴욕시와의 협력을 통해 업무를 신속하게 조정할 수 있었고, 도움이 가장 필요한 사람들에게 빠르게 지원 서비스를 제공할 수 있었다. 실제로 작년 대비 4배가 넘는 식사를 취약계층에게 제공하고 있다. VCTF의 또 다른 구성원인 그레이터 뉴욕 지역 미국 적십자American Red Cross in Greater NY는 2,500명 이상의 자원봉사자들을 배치하여 필요한 가정에 식료품을 전달하였다.[12]

독일과 미국의 사례에서 확인할 수 있는 사실은, 재난의 성격과 규모에 따라 달라지지만 지방정부가 주도권을 가지고 재난에 대처하며 중앙정부는 지원 역할을 한다는 것이다. 그리고 시민사회가 지방행정의 빈틈을 메우는 데 그치지 않고 자발적 참여와 전문적 지식

---

12 "New Yorkers find ways to help those in need during the covid-10 pandemic" https://www1.nyc.gov/site/em/about/press-releases/20200615_pr_nycem-volunteer%20coordination-task-force.page

과 역량을 기초로 거버넌스의 한 축으로 자리 잡았다는 것이다.

우리도 지역 중심형 총체적 감염병 거버넌스에 대한 공론화를 이제 시작해야 한다. 제도와 법을 만들면서 이와 동시에 지방정부의 행정도 그에 적합한 체계를 갖춰야 하고, 의료 인프라도 정비해야 한다. 의사와 간호사에 대한 적절한 보상과 훈련 제공은 필수적이다. 영웅, 천사 운운하며 그들에게 희생을 강요하지 말자. 시민사회도 시정에 대한 비판 기능과 새로운 체계에 부응할 수 있는 능력을 갖춰야 한다. 장기적 관점에서 미래 세대 전문가도 양성해야 한다. 그러기 위해서는 지역에서 주민들에게 더 다가가야 하고, 일상의 일부가 되어야 한다. 시민사회가 항상 주민의 일상에 닿아 있어서 누가 어떤 어려움에 처해 있으며 무엇이 필요한가를 상시적으로 모니터링해야 할 것이다. 따라서 '지역 중심형 총체적 지역사회 감염병 거버넌스'는 '사회적 연대를 통한 위기극복 체계'의 동의어이다. 이는 시민의 자발적 참여와 시민사회 조직화에 기반한 시민민주주의의 틀 안에서 만들었을 때 지속 가능할 수 있다.

이 시기가 약간 지나면 우리가 했듯이 좀더 큰 범위 내에서 어떤 방식으로 치중해야 할 부분도 있고, 경제면 경제, 아니면 지역에서의 심리적 회복을 할 수 있는 사회적 분위기를 어떻게 만들 것이냐 하는 부분도 있을 수 있고, 이런 것들이 그때그때마다 어느 것이 더 중요한가는 차이가 있을 수 있겠지만 전반적으로 같이 가야 하는데, 대구에서 확진자가 발생했을 때는 그런 게 전혀 없었고, 다른 지자체도 제가 보기에 더할 것 같아요. 광주는 의료원도 없어요.

— 은재식, 대구 우리복지시민연합

정치철학자이자 여성학자인 마사 누스바움Martha C. Nussbaum은 "혐오는 우리를 갈라놓지만 취약함은 우리를 뭉치게 한다"고 말한다(안희경, 2020). 대구가 위기에 처해 대구시민이 두려움을 가감 없이 드러내는 모습이 전파를 탄 후, 전국 각지(특히 전라도 광주)에서 엄청난 기부와 도움의 손길이 밀려왔다. 어려움에 처한 이웃의 상처를 보고 함께 다시 일상으로 돌아가고픈 마음이 지역 내, 지역 간 연대를 가능케 한다. 아픔을 가감 없이 드러내야 한다. 바이러스에 감염될까봐 눈치 보는 사회는 정상이 아니다. 누구나 아플 권리가 있다.

난 아플 권리가 있는데. 기본권인 거잖아요. 물론 우리가 개인 수칙들을 잘 지켜야겠지만, 그걸 왜 다 두려워할까? 이 부분은 기본권에 대한 문제라고 생각이 들어요. 잘 아플 권리도 있지 않을까. 그래서 쪽방에 살든 어디에 살든 공공의료는 동일하게 들어가야 한다고 생각해요. 누구는 삼성병원에 입원하고 누구는 대구의료원에 입원하고, 이건 아닌 거잖아요. 어쨌든 이번 코로나-19를 통해서 공공의료기관들이 많이 개설되고, 시스템을 갖췄으면 좋겠어요. — 오현주[13]

13 〈뉴스민〉 인터뷰 중에서. http://www.newsmin.co.kr/news/49660/

우리는 서로의 두려움을 확인하며 따로 함께together apart 어려움을 이길 수 있다. 대구는 우연히도 그 과정을 한국에서 가장 먼저 시작한 도시가 되었다. 지방행정의 무능과 시민사회의 공백을 겪으며 부족하거나 부끄러운 부분도 드러냈다. COVID-19와 같은 감염병 대형 재난에서 사회적 약자와 소수자들이 훨씬 더 고통받으며 쉽게 차별에 노출된다는 사실을 대구에서 확인했다. 그리고 취약한 사람들이 누구이며 어디에 있는가도 모두 알게 되었다. 그들이 수면 위로 올라온 후에는 시민의 자발적 참여에 의한 사회적 연대의 네트워크가 작동했다. 그래서 대구에는 희망이 있다. 감염자 수가 조금 적다고 '청정지역'이라 과시하며 속으로 곪아 가고 있을 다른 도시에 비해 대구가 더 희망적인 이유가 여기에 있다. 아픈 사람들이 대구보다 더 잘 드러난 도시는 없다. 시민민주주의는 아픈 지점을 확인해야 진정한 출발이 가능하다.

참고문헌

김동은(2020), "대구의 기억: 그래도 함께하는 우리", 김수련 외, 《포스트 코로나 사회》, 글항아리.

김석호(2020), "이제라도 희망의 씨앗을 심자", 〈동아일보〉, 2020. 3. 2.

〈뉴시스〉(2020. 2. 21.), "법적 근거 없는 '특별관리지역' 지정 ⋯ 코로나19 확산 방지엔 '한계'".

시민운동정보센터(2012), 《2012 한국민간단체총람》, 서울: 재외동포신문사.

안희경(2020), 《오늘로부터의 세계》, 메디치.

양현모·문재원·이상태(2009), 《국가종합위기관리》(정지범 편), 한국행정연
　　구원, 307~333쪽.

원소연(2013), "한국형 협력적 거버넌스 체계 구축 방안 연구. 네트워크분석을
　　통한 재난안전분야 비교 사례 연구", 〈KIPA 연구보고서〉, 2013-28.

정지범(2016), "대도시 뉴욕의 안전관리: 뉴욕시 재난관리본부와 뉴욕 적십자
　　사".

4

COVID-19 위기와 징벌의 공동체*

우리의 분노는 문제해결과 사회적 연대에 도움이 되었는가?

조원광 포스텍 사회문화데이터사이언스 연구소
배영 포스텍 인문사회학부

1. K-방역과 분노

K-방역은 우리의 자부심이었다. COVID-19가 휩쓰는 일상에, 한국의 대응이 전 세계 선진국들보다 우수했다는 사실은, 정말이지 몇 안 되는 위안거리였다. 미국과 이탈리아 그리고 영국의 확진자 수가 폭증할 때, 한국은 여러 창의적인 정책과 광범위한 검사 및 추적을 통해 확진자 증가세를 억제하는 데 성공하였다. 알고 보니 우리가 선진국이었다는 농담 섞인 말과 외국 정상의 입에 오르내리는 대한민국의 이름은, 옅은 미소를 지을 수 있는 순간이었다.

---

*   이 글을 작성하는 과정에서 최영철(이화여대 의과대학), 유명순(서울대 보건대학원) 두 보건 전문가와의 대화가 큰 도움이 되었다. 깊은 감사를 드린다.

K-방역의 성공은 누구나 인정하듯 의료진의 헌신에 기반한다. 살인적인 근무 강도와 위험한 환경을 기꺼이 감수한 의료진과 의료기관이 없었더라면, 한국은 훨씬 심각한 상황을 겪어야만 했을 것이다. 하지만 동시에 눈에 띄는 것은 시민들이 보여 준 높은 수준의 협조이다. 유례없이 강력한 '사회적 거리두기'에 큰 손해를 감수하면서 협조한 시민들이 없었다면, 의료진들이 도저히 감당할 수 없는 숫자의 환자가 쏟아졌을지도 모른다. 기관의 권고가 없었음에도 자신이 감염자임을 의심하여 일부러 인적 드문 곳으로 다니고 자신의 일상을 기록한 시민의 미담은, K-방역의 한 축에 시민들이 있었음을 보여 준다.

그런데, 대체 우리는 어떻게 그토록 자신에게 철저할 수 있었을까? 다른 것도 아닌 먹는 일, 말하는 일, 누군가를 만나는 일을 어떻게 이처럼 극단적으로 통제할 수 있었을까? 자영업자처럼 그 활동에 생존이 달린 사람들은 어떻게 기꺼이 자신의 손해를 감수할 수 있었을까? 왜 배고픈 사람이 빵을 훔치지 않는지 질문해야 한다고 지적했던 정신분석학자 빌헬름 라이히Wilhelm Reich의 말처럼, 우리는 우리의 절제력에 감탄하는 것에서 나아가, 어떻게 우리가 생존의 어려움을 감수하고 방역 조치에 따랐는지 물어야 한다.

우리는 그 이면에 공포가 있다고 생각한다. 먼저 생각해 볼 수 있는 공포는 감염과 그로 인한 자신의 안위에 대한 것이다. 눈으로 확인할 수 없는, 아직 백신의 개발마저 요원한 새로운 바이러스였기에 위험은 어느새 공포로 우리를 감쌌다. 하지만 또 하나의 중요한 공포가 존재했다. 감염자가 되어 동료 시민들에게 무책임함을 질타받고 이 사태의 원인으로 지목당할지도 모른다는 두려움이 그것이다. 괜한 걱정이 아닌 것이, 사람들의 분노는 집요하고 강하다. (남들이 보기에) 불필요하게 이동하여 사람을 만나거나 종교생활을 하거나 유흥업소에 간 사람에 대한 분노의 목소리를 발견하는 것은 어렵지 않다.

간간히 일어나는 우리의 대화에서, 인터넷 기사의 댓글에서, 페이스북과 트위터 그리고 인스타그램에 남겨진 글에서, 우리는 '그 XX'의 동선과 무책임함과 무개념을 성토하고 있다. 우리가 놀라울 정도로 정부 조치에 협조하고 우리의 본능을 억제할 수 있었던 비결은, 혹은 적어도 비결의 일부분은, 내가 사람들의 '그 XX'가 될지도 모른다는 공포였을 것이다.

정부의 정책과 고위 공직자들의 움직임은, 비록 그것이 원래 의도는 아니었겠지만, 사람들의 분노에 은근히 불을 지폈으면 지폈지 진정시키는 효과는 없었던 듯하다. 신문에 공개된 세세한 동선은 그 사람의 무책임함을 질타하기 좋은 자료였고, 전파의 주범으로 지목된 단체의 지도자를 직접 찾아나서는 고위 공직자의 모습은 사람들의 분노가 날아가 꽂힐 표적을 제공했다. 사태가 해결되지 않고 장기화되는 지금, 분노와 짜증의 강도는 더해지고, 두려움도 함께 깊어지고 있다.

우리의 이러한 집합적 분노, 그리고 그것에 필연적으로 뒤따르는 두려움은 우리의 생활과 방역에 어떤 영향을 미쳤을까? 나아가 이런 분노와 두려움이 우리 공동체에 미친 영향은 무엇일까? 이 글은 이런 질문에 답해 보려는 시도이다.

2. 감염자에 대한 분노와 징벌의 공동체

이 질문에 답하려면, 우리 분노의 정체 혹은 방향을 좀더 정확히 살펴야 한다. 우리는 COVID-19 위기를 둘러싼 우리의 분노를 살피기 위해 트위터에 남겨진 사람들의 글을 분석하였다. 분노와 같은 감정을 측정하고 분석하는 방법은 여러 가지가 있을 수 있는데, 트위터에 남겨진 글을 분석하는 것은 몇 가지 장점을 지닌다.

첫째, 트위터에 남겨진 글은 실시간 감정을 반영하는 경향이 있다. 감정은 시간이 지나면 변화한다. 겪을 때는 죽을 만큼 힘들었지만 돌아보면 유익했다고 여기는 일이 발생하는 것도 그 때문이다. 분노도 마찬가지이다. 하지만 분노 때문에 두려움을 느끼는 것은 그 분노가 막 일어나 생생할 때 생기는 효과일 터, 우리의 관심 사안인 COVID-19로 촉발된 분노와 그 효과를 들여다보기 위해서는 실시간 분노를 측정할 방법이 필요하다. 트위터에 자발적으로 남겨진 글은, 그런 의미에서 매우 유용하다. 사람들이 감정이 일어나 글을 쓰고 싶을 때 남긴, 그러니까 실시간 감정을 담은 글들일 가능성이 크기 때문이다.

둘째, 다른 서비스에 비해 트위터에 남겨진 글이 좀더 자유롭게 작성되는 경향이 있고, 그래서 솔직한 심정을 읽을 수 있는 자료가 된다. 오프라인 관계에 기반하거나 실명 위주로 운영되는 다른 서비스와 달리, 트위터는 익명에 기반한 경우가 많은 편이고 그래서 솔직한 심정이 표현되곤 한다. 분노라는, 통상적으로는 억제하는 것이 좋다고 여겨지는 정서를 측정하기 위해서는, 이처럼 솔직한 감정을 표현할 수 있는 매체의 데이터가 좋다.

우리는 우선 COVID-19 위기 초기의 트윗을 살펴봤다. 닐슨 코리아로부터 1월 20일부터 3월 1일까지의 COVID-19 관련 트윗 약 676만 건을 제공받아 기초 자료로 삼았다. 우리가 '분노'를 측정하기 위해 선택한 전략은 욕설과 함께 등장하는 단어를 살피는 것이다. 구체적으로, 보편적으로 사용되는 욕설인 '씨발', '새끼', '개새끼', 3개의 욕설을 키워드로 삼았다. 〈그림 4-1〉은 676만 개의 트윗에서 이 세 단어와 함께 가장 많이 쓰인 명사 20개를 일별한 것이다. 트윗에서 단어를 추출하고 품사를 식별하기 위한 형태소 분석기로는 코모란Komoran을 활용하였다.[1]

---

1   자료 처리와 시각화에 동원된 프로그램을 일별하자면 다음과 같다. 우선 많은 분석이 R(R Core Team, 2020)을 통해 수행되었다. 여러 R package가 사용되었는데, tidyverse(Wickham et al. , 2019), tidytext(Silge & Robinson, 2016), widyr (Robinson, 2020), igraph(Csardi & Nepusz, 2006), ggraph(Pedersen, 2020), textclean(Rinker, 2018)가 본 분석에 활용된 패키지들이다. 이와 더불어, 뒤에서 설명하는 것처럼 Python과 Python의 konlpy, pandas, GetOldTweet3라는 라이브러리가 활용되었다. 코모란 분석기는 konlpy 라이브러리를 통해 적용되었다.

사태 초기의 트윗이기에, '우한', '폐렴' 같은 단어가 가장 높은 순위를 차지하였다. 이는 우한에서 처음으로 사태가 확장되기 시작했으며, 초기에 COVID-19가 '우한 폐렴'이라 불렸던 점을 염두에 두면 자연스러운 일이다. 그런데 눈에 띄는 지점은, '확진자'와 같은 단어가 상위에 존재한다는 점이다. 이는 확진자, 즉 감염자에 대한 분노가 존재했음을 짐작하게 만든다.

〈그림 4-1〉은 676만 개의 트윗을 한꺼번에 살펴본 것인데, 다음

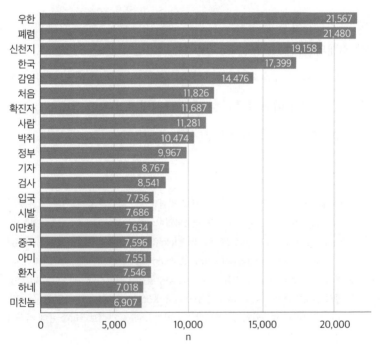

〈그림 4-1〉 COVID-19 트윗에서 '씨발', '새끼', '개새끼'와 함께
가장 많이 쓰인 20개 단어들

단어	n
우한	21,567
폐렴	21,480
신천지	19,158
한국	17,399
감염	14,476
처음	11,826
확진자	11,687
사람	11,281
박쥐	10,474
정부	9,967
기자	8,767
검사	8,541
입국	7,736
시발	7,686
이만희	7,634
중국	7,596
아미	7,551
환자	7,546
하네	7,018
미친놈	6,907

으로는 시기별로 나누어서 욕설과 연결된 단어의 종류를 살펴보았다. 그 결과는 〈그림 4-2〉와 같다.

특히 눈여겨볼 기간은 2월 17일에서 2월 23일이다. 이 시기는 한국의 확진자 수 증가 단위가 본격적으로 백 단위로 올라선 때이다. '신천지', '확진자' 등 감염자를 직접적으로 가리키거나 적어도 그것과 관련 있는 대상이 욕설과 함께 많이 사용된 것으로 나타난다. 이는 이때부터 감염자가 본격적으로 분노의 대상이 되었음을 의미한다. 욕설을 분노 표출이 아닌 다른 용도로 사용하지는 않을 것이기 때문이다.

감염자가 분노의 대상이 되는 이유는 쉽게 짐작할 수 있다. 감염

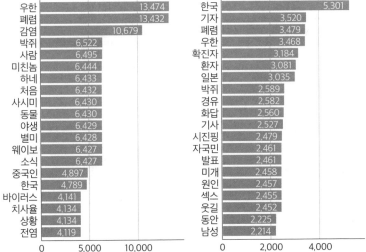

〈그림 4-2〉 COVID-19 트윗에서 '씨발', '새끼', '개새끼'와 함께
가장 많이 쓰인 20개 단어들 (주차별)

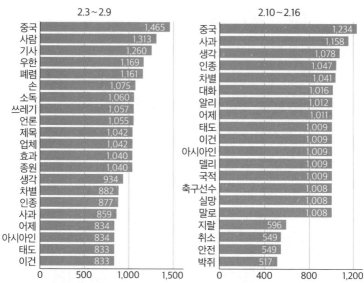

2.3~2.9

중국	1,465
사람	1,313
기사	1,260
우한	1,169
폐렴	1,161
손	1,075
소독	1,060
쓰레기	1,057
언론	1,055
제목	1,042
업체	1,042
효과	1,040
종원	1,040
생각	934
차별	882
인종	877
사과	859
어제	834
아시아인	834
태도	833
이건	833

2.10~2.16

중국	1,234
사과	1,158
생각	1,078
인종	1,047
차별	1,041
대화	1,016
알리	1,012
어제	1,011
태도	1,009
이건	1,009
아시아인	1,009
델리	1,009
국적	1,009
축구선수	1,008
실망	1,008
말로	1,008
지랄	596
취소	549
안전	549
박쥐	517

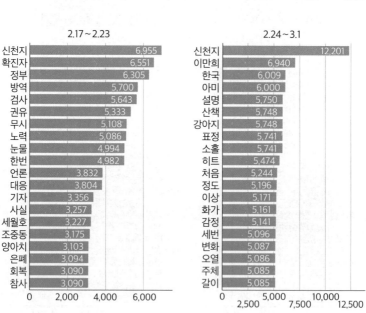

2.17~2.23

신천지	6,955
확진자	6,551
정부	6,305
방역	5,700
검사	5,643
권유	5,333
무시	5,108
노력	5,086
눈물	4,994
한번	4,982
언론	3,832
대응	3,804
기자	3,356
사실	3,257
세월호	3,227
조중동	3,175
양아치	3,103
은폐	3,094
회복	3,090
참사	3,090

2.24~3.1

신천지	12,201
이만희	6,940
한국	6,009
아미	6,000
설명	5,750
산책	5,748
강아지	5,748
표정	5,741
소홀	5,741
히트	5,474
처음	5,244
정도	5,196
이상	5,171
화가	5,161
감정	5,141
세번	5,096
변화	5,087
오열	5,086
주체	5,085
갈이	5,085

자는 단순히 병에 걸린 피해자가 아니라, 더 많은 감염자를 만들어
낼 수 있는 (잠재적) 가해자라 여겨진다. 자신이 감염된지 모른 채
많은 활동과 이동을 했다면 더욱 그러하다. 모르는 것을 넘어서, 자
신이 감염되었을 수도 있지만 정체를 드러내고 싶지 않아 방역 당국
에 협조하지 않은 사람은 분노를 피할 길이 없다. 요컨대 이 욕설들
은 '무책임한 감염자'에 대한 비난일 공산이 크다. 감염자가 되었다
면, 혹은 되었을지도 모른다면 자신의 모든 활동을 극도로 제한해야
만 한다. 그래야만 분노를 피할 수 있다.

　물론 더 자세히 살펴볼 필요가 있다. '확진자' 혹은 '신천지'가 욕
설과 연결된 것이 감염자에 대한 분노가 존재했음을 추정케 하지만,
이것만으로는 조금 부족하다. 분노의 맥락을 보기 위해서는, 즉 욕
설이 등장한 구체적 맥락과 욕설의 자세한 의미를 알기 위해서는 연
결된 단어를 좀더 폭넓게 살펴야 한다. 소쉬르Ferdinand De Saussure가
지적했듯이, 의미는 서로 다른 단어와의 관계에서 만들어지기 때문
이다(Dosse, 1998).

　이를 위해, 우리는 앞에서 제시한 3개의 욕설이 출현한 트윗만 따
로 모았다. 그리고 이 트윗들 안에서 단어들이 어떤 네트워크를 만
들어 내는지 분석하였다. 단어 간의 네트워크를 만들기 위해서는 연
결에 대한 정의가 필요한데, 우리는 두 단어가 같은 트윗 안에 동시
에 출현하면 해당 단어들이 연결되어 있다고 가정하였다. 요컨대 우
리는 단어들의 공출현 네트워크co-occurrence network를 동일 트윗 동시
출현 기준으로 만든 셈이다. 〈그림 4-3〉은 해당 네트워크에서 가장

두드러진 연결을 시각화한 것이다.

이 그림이 만들어진 과정을 간략히 설명하면 다음과 같다. 전체 트윗에서 앞서 언급한 3가지 욕설(씨발, 새끼, 개새끼)이 등장한 트윗은 약 12만 개이다. 여기에 등장한 단어는 우리가 내린 연결에 대한 정의상(동일 트윗에 등장하면 연결) 욕설과 연결된 단어라고 할 수 있다. 이 단어 중 욕설과 함께 가장 자주 등장한 상위 100개 단어를 식별하고, 이 단어들 사이의 네트워크를 만들어 봤다. 즉, 단순히 욕설과 연결된 단어를 식별한 것이 아니라, 욕설과 연결된 단어들 사이의 연결 구조에 주목함으로써, 욕설이 사용되는 맥락을 분석하려 한 것이다.

하지만 이렇게 만들어진 단어 네트워크도 상당히 규모가 크기에, 100개 단어 사이의 네트워크에서 연결 강도weight가 가장 큰 연결 500개를 골라서 가장 두드러진 연결을 표현하는 단어 네트워크를 만들었다. 여기서 연결 강도란 함께 등장한 빈도를 의미한다. 요컨대 100개 단어로 만들어진 네트워크의 부분 집합을, 거기서 가장 두드러진 연결에 기반하여 만든 것이다.

그리고 이 단어 네트워크에 Walktrap이라는 알고리즘을 적용하였다. 이 알고리즘은 네트워크에서 상대적으로 좀더 응집적으로 연결된, 즉 좀더 서로 강하게 결합된 노드의 집합을 찾아 주는 기능을 한다. 이런 알고리즘을 Network community detection algorithm이라고 부르는데, Walktrap은 그중 하나이다(Fortunato & Hric, 2016). 이런 알고리즘은 다양하게 사용되는데, 우리가 만든 것처럼

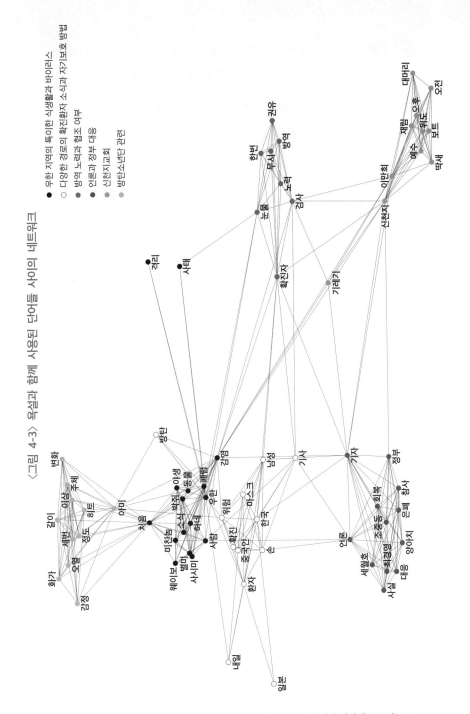

〈그림 4-3〉 욕설과 함께 사용된 단어들 사이의 네트워크

우한 지역의 특이한 식생활과 바이러스
다양한 경로의 확진환자 소식과 자기보호 방법
방역 노력과 협조 여부
언론과 정부 대응
신천지교회
방탄소년단 관련

변화
갈이
세번
오열
감정
화가
이상
주체
정도
히트
아마
처음
미친놈
웨이보
별미
사시미
방탄
소식
야생
동물
패럴
박지
하네
사람
우한
위험
감염
확진
중국인
중국
손
환자
마스크
한국
남성
기사
기자
정부
회복
참사
언론
은폐
양아치
세월호
최경영
중중증
대응
사실
내일
본문
격리
사태
확진자
가레기
신천지
이만희
대머리
권유
한번
방사
무사
방역
논란
노력
검사
오전
후폭
위화
넙트
북트
벽세
제발
예수

4. COVID-19 위기와 징벌의 공동체 157

단어 간의 네트워크에 적용하면, 특정한 주제를 찾아내는 기능을 할수 있다. 이 네트워크에서 노드는 단어이고, 단어 간의 응집적인 공동체란 자주 사용되는 단어 집합에 다름 아니며, 그 단어 집합에서 주제를 해석해 낼 수 있기 때문이다.

〈그림 4-3〉은 이렇게 발견된 클러스터 중 8개 이상의 단어로 이루어진 클러스터에 소속된 단어만을 그것이 보유한 네트워크와 함께 시각화한 것이다. 동그란 점이 단어이고, 점 사이를 잇는 선은 두 단어가 같은 트윗에 동시에 출현했다는 의미이다. 점의 색깔이 동일하면 같은 클러스터에 속한다는 뜻이다. 같은 색깔을 보이는 단어들을 조합하면, 욕설이 사용된 트윗에서 주된 주제가 무엇인지 알 수 있다. 참고로 네트워크 시각화에 사용된 레이아웃은 Fruchterman & Reingold이다.

이 그림에서 우리는 총 6개의 주제, 즉 응집적인 단어 집합을 발견할 수 있다. 대략 해석해 보면 다음과 같다. ① 우한 지역의 특이한 식생활과 바이러스, ② 다양한 경로의 확진환자 소식과 자기보호 방법, ③ 방역 노력과 협조 여부, ④ 언론과 정부 대응, ⑤ 신천지교회, ⑥ 방탄소년단 관련 등이 그것이다.[2] 이들은 우리가 선택한 세 개의 주요 욕설이 사용된 트윗에서 추출된 주제라고 할 수 있는데, 사람들이 공격적 분노를 표출할 때 등장한 주제라고 해석할

---

2   COVID-19 확산 상황에서 방탄소년단 콘서트의 취소 여부 및 운영 방안이 큰 관심
   사였는데, 이에 대한 내용의 트윗에서 추출된 것으로 추정된다.

수 있다.

여기에는 여러 가지 인상적인 부분이 있다. 우선 '방역 노력과 협조 여부'라고 해석될 만한 단어 집합이 주목할 만하다(파란색 점의 집합). 이 집합에는 '확진자'가 속해 있는데, 우리가 앞서 짐작한 것처럼 방역 노력에 부응하지 않는 확진자에 대한 분노가 존재함을 추정하게 만든다. '다양한 경로의 확진환자 소식과 자기보호 방법'(흰색 점의 집합)에서 볼 수 있듯이, 확진환자 소식에 대한 분노도 존재하는 것처럼 보인다. 이는 확진환자가 늘어나는 사태에 대한 분노일 수도 있고, 확진환자에 대한 분노일 수도 있다. 언론과 정부, 중국과 신천지에 대한 분노는 쉽게 짐작할 만한 주제이다.

우리가 여러 각도에서 살펴봤듯이, 감염자에 대한 분노가 존재하는 것으로 추측된다. 그렇다면, 감염자에 대한 우리의 분노는 과연 방역에 얼마나 도움이 되었을까? 이런 분노는 분명 우리가 자신에게 좀더 철저해지는 계기는 되었을 것이다. 하지만, 그런 순기능만 있었다고 보기는 어렵다. 왜냐하면, 감염자에 대한 집합적 분노는 감염자 혹은 감염 가능성이 있는 사람을 방역 시스템 바깥으로 밀어낼 위험을 가지기 때문이다. 방역의 성패는 모든 사람이 방역 시스템 안에 머무는 것에 달려 있다. 모두가 당국의 말에 귀 기울이고, 가장 합리적이라 여기는 여러 조치, 예를 들어 검사나 격리 조치를 따라야 한다. 그런데 감염자에 대한 지나친 분노는 사람들이 자신이 감염자임을 드러내는 것을 두려워하게 만들고, 도리어 여러 방역 노력을 피해 숨게 만든다. 만에 하나 감염자라고 밝혀질 경우, 내 모든 동선이 밝혀지는 것은 물론, 평소라면 아무 문제가 되지 않았을 행동 때문에 엄청난 사회적 비난을 받게 될지도 모르기 때문이다.

요컨대 감염자에 대한 분노는 감염자가 방역 시스템을 피하도록 유도할 가능성이 있다. 만약 감염 경로에 사회적으로 지탄받을 만한 요소가 포함되어 있다면, 예를 들어 유흥 등의 과정에서 감염이 일어났다면 분노는 걷잡을 수 없을 것이고, 그럴수록 감염자가 탈출할 인센티브는 커진다. COVID-19 위기상황에 일어난 여러 사건에서, 우리는 이것이 기우가 아님을 생생히 목격하였다.

신천지 교인들에 대한 집합적 분노는 교인들이 자신이 신천지 교인임을 감추게 만들었고, 이태원 클럽에 대한 원색적 비난은 감염 의심자가 방역 노력을 피해 숨도록 만들었다. 그리고 이와 같은 현상은 방역 시스템의 관점에서는 정말 피해야만 하는 일이다. 단 한 사람의 이탈자가 엄청나게 많은 감염의 원인이 될 수 있기 때문이다. 역설적이지만, 감염자에 대한 절제되지 않은 거대한 사회적 분노는 슈퍼 전파자를 만들어 낼 위험을 내포한다.

물론 분노가 늘 방역에 방해가 된다거나 부정적인 감정이라는 말은 아니다. 애초에 분노는 역사적으로 많은 것을 바꿔 놓은 힘이었다. 특히 정치적인 민주화 과정에서 분출된 분노의 목소리는 이전과는 다른 세상을 만드는 원동력이 되었다. 우리가 매일 마주하는 생활세계에서도 분노는 새로운 변화의 불쏘시개로 작용했다. 각자 상이한 역할 관계가 잘못된 갑과 을의 관계로 변질되었을 때 사람들은 분노했고, 공감한 사람들의 목소리가 모여 새로운 관계를 만드는 디딤돌로 역할 했다. 고립된 개인의 분노가 네트워크화된 사회적 공분 公憤으로 전화하면 막강한 동력을 갖게 된다.

하지만 모든 공분이 보다 나은 사회를 만드는 데 도움이 된 것은 아니다. 제대로 된 방향을 가져야 그런 긍정적 효과를 가질 것이다. 단발적인 감정의 배설이 아닌 상황에 대한 고민이 함께 녹은 분노여 야 긍정적인 영향을 만들 수 있다. 안타까운 것은, COVID-19 사태 동안 우리의 분노가 별다른 숙고 없이 감염자를 향해 표출되는 일이 적지 않았다는 점이다. 감염자에 대한 분노는 계속해서 대상을 바꿔 가며 반복되었고, 익히 예상된 부작용 역시 반복되었다.

사태 초기 이후에 감염자에 대한 분노에서 나타난 내용 변화를 살 피기 위해 우리는 새로 데이터를 수집하였다. 닐슨에서 제공받은 데 이터에는 3월 1일 시점까지의 트윗밖에 없기 때문이다. 이번에는 GetOldTweet3라는, 과거의 트윗 데이터를 수집하는 것을 가능하 게 해주는 파이썬 라이브러리를 활용하여, '확진자'라는 단어를 포 함한 트윗을 수집하였다. 수집된 자료의 기간은 4월 16일부터 6월 22일 사이였으며, 약 12만 건의 트윗을 모을 수 있었다.

이 트윗 자료는 개인 개발자가 만든 라이브러리에 기반하였기에, 당연히 전체 자료가 아니다. 그 때문에 분명한 한계가 있다. 하지만 우리의 목적은 시기에 따라 변해 가는 분노의 초점을 대략적이나마 살피는 것이기에, 우리는 이 한계를 인지한 채 이 자료에서 분노의 파편을 읽어 내려 한다.

우선 우리는 이 트윗들에서 욕설이 출현한 트윗을 다시 식별하였다. 이번에는 욕설의 폭을 넓게 잡아, '미친', '씨발', '시발', '새끼'라는 단어를 포함하는 트윗을 찾아냈다. 이는 약 12만 개의 트윗 중 4,210개인데, 4월 16일부터 주차별로 해당 트윗에서 가장 많이 출현한 명사 5개를 일별하였다. 〈그림 4-4〉는 그 결과이다.

이 단어들은 '확진자' 그리고 여러 종류의 욕설이 출현한 트윗에서 자주 등장한 단어들인데, 이는 해당 시기에 감염자와 관련된 분노의 초점이 무엇이었는지를 보여 주는 결과이다. 우선 눈에 띄는 것은 5월 7일 주간에 급증하기 시작한 '클럽'과 '이태원'이라는 키워드이다. 다른 주차의 상위 단어에 비해 훨씬 많은 빈도로 사용되었다는 점에서, 큰 분노의 대상이 되었음을 짐작할 수 있다. 그 분노는 다음 주인 5월 14일~5월 20일 주간까지 이어진 것으로 보인다. 이 분노의 맥락은 쉽게 짐작할 만하다. 5월 6일 발생한 이태원 클럽발 집단감염은 예정되었던 교육기관의 순차 등교를 연기시킬 만큼 큰 파장을 낳았다. 잡혀 가는 듯했던 수도권의 집단감염이 다시 시작된 사건이기 때문이다. 게다가 집단감염의 계기가 유흥이라니, 사람들이 무책임함을 성토하기에 딱 좋은 사건이었다.

여기에 일부 확진환자가 이태원의 성소수자 클럽에 들른 것으로 알려지자, 동성애에 대한 부정적 인식이 더해져 높은 수준의 분노가 형성된 것으로 보인다. 이 기간 동안 여러 건의 집단감염이 존재했지만, 가장 큰 분노의 대상이 된 것은 이태원 클럽을 통한 감염 사건, 그리고 그 한가운데 있던 이른바 '무책임한 감염자'였던 것으로 추정된다.

<그림 4-4> '확진자'와 욕설이 함께 출현한 트위터의 주차별 최빈 명사 5개

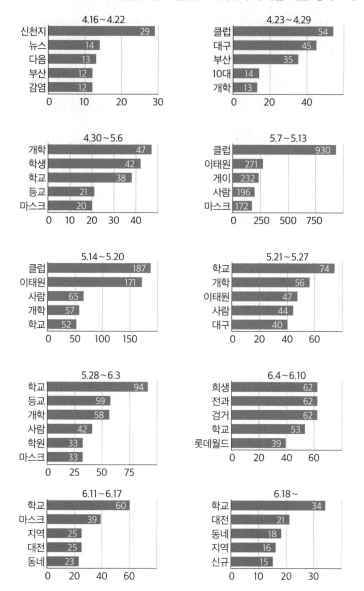

그리고 우리가 알다시피, 이 분노는 방역을 어렵게 만드는 원인이 되기도 했다. 그날 여러 이유로 이태원에 있었지만 쏟아지는 분노에 겁을 먹은 이들은 좀처럼 검사장으로 나타나지 않았다. 혹시라도 이태원 클럽발 집단감염의 참여자 혹은 기여자로 알려지게 되었을 경우, 잃어야 할 것이 너무 많기 때문이다. 게다가 일부 감염자는 아웃팅까지 염려해야 하는 상황이었다. 방역 당국은 감염자 혹은 감염 의심자들을 안심시키기 위해 굉장히 많은 메시지와 대책을 (예를 들어, 익명 검사 보장) 만들어 내야 했다. 이태원 집단감염이 이미 일어난 시점에서, 이태원발 감염자에 대한 분노가 방역에 만들어 낸 긍정적 영향은 대체 무엇이었을까? 답하기 어렵다.

물론 무책임함을 무조건 용인하거나 용서하자는 말은 아니다. 하지만 그 누구도 완벽할 수는 없다. 누구도 완벽하게 자신의 일상에서 감염 위험을 지우고 자기 절제를 해낼 수는 없다는 말이다. 우리가 무의식적으로 수행하는 직업 활동이나 여가 활동이 감염의 경로가 될 수 있다. 생각지도 못한 집단감염, 예를 들어 콜센터나 물류 센터 근무자들의 감염이나 줌바댄스 같은 여가 활동을 계기로 시작된 전파가 좋은 예다.

요컨대 누구나 감염자 혹은 감염 의심자가 될 수 있다. 우리 모두는 자신의 삶에서 위험 요소를 최대한 피하고 줄이기 위해 노력해야겠지만, 설사 타인이 이를 제대로 해내지 못한다 하더라도 이를 섣불리 비난하고 공격하기보다 포용하려고 시도할 필요가 있다. 그래야만 앞에서 반복해서 말한 부작용을 막을 수 있기 때문이다. 감염병 위기의 시기, 우리 공동체의 폭은 더욱 넓어져야 한다.

하지만 우리 사회와 공동체의 대응은 징벌 일변도였던 듯하다. 신천지에서 이태원에 이르기까지, 우리의 인내력만큼이나 규칙을 어기는 자들에게 토해 내는 분노도 높았다. 가히 '징벌의 공동체'라 불릴 만하다. 모두가 '격리'와 '활동 중단'이라는 자신의 책임을 수행할 것을 요구하고, 그것에 실패한 이들에게 큰 징벌을 내리는 방식으로 공동체의 목표를 성취한다는 점에서 그렇다.

자랑스러운 K-방역에서 볼 수 있다시피, 징벌의 공동체는 단기간에 제법 많은 것을 성취해 냈다. 징벌이 두려운 우리 소시민들의 '자발적' 협조를 이끌어 냈기 때문이다. 하지만 징벌과 분노는 동시에 감염자들이 방역 시스템 안으로 들어오는 것을 두려워하게 만드는 효과마저 만들었다.

3. 징벌의 공동체와 연결의 중단

우리가 COVID-19와 싸우기 위해 가동시킨 징벌의 공동체가 그저 방역상 조그만 부작용을 가져올 뿐 근본적으로 우리 공동체를 더 강하게 만든다면, 그 부작용은 기꺼이 감내해야 할 것인지도 모른다. 하지만 징벌의 공동체가 만들어 내는 영향은 방역상 부작용에 그치지 않는다. 징벌의 공동체는 우리가 가진 연결과 연대의 상상력을 위축시킴으로써, 방역 이외의 여러 문제를 만들어 냈다.

징벌의 공동체가 가장 잘해 낼 수 있는 일은 격리, 즉 활동과 연결의 중지이다. 징벌과 분노는 사람들이 뭔가를 하게 만드는 것보다는, 거꾸로 하지 못하게 만드는 데 효과적이다. 놀지 못하게, 만나지 못하게, 돌아다니지 못하게, 일하지 못하게, 최종적으로 제자리에 가만히 혼자 있도록 만드는 일은 징벌과 분노를 통해 달성하기 딱 좋다. 그리고 K-방역은 이런 활동 중지와 격리에 힘입어 큰 성과를 냈다.

문제는, COVID-19 위기가 한두 달 안에 끝날 일이 아니기에, 우리의 공동체는 어떤 형태로든 활동과 연결이 필요하다는 점이다. 만약 과거의 활동과 연결 방식이 문제라면 새로운 활동과 연결이 필요하다. 활동 중지는 일시적인 대책이 될 수 있지만 장기적으로는 해결책이 될 수 없다.

우리의 공동체가 격리와 징벌을 강조하였기에, 과거의 모든 관계와 연결이 잠시 중단되었다. 학생들은 학교에 가길 멈췄고, 식당은 문을 닫았고, 일터도 비워졌다. 이것이 바이러스의 진격은 막았지만, 우리의 삶에 문제가 발생하기 시작하였다.

가장 눈에 띄는 것이 보육과 양육이다. 학생들은 학교에, 유치원에, 어린이집에 가지 못하게 되었다. 사회적으로 분산되었던 보육과 양육의 책임을 이제는 오롯이 부모가 짊어지게 되었다. 책임질 수 있는 부모들은 다행인 축에 속했다. 추가적인 시간과 노력을 투여할 수 있었던 부모들이 있었던 반면, 그렇지 못한 부모들도 있었다. 이것은 지원금으로 해결할 수 있는 문제가 아니었다. 사람을 기르는 일은 돈으로 모두 해결되는 것이 아니라, 사람들이 서로 연결된 채 협업하여 이루어 내는 일이었기 때문이다.

보육만이 아니다. 돌봄 일반이 문제가 되기 시작하였다. 요양병원이 집단감염지로 지목되면서 일체의 면회가 불가능해졌다. 노인에 대한 돌봄 전부가 특정 집단 혹은 기관에 맡겨져 버렸다. 노인 돌봄이 어려워졌음은 당연하다. 하지만 징벌의 공동체 속에 속한 우리의 일차적 걱정은 이런 어려움을 어떻게 해결할지가 아니었다. '어떻게 좀더 격리를 잘할 것인지', '그것을 어기는 사람을 어떻게 막을 것인지'였다.

가장 바이러스에 취약한 집단에 대한 돌봄이 위기에 처했지만, 격리와 징벌은 그에 대한 답을 주지 못했다. 앞서 말했듯, 지원금은 이를 해결할 수 없다. 비록 그것이 우리 모두의 의도는 아니었을지언정, 결과적으로 우리 모두는 서로가 알아서 혼자가 된 채 살아남으라고 말하고 있는지도 모른다.

만약 COVID-19로 인한 위기가 단기간의 사건이라면, 격리와 가만히 있음을 강조하는 냉정한 대응으로 충분했을지도 모른다. 잠시 버틴 이후에, 과거와 같은 방식으로 다시 연결을 시작하면 되기 때문이다. 하지만 COVID-19 위기는 우리의 예상보다 훨씬 장기화되고 있다. 덕분에 사회경제적 지위가 낮은 이들의 고통이 가장 심하다. 과거에는 우리가 연대해서 함께 이루어 내던 일들을, 이제는 각자가 알아서 어떻게든 해내야 하는 상황이 되어 버렸기 때문이다.

잠시 혼자가 되더라도 여러 자원을 동원할 수 있는 사람들에 비해, 그렇지 못한 사람들의 피해가 클 수밖에 없다. 우리는 존재하던 연결을 끊어 내는 것에만 집중했을 뿐, 어떻게 대안적인 연결을 만들 것인지 고민하지 못했다. 사태의 장기화는 이 고민의 부재가 큰 고통을 만들 수 있음을 보여 주고 있다.

또 하나의 문제는, 지금과 같은 징벌의 공동체가 우리들 사이의 적대감과 분노를 높이는 데 기여하고 있다는 점이다. 잠깐이라면 모르겠지만 누구도 완전히 연결을 끊고 살 수는 없다. 사람들이 기존의 활동을 슬금슬금 다시 시도하는 것은, 그러니까 다시 카페와 주점에 모이고 길거리에 나서는 것은 바로 그 때문이다. 여전히 그것에 남아 있는 감염 위험을 차치하더라도, 사태의 장기화에 따른 생활의 무의식적 복원은 우리들 사이에서 백병전白兵戰처럼 반복되는 분노와 징벌의 계기가 되었다.

이제 누구도 아무 잘못을 하지 않은 채 남들을 탓하는 것이 어려워졌다. 시간이 길어질수록, 모두들 조금씩은 격리의 준칙을 어기기 시작했으며, 운이 나쁠 경우 비난을 받을 수밖에 없게 되었다. '확진자가 되더라도 첫 번째 확진자가 되는 것을 피하라. 그래야만 다른 사람 탓을 할 수 있다'는 웃지 못할 농담처럼, 이제 우리는 자신의 흠은 최대한 감추고, 대신 분노를 투사할 대상을 찾아내는 일에 몰두하기 시작하였다. 증기를 배출하지 못한 압력밥솥처럼, 우리 공동체는 높아만 가는 분노에 찜통이 되어 가고, 모두의 마음은 조금씩 지쳐 가고 있다.

4. 징벌의 공동체를 넘어서

분노와 징벌이 우리를 지키는 최선의 길이라면, 그것을 감수해야 할 것이다. 하지만 그것은 우리를 위축시키고 가만히 있게 하는 것 이상의 효과를 만들지는 못하는 듯하다. 물론 활동하지 않음을 통해 우리는 많은 것을 성취했다. 하지만 이제는 그것을 넘어선 위기 대책이 필요한 때이다. 분노와 징벌을 통해 존재하는 연결을 끊어 내고 기존의 활동을 멈추는 것을 넘어, 분노와 징벌이 가져온 부작용을 직시하고, 어떻게 바이러스로부터 안전하면서도 우리가 삶을 영위할 수 있도록 해주는 새로운 연결과 활동을 조직할지 고민해야 한다.

우선 '확진자'라 불리는 감염자 혹은 감염 의심자에 대한 보호가 필요하다. COVID-19 확진환자들이 적잖은 트라우마에 시달리고 있음은 잘 알려진 사실이다. 병이 완치되더라도 자신이 누군가에게 피해를 줬다는 죄책감, 사람들의 비난이나 눈총을 받았던 기억은 쉽게 사라지지 않는다. 이런 트라우마는 감염자에 대한 불필요한 적대감과 분노가 존재함을 보여 준다.

감염자들 역시 일차적으로 누군가에게 전염된 피해자임을 기억해야 한다. 그리고 누구도 자신의 사회적 활동을 완전히 끊어 낼 수는 없음을 인정해야 한다. 그 와중에 개인의 크고 작은 무책임함이 나타날 수 있지만, 감염 사후에 무책임함을 질타하는 것은 사실 감염 관리에는 별 도움이 안 된다는 점 역시 안타깝지만 인정해야 한다.

그리고, 가장 중요한 점인데, 감염자에 대한 포용이 오히려 바이러스를 통제할 가능성을 제공한다는 사실을 자각해야 한다. 더불어 이런 불필요한 분노가 사람들의 인생에 큰 상처를 남긴다는 점을 기억해야 한다. 지금이야말로, 바이러스라는 개인이 통제하기 어려운 위협에 모두가 공포에 떨고 있는 지금이야말로, 우리가 보일 수 있는 최대의 포용력과 따뜻함이 필요할 때인지도 모른다. 사실 감염자에 대한 혐오나 질타가 오히려 자연스러운 반응일지도 모르겠다. 오랜 세월 인류가 보여 온 반응이기 때문이다. 하지만 이는 즉각적이라는 점에서 자연스러울 뿐, 최선의 반응이라는 뜻은 결코 아니다.

지금은 각자의 즉각적인 혐오와 분노를 넘어서는 노력이 필요한 때이다. 나아가 우리에게는 새로운 연결과 연대의 상상이 필요하다. 우리가 살고 있는 사회는 애초에 징벌이 아니라 포용과 연대에 기반해 있다.

프랑스 사회학자 자크 동즐로Jacques Donzelot는 19세기 프랑스 사회를 분석하면서 '사회성le social'의 기능 중 하나로 개개인이 대처하기 힘든, 하지만 누구에게나 닥쳐올 수 있는 위협을 해결하는 것을 꼽는다(Donzelot, 2005). 누구나 실직할 수 있고 산업재해를 당할 수 있다. 그게 내가 될지 남이 될지 모른다. 이 때문에 마치 보험을 마련하고 가입하듯, 개인을 보호하는 집단에 대한 약속이 필요하다. 벼락처럼 닥쳐오는 불행을 분리된 개인이 아니라 집단의 소속원으로 마주함으로써, 그리고 집단은 그 불행을 경험한 이를 포용함으로써 극복할 수 있었다.

물론 동즐로는 '사회성'이 정치적 혹은 계급적 갈등을 억제하는 기능을 했다고 동시에 지적한다. 위험과 불행을 책임져야 할 분명한 주체가 있음에도, 그것을 마치 벼락과 같은 우연한 불행으로 여기고 적당히 극복하고 갈등을 무마하는 수단이 되었다는 말이다. 이런 사회의 기능에 비판적 시선이 존재하는 것은 그 때문이다. 하지만 그 비판을 인정하는 경우에도, 신종 감염병처럼 불확실성이 큰 위험이 전체 구성원을 위협하는 상황에서는 사회의 이러한 전통적 기능이 필요함을 부정하기 어렵다. 우리가 만들어 낸 징벌의 공동체는, 적어도 200여 년 전에 태동한 사회만큼은, 구성원의 위험과 불행에 공감하려는 태도를 가지고 있는 것일까? 혹시 과거의 사회도 주목하고 해결하려 했던, 불확실한 위험의 피해자에 대한 보호를 잠시나마 잊어버린 것은 아닐까?

징벌과 분노가 단기적으로는 바이러스와 싸우는 효과적 대응임을 인정하더라도, 그것은 우리가 바이러스를 극복하는 장기적 비전이 될 수는 없다. 결국 우리는 연결된 상태에서 버텨야 한다.

물론 그것이 기존의 연결을 반복하는 것이어서는 안 될 것이다. 지금부터 우리가 상상력을 최대한 발휘해야 한다. 바이러스에게 틈을 주지 않으면서 서로의 교육과 양육을 함께 해결할 수 있는 방법은 무엇일까? 일터의 활력을 잃지 않으면서 집단감염으로부터 우리를 보호하기 위한 방법은 무엇일까? 사람들 사이의 연결을 포기하지 않으면서, 아니 오히려 사람들 사이의 연결을 통해 바이러스를 극복할 수 있는 방법은 무엇일까?

감염자에 대한 분노와 짜증이 이런 상상력을 쪼그라트리지 않도록 어느 때보다 따뜻한 포용력과 연대가, 그리고 그 연대에서 뿜어져 나오는 상상력이 필요한 시점이다.

참고문헌

Csardi, G. , & Nepusz, T. (2006), "The igraph software package for complex network research", *InterJournal, Complex Systems*, 1695. Retrieved from http://igraph. org

Donzelot, J. 저, 주형일 역(2005), 《사회보장의 발명》, 동문선.

Dosse, F. 저, 이봉지 역(1998), 《구조주의의 역사 1》, 동문선.

Fortunato, S. , & Hric, D. (2016). "Community detection in networks: A user guide", *Physics reports*, 659, 1~44. doi: 10. 1016/j. physrep. 2016. 09. 02

Pedersen, T. L. (2020), ggraph: An Implementation of Grammar of Graphics for Graphs and Networks. Retrieved from https://CRAN. R-project. org/package=ggraph

R Core Team(2020), R: A Language and environment for statistical computing, Vienna, Austria: R Foundation for Statistical Computing. Retrieved from https://www. R-project. org/

Rinker, T. W. (2018), textclean: Text cleaning tools(Version 0. 9. 3). Retrieved from https://github. com/trinker/textclean

Robinson, D. (2020), widyr: Widen, Process, then Re-Tidy Data. Retrieved from https://CRAN. R-project. org/package=widyr

Silge, J. , & Robinson, D. (2016), "tidytext: Text mining and analysis using tidy data principles in R", *Journal of Open Source Software*, 1(3),

37. doi：10. 21105/joss. 00037

Wickham, H., Averick, M., Bryan, J., Chang, W., McGowan, L. D. A., Francois, R., & Yutani, H. (2019), "Welcome to the tidyverse", *Journal of Open Source Software*, 4(43), 1686. doi：10. 21105/joss. 01686

3

COVID-N을 대비한
한국형 뉴딜:
정책적 제언

5

COVID-N, 복지국가의 뉴 노멀

패러다임의 변혁과 사회보장의 재설계

최혜지 서울여대 사회복지학과

COVID-19는 자비심을 기대할 수 없는 잔인한 거울이다. 자기복제의 거북함이 무엇인지 증거하겠다는 듯, COVID-19는 환상의 크기만큼 길게 드리운 발전의 그림자를 눈앞에 마주하게 한다. 덕분에 인류는 작은 결점까지 여과 없이 드러내는 거울 앞에 선 듯한 수치심에 당혹해하고 있다.

COVID-19는 바이러스와 줄 긋기 쉽지 않았던 사회적 진단, 현실 인식의 계기를 동반하며, 우리의 시선을 불평등의 깊은 골에 주목하게 한다. 생태적 위험의 민주성에 대한 주장이 민망하게 마이크로 생태가 유발한 위험의 양상은 사회적 취약지에 더 깊게 스미며 계층 간 경계를 또렷이 했다.

사회경제적 불평등의 완화, 분배적 정의의 실현을 목적으로 하는 복지국가에 진입했다는 평가가 무색하게 COVID-19는 복지국가 한국의 설계가 사회경제적 약자를 배제한 그들만의 안전망 그리기였음을 고백하게 한다. 넓은 안전망, 촘촘한 안전망을 다시 그려야 한다는 제도 기술적 제안들이 고해성사처럼 쏟아져 나오는 이유이다. 절망스러운 것은 사회안전망 발전을 위한 이들 제안이 COVID-19 이전부터 반복되어 온 오래된 미래였다는 점이다. 복지국가 한국에 이식되지 못한 이들 제안에 COVID-19가 요구하는 것은 제도 기술적 정치함이 아닌 문명적 뉴딜을 가능하게 할 패러다임의 변혁일지 모른다.

이 글은 COVID-19 이후 복지국가 한국의 뉴 노멀을 구상하는 데 목적을 둔다. 제기된 문제의식을 담아, 사회경제적 불평등을 해소하기 위한 복지국가의 새로운 정책적 도구와 그 유전자가 담긴 패러다임의 변혁을 제안한다. 이를 위한 첫 과정으로 먼저 COVID-19가 드러낸 불평등의 양상을 추적한다. 이는 사회안전망으로부터 배제된 사회경제적 취약계층을 확인하는 작업이기도 하다. 이어서 한국의 사회안전망 구조를 살펴보고 COVID-19의 여파가 취약계층에 집중된 제도적 원인을 논의한다. 끝으로 현행 사회보장정책을 탄생시킨 복지국가의 패러다임을 비판하고, COVID-N의 시대를 선견하고 대비해야 할 복지국가의 새로운 패러다임과 그에 기초한 사회보장정책을 기획하고자 한다.

1. COVID-19의 충격

COVID-19의 충격은 넓지만 고르지 않게 경험된다. 고용, 소득, 돌봄을 중심으로, COVID-19가 야기한 위험은 계층화되는 양상을 보인다.

1) 불안정 노동자의 고용 흔들기와 소득 불안

생산의 전 과정이 국가 경계 내에서 완결되던 과거의 생산방식으로부터 멀찍이 벗어난 글로벌 밸류 체인Global Value Chain의 관념성은 COVID-19를 통해 감각적으로 실체화되었다. 전 지구적 생산고리로 연결되어 있는 중국과 미국의 생산 중단은 다양한 국내 생산벨트 또한 멈추게 했다. 생산과 소비 양측에서의 비자발적 중단은 유의미한 규모의 일자리를 증발시키고, 노동시장을 위축시켰다. 전체 고용률은 2020년 4월 기준 65.1%로 전년 동월 대비 1.4%포인트가 낮아졌고, 15세 이상 취업자 수는 265만 6,200명으로 전년 동월 대비 47만 6천 명이 감소했다. 일자리를 잃은 실업자의 생계지원과 구직활동을 지원하는 구직급여[1] 신청자 수는 2020년 3월 15만 5,791

---

1 구직급여, 즉 실업급여는 고용보험에 가입한 근로자(피보험자)가 실직하였을 때 일정한 기간에 급여를 지급함으로써 실직자와 그 가족의 생활 안정을 도모하고 재취업할 수 있도록 지원하기 위하여 마련된 제도이다.

명으로 전월 대비 44.5%가 증가했다. 이는 2019년 3월 구직급여 신청자의 125%에 해당하는 수치이다(고용노동부, 2020).

종사상 지위별 취업자 수의 전월 대비 증감 추이를 보면, 상용직은 2020년 2월 +61만 6천 명에서 4월 +40만 명으로 증가폭이 완화되었다. 같은 기간 임시일용직은 -11만 9천 명에서 -78만 3천 명, 일시직은 -1만 3천 명에서 -5만 8,700명으로 감소폭이 급격히 증가했다. 2020년 3월과 4월 남성 고용률의 전월 대비 증감률은 각각 0.8%포인트, 1.2%포인트 감소했다. 여성 고용률은 같은 기간 각각 1.0%포인트, 1.7%포인트가 감소해 여성 취업자의 감소폭이 남성 취업자보다 크다. 노동 안정성이 상대적으로 낮은 서비스산업 분야와 임시일용직에 고용 충격이 집중된 것이 노동시장에서 여성 취업자를 대거 이탈시키는 결과를 낳았다.

COVID-19의 고용 충격은 산업 전반을 타격했으나 특히 서비스 분야의 충격이 두드러진다. 서비스업의 취업자 수는 2020년 4월 전년 동월 대비 44만 명이 감소했다. 숙박·음식업(52.4%), 운수업(39.9%), 예술·스포츠업(29.2%) 분야 구직급여 신청자의 증가율은 서비스 분야의 고용 충격을 그대로 전한다(고용노동부, 2020). 서비스재는 수요의 예측이 쉽지 않고, 저장이 불가능하며, 숙련을 필요로 하지 않기 때문에 서비스 분야의 일자리는 고용과 해고가 수월한 저임금 일자리의 비율이 높다.

2020년 2월 이후의 고용 충격을 보여 주는 이들 지표는 COVID-19의 고용 흔들기가 외부 노동시장의 불안정한 일자리에 집중되었음을 시사한다. 노동 불안정성이 높은 취약 집단을 주로 희생시킨다는 점에서 COVID-19는 잔인하고 또 정직하다.

COVID-19 이후, 일자리를 잃은 경우는 물론이고 고용상태를 유지한 노동자도 소득 불안정으로부터 자유롭지 못하다. 2020년 4월 기준으로 고용유지 지원금을 받기 위해 휴업이나 휴직을 신고한 사업장은 4만 9,163개소에 이른다(고용노동부, 2020). 해당 사업장의 노동자는 고용은 유지했으나 소득 중단이나 감소는 피하기 어려울 것이다. 비교적 고용 안정성이 높은 상용직 노동자의 35%, 행정부처, 공공기관 노동자도 각각 12%, 26.5%가 소득이 감소한 것으로 보고했다(Embrain Public, 2020).

COVID-19에 따른 소득 감소는 산업 직종과 고용 형태를 떠나 보편적으로 관찰되지만, 노동 취약계층에서 심각하게 경험된다. 영세 자영업자의 67.3%, 프리랜서나 특수고용직 노동자의 75.9%, 파견용역 또는 사내하청 노동자의 75.1%가 COVID-19로 소득이 감소했다(Embrain Public, 2020). 일자리의 불안정과 소득 불안정은 동전의 앞뒤처럼 짝을 이루어 사회적 위험에 취약한 계층의 삶을 송두리째 흔들고 있다.

2) 돌봄의 와해

COVID-19에 따른 일시휴직자는 2020년 2월 기준 61만 8천 명에서 4월 148만 5천 명으로 증가했다. 일시휴직의 주요 사유는 자녀 또는 노부모의 돌봄이다(고용노동부, 2020). 정부는 COVID-19로 자가 격리 중인 가족을 돌보아야 하거나, 만 8세 이하 자녀 또는 만 18세 이하 장애인 자녀를 돌보아야 하는 노동자에게 가족돌봄휴가2 비용을 지원한다. 까다로운 조건에도 불구하고 지원 신청자는 2020년 4월 7일 기준 5만 3,230명에 이른다(고용노동부, 2020). 지원을 신청한 주된 이유로는 '휴원, 휴교, 개학연기 등으로 집에 머무는 자녀를 돌보기 위해서'가 97.2%를 차지한다. 지원 신청자의 약 69%는 여성으로, 고용과 소득의 불안정은 물론 가족돌봄의 부담까지 여성에게 집중되고 있다.

저임금노동자는 가정에서 일과 돌봄을 병행할 가능성마저 높지 않다. 필요에 따라 재택으로 근무 형태를 전환할 수 있는 노동자의 구성비는 상위 30% 이상의 고임금 직종부터 20%를 넘어서며 급격히 증가한다. 저임금노동자 중 재택근무가 가능한 비율은 10% 미

---

2 가족돌봄휴가는 남녀고용평등법에 근거해 2020년 1월 1일부터 시행되고 있는 제도이다. 노동자가 가족과 자녀를 단기적으로 돌볼 필요가 있는 경우에 하루 단위로 휴가를 사용할 수 있도록 하여 일·생활 균형을 지원한다는 목적을 갖는다. 가족돌봄휴가를 신청하는 경우 사업주는 이를 허용해야 하며 다만 법으로 유급휴가를 강제하지는 않는다. 연 최대 10일(1일 단위로 사용 가능)까지 사용 가능하다.

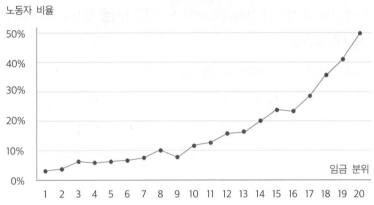

〈그림 5-1〉 임금 분위별 재택 가능 노동자 비율

자료: Understanding Society, 2020.

만이며 임금이 낮을수록 가능성도 감소한다.

일선 현장에서 감지하는 돌봄의 위기는 더 극적이다. 초등학교 돌봄교실에서 근무하는 돌봄 전담사의 45.2%는 아이들과 자신의 안전이 보호받지 못한다는 것을 가장 심각한 문제로 지적했다. 교육 당국과 학교의 무관심 속에 긴급 돌봄의 모든 책임이 돌봄 전담사 개인에게 전가되고 있다(〈레디앙〉, 2020).

노인 돌봄의 현장도 다르지 않다. COVID-19로 서울시 요양보호 사의 20.8%는 일을 중단했고, 이 중 4%는 감염에 대한 두려움으로 노동 중단을 자발적으로 선택했다. 요양보호사의 31.5%는 방역 물품조차 지원받지 못했다. 요양보호사의 15.4%는 노인 본인이나 가족의 요청으로 어르신 댁을 방문해 돌보아 드리던 방문요양 업무를 중단했다(서울시 어르신돌봄종사자 종합지원센터, 2020). 조사 결과에 근거하면 약 6만 2,500명3 이상의 서울시 노인이 외부의 도움이 중단된 채 가족의 선의에 의존해 일상을 유지할 것으로 추정된다(최혜지, 2020b).

하루 평균 약 3,100명의 노동자가 가족을 돌보기 위해 노동을 중단해야 하는 현 상황은 COVID-19에 따른 돌봄 공백의 깊이와 무게를 가늠하게 한다. 외부와의 접촉은 물론 가족 간의 접촉마저 최소화해야 하는 상황에서 돌봄의 책임은 다시 가족으로 회귀되고 사회적 돌봄은 공중분해되었다.

2. COVID-19로 드러난 복지국가 한국, 사회안전망의 균열

COVID-19 이후 한국사회를 좌절시킨 고용, 소득, 돌봄의 불안정성은 COVID-19만의 결과는 아니다. 복지국가 한국의 사회안전망을 구조화한 정책적 설계의 한계가 COVID-19의 자극으로 가시화

---

3   요양급여 수혜 노인 총 64만 8,792명, 재가급여 이용률은 65%, 재가기관에 고용된 요양보호사는 34만 6,149명으로 추산하면 요양보호사 1인당 평균 1.22명의 노인을 담당한다. 서울시 재가 요양보호사의 약 20%가 COVID-19로 일을 중단한 경험이 있고, 중단 사유의 74%가 가족 요청에 의한 것임을 고려해 단순 계산하면 최소 6만 2,500명의 재가급여 이용 노인이 재가급여가 중단된 채 가족돌봄에 의존하고 있다.

된 것이다. 다음은 사회안전망, 즉 위험대응 체계로서 고용, 소득, 돌봄 정책이 갖는 한계가 무엇인지 논의한다.

1) 사회보험 중심 사회안전망의 한계

자본주의의 모순을 배경으로 탄생한 복지국가는 인간다운 삶을 모든 시민의 권리로 인정하고, 이를 보장하는 것을 국가의 엄존한 사명으로 상정한다. 2000년대 초반 복지국가의 기초를 완성한 한국은4 소득상실의 위험과 돌봄의 사회적 요구에 대응하는 사회보장정책을 발전시켜 왔다(남찬섭, 2018).

한국의 사회보장체계는 사회보험을 중심으로 확대되었다. 사회보험재정은 2003년부터 2014년 사이 사회복지 프로그램 증가액의 60%를 차지하며, 공공사회복지지출의 확대를 주도했다. 최근 사회복지 서비스 증가로 사회보험의 점유비가 감소하고 있으나 2014년 기준 전체 사회복지예산에서 사회보험이 차지하는 비율은 61%에 이른다(OECD, 2018 인출; 남재욱, 2018 재인용).

사회보험은 누구에게나 발생하는 보편적 위험에 대한 보편적 대응이라는 점에서 한국 사회보장체계의 발달은 복지수혜의 보편화로

---

4 1995년 고용보험 도입에 따른 4대 사회보험체계 구축, 1998년 국민기초생활보장 제도 도입, 2003년 GDP 5%를 넘어선 공공사회복지지출 규모를 근거로 한국은 복지국가의 기초를 마련한 것으로 평가된다.

정리될 수 있다. 그러나 고용관계를 매개로 전 국민을 포괄하는 사회보험 중심의 사회보장체계는 비전형적 고용관계의 노동자를 배제하고 사각지대를 확대하는 결과를 낳았다. 산업구조가 서비스업 중심으로 이동하고, 자본 축적의 원천이 노동력에서 지식과 정보로 전환됨에 따라 노동시장에서 표준적 고용관계는 축소되고 비전형적이고 모호한 고용관계5가 증가하고 있다. 예컨대 한국의 플랫폼 노동자는 2018년 기준 약 46만 9천 명에서 53만 8천 명으로 추정되고(김준영, 2019), 2020년 독립 계약자, 프리랜서는 전체 노동자의 40%에 이를 것으로 예측된다(Institute, 2000; 백승호, 2018 재인용).

임금노동자 보호를 목적으로 설계된 복지정책과 탈산업사회의 생산체제는 조화되기 쉽지 않다(Taylor-Gooby, 2004) 복지국가는 결국 증가하는 비전형적 고용형태의 노동자를 보호하는 데 실패하고 기능부전 상태를 벗어나지 못하고 있다(김철주·박보영, 2004). 특히 사회보장지출이 재분배 효과가 제한적인 사회보험재정에 집중되고, 불안정 노동자는 복지급여를 기대할 수 없는 사각지대에 갇힘으로써, 사회보장지출 확대에도 불구하고 사회적 계층화는 쉽게 극복되지 않는다(남재욱, 2018).

---

5 클라우드 노동, 주문형 앱 노동 등 플랫폼 노동에서 전형적으로 이루어지는, 사용자와 노동자가 특정되지 않는 삼각계약방식이다.

2) 소득보장과 돌봄보장의 정책적 한계

(1) 고용 및 소득보장

실업이라는 사회적 위험에 대응하는 소득보장체계는 고용보험을 기반으로 한다. 고용보험은 노동자가 일자리를 잃었을 때 정해진 기간 동안 일정액의 급여를 지급하는 실업보험6과 적극적 노동시장 정책으로 이루어져 있다. 한국 소득보장의 주요 한계는 고용보험의 넓은 사각지대와 급여의 불충분성에 기인한다.

1998년 10월 이후 고용보험의 적용대상은 1인 이상의 근로자를 고용하는 사업 및 사업장으로 확대되었으나 여전히 광범위한 사각지대가 존재한다. 고용보험의 사각지대는 여러 단계에 거쳐 발생한다. 사업주, 무급 가족종사자 등 비임금 근로자, 특수형태 근로종사자, 가구 내 고용활동자 등은 고용보험의 적용에서 제외되어7 법제도적 사각지대에 해당한다(김근주, 2020). 자영업자와 일부 특수형태 근로종사자는 최근 적용대상으로 포함되어 고용보험제도 내로 진입했다.

6　구직급여, 취업촉진수당, 연장급여, 상병급여 등으로 구성되어 있다.

7　고용보험제도 적용 제외자는 공무원, 교원, 별정우체국 직원, 5인 미만의 농림어업 법인, 가구 내 고용활동, 65세 이상 신규 입사자, 주당 소정근로시간이 15시간 미만인 단시간 근로자(3개월 이상 근속한 근로자, 근로계약기간이 1개월 미만이거나 1개월 미만 근속한 일용근로자는 제외), 특수형태 근로에 종사하는 근로자를 포함한다.

고용보험의 적용대상이지만 실제로 가입되지 않은 미가입 임금근로자는 실질적 사각지대에 해당한다. 주당 근로시간이 15시간 미만인 초단시간 근로자는 2018년 고용보험 의무가입 대상이 되었다. 그러나 2019년 8월 기준 93만 2천 명에 달하는 초단시간 근로자의 고용보험 가입률은 2.3%에 그친다(정흥준, 2020). 일일 노동자는 대부분 사용자가 고용계약을 신고하지 않기 때문에 사회보험에 가입되어 있지 않다.

2019년 8월 기준으로 748만 명에 이르는 일일 노동자 중 5.7%만이 고용보험에 가입되어 있다. 근로기준법에 따라 해고되어도 구제신청을 할 수 없는 5인 미만 영세사업장 노동자는 경제상황에 따라 실직될 가능성이 높은 취약근로자이다. 영세사업장 근로자 3,783만 명 중 약 60%는 고용보험에 가입되어 있지 않다. 주요 직종8 특수고용 노동자의 고용보험 가입률 또한 3.4%에 그치고 있다(정흥준, 2020).

초단시간 근로자, 일용직 근로자, 5인 미만 영세사업체 노동자, 파견 및 용역 노동자, 특수고용직 노동자를 포함하는 고용취약 노동자 728만 명 중 고용보험 미가입자는 459만 명으로 63%에 이른다(고용노동부, 2020). 가입단계에서 발생한 넓은 사각지대로 인해 고용보험 가입자는 총 임금근로자 대비 67.8%, 자영업자를 포함한

---

8 보험모집인, 화물운전기사, 퀵서비스기사, 레미콘기사, 덤프트럭기사, 택배운전기사의 7개 직종이 해당된다.

〈그림 5-2〉 비전형 근로자 규모 및 증감

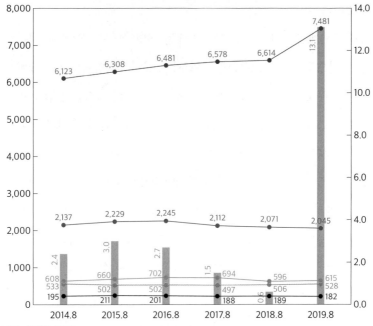

자료: 통계청, 2020

〈표 5-1〉 고용취약 노동자 규모

고용 사각지대 노동자	총 규모	고용보험 미가입 취약계층 규모
① 초단시간 노동자	93.2	91.1
② 일일(단기) 노동자	74.8	70.5
③ 1~4인 규모의 영세사업체 노동자	378.3	226.6
④ 파견·용역 노동자	165.5	-
⑤ 특수고용 노동자	200.9	199.9
⑥ 합계	932.7	588.1
⑦ 중복을 제외한 실제 고용 취약계층	727.5	458.7

자료: 정흥준, 2020.

취업자 중에는 51.5%에 불과하다. 경제활동인구 및 임금근로자 대비 한국의 고용보험 가입률은 다른 국가와 비교해 상대적으로 낮은 수준이다(이창근, 2020).

수급단계에서 발생하는 사각지대는 실업상태를 판정하는 엄격성을 원인으로 한다. 고용보험 가입자로 실업상태임에도 실업급여를 받지 못하는 비수혜자가 이에 해당한다. 한국의 엄격한 실업급여 수급조건9으로 인해 월평균 실업자 수 대비 실업급여 수혜자 비율은 50%를 넘지 못한다. 독일, 핀란드, 오스트리아, 아일랜드, 프랑스 등 실업자 수 대비 실업급여 수혜율이 100%를 넘는 국가와 비교하면 한국의 실업급여 수혜율은 매우 낮다(장지연·박찬임, 2019). 2020년 취업자 수가 47만 6천 명 감소한 것에 비해 실업급여 신청자는 15만 6천 명으로 제한적이라는 통계치 또한 실업보험의 넓은 수급사각지대를 재확인한다.

실업급여의 충분성은 급여액과 지급기간에 의해 결정된다. 고용보험법 개정으로 2019년 10월부터 구직급여액은 평균임금의 60%, 하한액은 최저임금의 80%로 조정되었다. 구직급여 지급기간은 120일에서 270일까지로 증가했다(고용보험 홈페이지, 2020). 급여의 기간과 수준을 개선해 생활안정 수단이라는 본래의 의의를 살리고,

---

9 지난 18개월 동안 180일 이상 고용보험에 가입 및 기여해야 하고, 근로 의사와 능력이 있음에도 취업을 못 한 상태여야 하며, 재취업을 위한 적극적인 노력을 하고, 비자발적인 사유로 이직한 경우의 조건을 충족해야 한다.

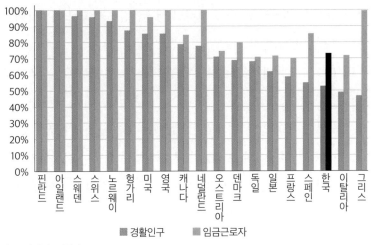

〈그림 5-3〉 실업보험 적용범위 비교: 임금근로자와 경제활동인구 대비

■ 경활인구　■ 임금근로자

자료: 장지연 · 박찬임, 2019.

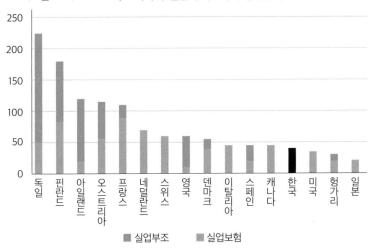

〈그림 5-4〉 OECD 주요국가의 실업자 수 대비 실업급여 수급자 비율

■ 실업부조　■ 실업보험

자료: 장지연 · 박찬임, 2019.

하한액을 낮추어 소득비례라는 사회보험의 특성을 회복하려는 처방이다(장지연·박찬임, 2019). 그러나 생활안정 수단으로 실업급여의 충분성은 여전히 미지수다.

OECD 주요국의 실업급여 소득대체율은 덴마크 90%, 스웨덴 80%, 네덜란드 75%, 일본 50~80% 수준이다. 지급 기간은 덴마크, 프랑스, 스페인이 24개월, 스웨덴은 35개월로 상대적으로 길다. 한국은 실업급여의 보장성이 낮고 실업에 대응한 사회복지지출 규모 역시 적어 일본, 이탈리아와 함께 '부실한 실업 안전망 유형국'으로 분류된다(이승윤, 2018).

논의된 소득보장체계의 한계는 COVID-19에 대응한 재정지원 정책의 허점으로 재현되어 COVID-19 이후 노동 불안정과 소득 불안정의 계층화 양상을 확대했다. 예컨대, 정부는 고용유지 지원을 위해 일시적 경영난으로 고용조정이 불가피하게 된 사업주에게 근로기준법이 정하는 휴업과 휴직수당의 일부를 지급한다. 그러나 근로기준법이 정한 바에 따라 휴업과 휴직수당의 적용을 받지 않는 5인 미만 영세사업장 근로자에게 있어 지원금을 통해 일자리를 유지하기란 그림의 떡과 같다(이창근, 2020).

영세한 하청업체 사용자는 휴업수당에 대한 부담으로 고용유지 지원금을 신청하기보다 직원을 권고사직하거나 일시적 폐업을 선택한다. 따라서 파견 및 용역노동자는 원청이 고용유지 지원금을 신청하는 경우에도 휴업수당을 받지 못할 가능성이 높다(정흥준, 2020). 또한 여러 사업장에 인력을 파견하고 업무를 수탁하는 파견, 용역,

사내하청업체는 상시적으로 노동력 변동이 일어나기 때문에 일정 기간 고용을 유지하고 지원이 종료된 후 1개월간 고용을 유지해야 한다는 고용유지 지원금 수혜조건을 충족하기 어렵다.

고용보험의 사각지대와 급여의 제한성은 내부 노동시장과 외부 노동시장의 경계를 중심으로 노동자를 계층화한다. COVID-19는 노동 불안정이 소득 불안정으로 완충 없이 전달되는 한국 소득보장 체계의 한계를 여실히 드러낸다. 사회지출의 규모가 크고, 실업부조 등 포괄적 사회보장제도를 갖춘 국가일수록 경제적 위기에 따른 소득 감소의 충격을 흡수하는 정도가 높다(노대명, 2020).

한국 정부가 소득의 제한 없이 모든 국민에게 재난지원금을 지급한 배경 중 하나는 초계층적 위기상황에 존재감을 드러내는 보편적 소득보장제도가 취약했기 때문이다. 결국 COVID-19는 위험에 처한 집단을 경제적 충격으로부터 보호하는 보편적 소득보장제도, 즉 자동안정화 장치의 중요성을 강조한다.

(2) 돌봄 보장

돌봄 욕구는 아동, 장애인, 노인에게 집중되어 있기 때문에 한국의 돌봄 정책은 아동 보육, 장애인 돌봄, 노인 요양을 중심으로 구성되어 있다. 아동 보육 정책은 보육비 지원과 양육수당을 축으로 하고, 장애인 돌봄은 장애인 활동지원 서비스가 핵심 제도이다. 노인은 기능상태, 경제적 능력, 지원체계에 따라 맞춤돌봄 서비스 또는 노인 장기요양보험을 통해 돌봄 서비스를 지원받는다.

지원대상은 다르지만 돌봄의 사회화 장치로서 이들 제도는 몇 가지 공통점을 갖는다. 우선 돌봄 서비스의 생산과 공급에서 민간 의존도가 높다. 단기간에 최소한의 재정부담으로 돌봄 공급 인프라를 확대하기 위해 개인 영리 사업자10에게까지 서비스 공급자의 자격을 허용한 결과이다. 국공립 시설은 어린이집의 9.2%, 노인 시설 요양기관의 2%에 그칠 만큼 돌봄 서비스 공급에서 국가 역할은 제한적이다.11 돌봄 공급구조가 시장화되면서 돌봄 서비스는 이익 추구의 대상이 되고, 사업자의 영리를 위해 서비스의 질과 서비스 제공자의 노동권이 희생되어 왔다.

　　돌봄 직종은 저임금의 노동 불안정성이 높은, 질 낮은 일자리의 상징이 되었다. 노동자에 대한 낮은 보상에 의존한 서비스 공급 확대가 한국 돌봄 서비스의 두 번째 공통점이다. 한국의 GDP 대비 노인요양을 위한 공공지출 비율은 OECD 회원국 평균의 절반 수준이다. 시간당 GDP 생산과 비교한 시간당 재가在家 요양비용 또한 OECD 회원국과 비교해 상대적으로 낮다(〈그림 5-6〉). 낮은 돌봄 비용은 곧 종사자의 낮은 처우를 의미한다. 실제로 국·공립 어린이집 보육교사 1호봉의 2020년 월급여액은 191만 1,700원이다. 노동 강도는 높은 반면 급여는 최저임금 수준이다. 노인의 집을 방문해 서비스를 제공하는 재가 요양보호사의 월평균 노동시간은 108시간,

10　어린이집의 경우 영리를 목적으로 할 수 없도록 정해져 있다.
11　어린이집은 2018년, 노인시설요양시설은 2019년 기준이다.

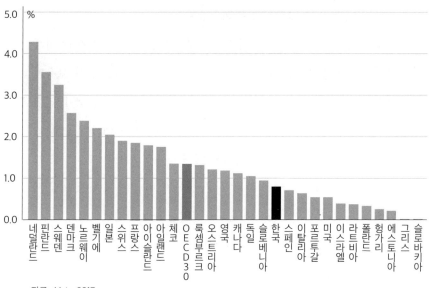

〈그림 5-5〉 GDP 대비 요양 공공지출

자료: Muir, 2017.

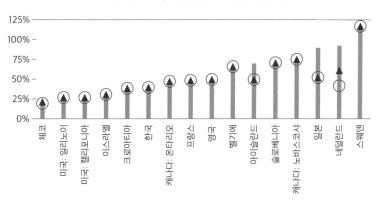

〈그림 5-6〉 시간당 GDP 생산 대비 시간당 재가 요양비용

■ ADL care   ○ IADL care   ▲ Social activities

자료: Muir, 2017.

시간당 급여는 8만 382원이다. 생계를 유지하기에 일자리의 불안정성은 높고 보수는 낮다(송인주 외, 2019).

2019년 기준 보육교사 자격증 보유자는 137만 2,377명인 데 비해 어린이집에 종사하는 보육교사는 23만 9,973명으로, 자격 보유자의 17.5%만이 취업 중이다(한국보육진흥원, 2020). 또한 2019년까지 자격증을 취득한 요양보호사는 162만 7,871명인데, 이 중 41만 5,621명만이 요양기관에 종사하고 있다(통계청, 2020b). 자격증 보유자 규모에 대비해 낮은 해당 직종 종사자 비율은 보육과 요양 서비스 일자리의 취약성을 시사한다. 열악한 노동환경과 낮은 처우로 자격증 보유자의 일부만이 취업함에 따라 인력의 과잉 공급에도 불구하고 현장은 인력난을 우려한다.

돌봄 공급구조의 시장화와 돌봄 종사자의 노동 불안정성 사이의 관계는 COVID-19를 통해서도 확인한다. COVID-19로 일을 중단한 서울시 요양보호사 중 72.4%는 무급 대기를 통보받았고, 6%는 자발적 퇴사를 강요받거나 일방적 해고를 통지받았다. 이 같은 사유로 일을 중단한 비율은 개인 영리업자의 비율이 특히 높은 재가 요양시설에서 높았다(서울시 어르신돌봄 종사자 종합지원센터, 2020).

사람 사이의 관계를 매개로 생산되고 소비되는 관계재의 특성상 돌봄 서비스는 제공자의 전문성이 서비스의 질을 결정한다. 보육교사와 요양보호사는 국가시험을 통과해야 하는 준전문가이지만, 사회적 보상과 처우가 낮아 역량 있는 인력의 유입을 기대하기 어렵다. 이는 다시 돌봄 서비스의 질을 낮추는 원인이 되어, 돌봄 노동자의 열악한 처우와 낮은 질의 돌봄 서비스는 뫼비우스의 띠처럼 악순환을 거듭하고 있다.

3. COVID-N의 시대, 복지국가 뉴 노멀을 위한 한 계단 위의 패러다임

1) 왜 패러다임인가?

새로운 사회적 위험의 출현과 거대해진 복지재정의 축소에 대한 압박은 복지국가의 현대화로 명명되는 복지국가 개혁을 추동하고 있다. 신자유주의의 지배력이 견고한 환경에서 정책적 개혁이 재정 축소를 중심으로 진행됨에 따라 각국의 복지국가 현대화는 위험 대응의 부담을 개인에게 지우는 위험의 개인화와 재정 효율화를 기저로 진행되고 있다(Hausermann, 2015).

한국은 전통적인 사회적 위험에 대응하는 제도 운행의 역사가 상대적으로 짧은 상태에서 복지재정 축소와 탈산업적 위험에 대한 대응을 동시에 요구받고 있다. OECD 평균의 50%에 미치지 못하는 사회복지지출에도 선진국의 복지 현대화 흐름을 빌미로 복지확대에 대한 정치적 저항이 강하다(최혜지, 2020a). 특히 복지재정 축소를 위한 재정 효율화 요구는 서비스 공급의 민영화, 시장화를 부추겨 복지 서비스의 공공성은 약화되고, 개인 영리업자의 생계수단으로 전락했다. 이로 인해 한국사회는 사회적 위험이 가족의 위험으로 귀속되고(김영란, 2014), 사회적 위험으로부터의 보호를 개인의 시장 내 위치에 의존하는, 시장화된 개인화의 특성을 보인다(신경아, 2013). 시장화된 개인화 사회의 전방위적 취약성은 COVID-19를 통해 틈이라기엔 치명적인 수많은 복지 크랙을 가시화했다. 소득 이전자, 서비스 공급자, 규제자로서 강력한 국가의 역할을 송환하며 사회복지의 공공성 강화12가 요구된다.

표면적으로 COVID-19는 사회보장정책 강화를 통한 국가복지의 확대를 강조한다. 이에 따라 COVID-19 이후의 복지국가 뉴 노멀은 사회보장정책을 중심으로 논의되고 구상되고 있다. 물론 구체적이고 현실적이며 다분히 전문적인 접근이다. 그러나 복지국가는 사회구성원을 원조하는 것으로 스스로의 쓰임을 제한하지 않고 사회적 가치지향을 선언할 수 있어야 한다(최혜지, 2017). 정작 COVID-19로 강조되는 뉴 노멀의 요구는 구상과 제안의 모호성에도 불구하고, 현재의 사회구조를 기획하고 탄생시킨 패러다임의 유효성에 대해 질문한다.

공공성 강화의 본질이 복지국가의 핵심 가치인 자유와 평등의 실질적 확대(Titmuss, 1968; 김윤태, 2016 재인용)에 있음을 상기하면

---

12 사회복지의 공공성은 "사회복지를 위한 국가의 역할, 즉 소득 이전자, 서비스 공급자, 재원 보조자, 규제자의 역할을 통해 사회권을 실현함으로써 사회구성원 모두의 자유와 평등을 실질적으로 확대하는 것"이다(신동면, 2010: 253).

COVID-19는 사회보장정책의 형태로 실체화된 복지국가의 패러다임에 대한 도전이다. 이는 COVID-19 이전의 사회보장정책에 담긴 패러다임을 점검하고, 복지국가의 가치를(Dahl, 2010) COVID-19 이후로 확장할 패러다임의 변혁을 시도하는 것이다.

2) 위험의 규칙성과 노동기반 보호에서 위험의 일상성과 탈노동 보호로

패러다임에 관한 논의는 모든 문제의 해결책인 듯 자주 거론되는 반면 패러다임의 추상성으로 인해 명징한 이해를 동반하기 어렵다는 점에서 조심스럽다. 그러나 인간사회가 목도하는 현 상황은 완결 또는 해체의 방식으로 현대와 그 이후를 가르고, 과거와의 단절을 불가피하게 한다. 따라서 뉴 노멀은 COVID-19의 여파를 방어하지 못한 기존 정책에 담긴 패러다임을 점검하고 미래 정책을 안내할 새로운 패러다임을 제안하는 것으로부터 시작되어야 한다.

복지국가는 시민 모두가 사회적 위험으로부터 안전한, 최소한의 질적인 삶을 보장하는 것을 목적으로 한다. 사회적 연대의 원리에 기초한 사회보장제도를 통해 출생부터 사망까지 인간다운 삶의 기본 조건인 필수재를 집합적으로 마련하고 제공함으로써 그 목적을 구현한다(Hausermann, 2015). 복지국가의 도구로서 사회보장제도는 당시의 시공간을 지배하는 집단적 사유의 방식, 즉 패러다임의 영향을 받는다.

현재의 사회보장제도는 사회적 위험의 규칙성, 고용에 기반한 노동자 보호 패러다임에 기초한다. 사회적 위험의 규칙성은 소득상실 위험이 생의 주기, 사회적 계층, 세대에 따라 분배되는 규칙성을 의미한다. 실제로 산업사회에서 소득상실 위험은 저숙련 혹은 비숙련 노동자 계급, 아동기와 노년기에 집중되고, 세대 간 전이되며, 질병, 장애, 노령의 형태로 구체화되었다(Esping-Andersen, 1999).

산업사회에서 소득 상실 위험은 노동자 계급에 집중되었다. 그러나 탈산업사회의 계급 분화는 사회적 위험의 계급적 속성을 약화시킨다. 비정규직 고용이 증가함에 따라 정규직 노동자는 사회적 위험으로부터 상대적으로 안정적인 집단으로 분류된다. 전통적 노동자 계급으로 포섭되기에는 질적으로 상이한 불안정 노동자는 계급 아닌 계급으로 호명되고, 위험집단의 계급성을 더욱 모호하게 한다.

COVID-19 이후에도 지속적으로 증가하는 종속적 자영업자는 또 다른 위험 집단을 이룬다. 종업원이 없는 자영업자는 형식적 자본가, 실질적 노동자라는 이중성을 갖는다. 자본가적 특성 때문에 실업급여도 제한적으로 적용받는다. 때문에 실질적 노동자이지만 사회안전망 없이 소득상실 위험에 노출되어 있다. 탈산업사회에서 사회적 위험과 계급 사이의 관계는 계급의 구분만큼 모호해졌다.

COVID-19의 생태적 위험이 연쇄한 소득 감소는 사회적 위험의 탈(脫) 주기성을 적극적으로 확장한다. 청년과 성년은 핵심 생산가능 인구13를 이루며 소득중단 위험이 낮은 집단으로 분류되었으나, COVID-19에 따른 고용 악화는 청년 세대에서 심각하게 나타났다.

청년 취업자 수는 2020년 2월부터 5월 사이에 52만 3천 명이 감소했으며, 전년 동월 대비 고용률은 29세 이하 -2.0%, 30대 -0.9%, 40대 -1.7%, 50대 -1.9%, 60세 이상 +0.2%로, 50대 이하 청장년의 고용 타격이 심각했다(고용노동부, 2020). COVID-19라는 외적 자극에 의해, 노동시장과의 불화가 노동자의 생산성과 관계없이 생의 전 기간에 포진되는 사회적 위험의 일상성이 더욱 선명하게 드러난다.

고용 기반 보호의 패러다임은 사용자와 노동자 사이의 고용관계를 토대로 사회적 위험에 대응한다는 정책적 관점이다. 복지국가의 사회정책은 임금노동자 보호를 목적으로 한다는 점을 고려하면 고용관계를 통한 보호는 좋은 전략이다(백승호, 2018). 그러나 탈산업화에 따른 표준 고용관계의 축소는 고용과 연계한 사회보장체계의 한계를 심화한다. 파견용역, 특수고용, 특히 플랫폼 노동의 모호한 고용관계는 고용과 사회보호 사이의 선 긋기가 단순하지 않음을 보여준다. 디지털 고용관계로 불리는 플랫폼 노동의 고용관계는 노동을 제공하는 자와 이를 사용하는 자, 그리고 이들을 중재하는 플랫폼으로 이루어진 삼각 고용관계이다. 디지털 고용관계에서는 노동자와 사용자를 사전에 인지하기 어렵고, 노동자의 고용지위가 자영업자인지 또는 노동자인지 모호하고, 사용자 또한 서비스를 사용한 당사자인지 플랫폼 제공자인지 특정하기 쉽지 않다(황덕순 외, 2016).

---

13 만 25세에서 49세이다.

복지국가는 사회경제적 맥락에 따라 고유한 위험구조를 갖는다. 변화된 위험사회적 위험을 체계 내부로 흡수하며 복지국가는 진화해 왔다(김철주·박보영, 2004). 따라서 COVID-N 시대의 복지국가는 사회적 위험의 규칙성을 초월하고, 고용관계와 사회보장체계의 연계를 해체한 탈노동의 패러다임 위에 기획되어야 한다.

3) 독립의 허구를 넘어 상호의존의 정상성으로

복지국가가 인간을 이해하는 방식은 근대적 인간관에 뿌리를 두고 있다. 이성은 개인의 보편적 속성으로 이해되고, 개인은 평등하고 자율적인 독립된 존재로 상정된다. 스스로의 힘으로 생존의 명제를 해결하지 못하는 개인에게 복지국가는 도움을 제공한다. 그러나 생계를 유지하는 데 필요한 최소한의 물질적 지원으로 급여의 내용과 양은 엄격히 제한되고, 자력으로 생활하는 개인보다 더 나은 삶을 사는 것을 원칙적으로 허용하지 않는다. 이와 같은 복지급여의 열등처우 원칙은 복지국가가 독립적인 인간을 이상형으로 상정하고 있음을 명확히 한다. 또한, 취약노인을 지원하는 요양제도조차 '노인이 독립적인 생활을 영위하도록 가족과 노인을 지원하는 것'을 목적으로 제시할 만큼 복지국가는 인간의 독립성에 대한 강박을 보인다.

그러나 COVID-19는 '독립적 인간'의 허구성을 지적한다. 예컨대, 건강은 주로 개인의 위생상태, 건강증진행위, 그리고 건강보호정책의 함수로 설명되어 온 것과 달리 COVID-19는 개인의 건강이 집합적 행위에 의존하는 상황을 경험하게 했다. 사회적 거리두기, 집단방역은 사회적 성숙을 요구하는 것으로, 개인의 통제력을 넘어 타인을 포함한 집단의 신뢰와 선택에 의존한다. 타인의 마스크 착용 여부에 민감해지는 현재의 상황은 사회의 기본 속성으로서 상호의존성, 의존적 존재로서 인간을 각성하게 한다.

특히 영유아 보육, 아동 돌봄, 노인 요양의 사회적 돌봄 기제가 정상적으로 작동되지 않는 돌봄 부재의 상황은 인간의 삶이 타인에 얼마나 의존적이었는가를 성찰하게 한다. 아동과 노인에게 부모와 자녀의 돌봄이 얼마나 절대적인가를 실감하게 했으며, 가족돌봄휴가를 신청한 6만 명 이상의 노동자는 돌봄 노동자에게 우리 사회가 어느 정도 의존해 왔는가를 증거한다. 설명할 필요 없이, 인간은 의존의 기간이나 정도에 차이가 있을 뿐 누구나 예외 없이 타인의 돌봄에 의존해서 생존하고 성장한다. 즉, 인간의 의존은 존재론적 사실이고, 지극히 정상적인 것이다(Fineman, 2001).

사회정책은 인간의 본성을 거스르지 않는 것이어야 한다. 홉스의 주장처럼 인간은 자연상태에서 버섯처럼 솟아나지 않는다(김희강, 2016). 복지정책의 목표로 식상하게 동원되는 '개인의 독립적 삶'이란 인간의 됨됨이와 조응하지 않는, 복지국가의 이상 속에만 존재하는 허구일 수 있다. COVID-19는 독립된 존재로 인간을 그려 온 복지국가의 인간관에 도전하고, 상호의존적 존재로서 인간을 인정하는 패러다임 전환의 신호일 수 있다.

4. COVID-N, 복지국가의 뉴 노멀을 위한
   정책 그리기

COVID-N, 복지국가의 뉴 노멀은 현존하는 복지국가를 추억으로
밀어내고 해체하는 것으로 시작될 수 있다. 위험의 계급적, 주기적
규칙성을 탈계급적 일상성으로 대치하고, 독립적인 인간을 상호의
존적 인간으로 이해하는 새 패러다임 위에 복지국가가 구상되어야
한다. 물론, 복지국가의 뉴 노멀에 대한 기획이 특정 사회복지정책
이나 제도로 잠식되는 것은 경계해야 한다. 그러나 복지국가는 평등
을 추구하는 사회정책의 조합이고(한동우, 2015) 사회보장정책은 평
등을 이룰 핵심 전략이다(Korpi & Palmore, 1998). 따라서 복지국
가의 뉴 노멀 또한 정책적 방향의 수준에서 구체화될 필요가 있다.

1) 보편적 소득보장을 넘어 기본소득으로

COVID-19로 인한 재정적 위기에 전 국민 재난기본소득이라는 극
약처방이 불가피했던 원인은 앞서 설명한 바와 같이 탈산업사회의
위험구조를 포섭하지 못한 취약한 사회보장제도에 있다. COVID-
19에 따른 재정정책으로 모든 시민에게 일정액의 현금을 지급하는
헬리콥터 드롭14을 사용한 국가는 한국을 비롯해 미국, 일본 등 소

---

14 누리엘 루비니 뉴욕대 교수가 전시에 공중에서 구호품을 뿌리듯 헬리콥터로 현금

수이다. 미국은 성인 1인당 1,200달러, 아동 1인당 500달러, 일본은 모든 거주자에게 1인당 931달러를 지급했다(OECD, 2020). 고비용의 현금지원정책을 선택한 이들 국가는 전 국민을 대상으로 하는 보편적 소득보장제도가 없다는 공통점을 갖는다. 결국, 1997년 외환위기, 2008년 리먼 사태와 더불어 COVID-19는 보편적이고 강력한 사회보장제도의 필요성을 강조한다. 탈계급적이고 상시적인 위기상황에서 보편적 사회보장제도는 경제적 충격을 완충하는 자동안정화 장치이기 때문이다(노대명, 2020). COVID-19와 같은 위기에 재정이 취약하고 제도 역량은 낮은 저개발국은 반사적인 위기대응 정책을 선택하기 쉽다. 그러나 포괄적 사회안전망 정책을 강화하는 것이 장기적인 관점에서 재정 효율적이고 정책 기능적이다(Paci et al., 2009; 노대명, 2020 재인용).

사회보장제도는 사회보험, 사회서비스, 공공부조로 이루어져 있으며, 소득보장의 핵심 기제는 사회보험이다. 사회보험은 고용관계에 기초해 작동하기 때문에 고용관계가 모호한 탈산업적 일자리를 포괄하지 못한다. 최근 사회보험을 고용이 아닌 소득과 연계함으로써 모호한 고용관계에 있는 노동자를 포섭하자는 논의가 진행되고 있다. 이는 소득보장제도의 포용성을 높일 수 있으나 모호한 고용

을 쏟아붓는 상황을 빗대어 사용한 표현이다. '헬리콥터 머니'라고도 하는 이 방식은 원래는 신자유주의의 태두인 보수 경제학자 밀턴 프리드먼이 1968년 경기를 부양할 '최후의 수단'으로 언급한 바 있다.

관계에 있는 노동자는 소득 불안정 또한 높기 때문에 충분한 사회적 보호를 받기에 한계가 있다.

COVID-19는 이제 사회보험을 넘어 기본소득을 중심에 둔 소득 보장제도로의 전환이 몽상이 아닌 현실임을 각성하게 한다. 완전한 기본소득은 모두에게, 조건 없이 최저생계비 또는 중위소득 50% 수준의 현금을 정기적으로 지급하는 것이다. 사회보험과 기본소득의 양립 가능성에 대해서는 학자마다 다른 답을 내놓고 있지만, 완전기본소득 시행이 가능하기까지 사회보험과 기본소득은 상호보완적으로 설계될 필요가 있다(백승호, 2019).

보편적 소득보장을 위한 개혁의 핵심은 모든 취업자를 고용보험의 대상으로 확대해 고용보험의 사각지대를 해소하는 것이다. 고용보험의 실업급여는 실직에 따른 소득 중단의 충격을 완화하기 때문에 고용보험의 사각지대 해소는 보편적 소득보장의 최우선 과제이다. 고용 형태와 관계없이 종속적 자영업자를 포함한 모든 취업자로 대상을 확대하여 소득활동을 하는 누구나 실업급여를 받을 수 있도록 하는 것이다(장지연, 2017).

프랑스는 2018년 자영업자를 고용보험 대상으로 포괄했으며, 덴마크 또한 2018년부터 고용보험의 대상을 소득이 있는 모든 취업자로 확대한 바 있다. 문제가 없는 것은 아니다. 고용주를 특정하기 어려운 특수고용 노동자와 플랫폼 노동자, 자영업자는 고용주의 기여분을 담당할 주체가 없다는 기술적 과제가 만만치 않다. 프랑스는 임금노동자의 기여 분을 없애고 일반기여기금, 즉 사회보장세의 인상을 통해 이를 해결했다(장지연·이호근, 2019). 그러나 이 역시 소득 없이는 보호 또한 없다는 명확한 한계를 갖는다.

기본소득은 소득과 재산에 대한 조사나 노동에 대한 요구 없이 모든 개인에게 무조건적으로, 주기적으로 지급되는 현금급여이다 (Van Parijs, 2006). 급여의 충분성을 어느 정도 충족하는가에 따라 완전기본소득과 부분기본소득으로 구분되고, 대상자의 범위, 목적 등에 따라 다양한 대안적 형태의 기본소득이 존재한다.

완전기본소득은 생계유지가 가능한 수준의 급여가 제공되는 경우로, 최저생계비나 중위소득의 50%, 또는 GDP의 25% 등을 기준으로 한다(Van Parijs, 2006). 매년 초 모든 국민에게 일정액이 든 현금카드를 지급하고 이를 정치행위에만 사용하도록 하는 정치기본소득(Wright, 2012), 사회적으로 유용한 활동에 참여형 기본소득을 지급해 공공부조를 대체하는 참여형 기본소득(De Wispelaere & Stirton, 2004), 현금이 아닌 지역화폐로 지급하는 지역화폐형 기본소득, 특정 인구집단에 정액의 급여를 경제적 조건 없이 정기적으로 지급하는 사회수당 등이 대표적인 대안적 기본소득에 해당한다(김교성·이지은, 2017).

아동수당[15], 기초연금[16]은 사회수당의 성격이 강하고, 경기도의

---

15 2018년 9월 6세 미만의 자산소득 기준 하위 90% 아동에게 월당 10만 원의 현금을 지급하는 것으로 출발했으며, 2019년 9월부터 만 7세 미만의 모든 아동에게 확대 적용되었다.

16 만 65세 이상의 대한민국 국적을 지닌 국내 거주 노인 중, 소득인정액 기준 하위

청년기본소득[17]은 지역화폐형 기본소득과 유사하다. 기본소득의 범위를 대안 기본소득을 포함하는 방식으로 확장하는 경우, 한국은 이미 기본소득의 경험치를 갖게 되었다. 특히 전 국민 재난기본소득의 경험은 기본소득에 관한 대중적 논의에 물꼬를 텄다.

기본소득의 실현 가능성은 정치적 차원과 재정적 차원에서 논의된다. 정치적 차원에서 전문 정치인은 기본소득의 지지층을 확보할 수 있는가, 어떤 정치적 희생을 대가로 하는가의 현실적 문제를 안게 된다. 호혜성, 노동윤리와 조화되기 힘든 기본소득이 일반 대중으로부터 사회적 승인을 획득할 수 있는지 여부, 도덕적 해이와 노동의욕 상실에 대한 논란은 기본소득이 넘어야 할 정치적 쟁점이다 (김교성·이지은, 2017).

불과 3년 전 보수 여당 대표가 성남시 청년배당과 서울시 청년활동수당을 향해 포퓰리즘의 전형으로 비난하고, 청와대 사회보장위원회 회의에서 '선심성 정책의 남발'이라 비판한 바 있다(〈뉴시스〉, 2017). 그러나 이제는 보수당의 대표인사가 포스트 코로나 시대의 국가 책무로 기본소득 도입을 주장하기에 바쁘다(〈뉴시스〉, 2020). 정치권의 부담은 더 이상 기본소득 현실화의 주요 장벽이 아님을 시사한다. COVID-19에 따른 노동 불안정, 소득 불안정으로 다수가

70%에게 소득인정액에 따라 매월 최대 30만 원을 지급하는 제도이다.

17 재산, 소득, 취업 여부와 상관없이 3년 이상 성남시에 거주한 만 24세 청년에게 분기별로 25만 원을 성남사랑상품권으로 지급한다.

사회적 위험의 담지자가 되었으며, 시민 모두가 기본소득을 경험했다. 특히 재난기본소득 시행에 42.6%가 찬성했다는 것은(〈오마이뉴스〉, 2020) 사회적 동의 또한 초기 수준을 벗어났음을 의미한다.

경기도 청년은 배당금 지급 전후의 노동시간이 주당 평균 35.19시간에서 36.12시간으로 의미 있게 증가한 반면 경기도 외 거주 청년은 같은 기간 34.27시간에서 32.79시간으로 노동시간의 의미 있는 변화가 없었다는 연구결과(유영성 외, 2019)는 노동 동기의 감소를 이유로 기본소득을 반대해 온 주장을 약화시킨다. 이와 같은 여건은 정치적 저항이 기본소득 도입의 주요 장애라는 해묵은 도식의 유효성에 도전한다.

그러나 재정적 차원에서의 실현 가능성은 여전히 높지 않다. 모든 국민에게 월 30만 원의 기본소득을 지급하고, 기본소득 증가율은 연평균 2.4%,[18] 기본소득 외의 기존 복지지출 증가율은 연평균 5.0%,[19] 평균 경제성장률을 4.2%로 설정하는 경우, 2030년 1인당 기본소득은 38만 원이다. 기본소득지출은 237조 원, 그 외의 사회복지지출은 212조 원으로, GDP 대비 총사회복지지출은 22.3%에 이를 것으로 추산된다. 이는 2018년 OECD 회원국의 GDP 대비 사회복지총지출 평균값과 유사한 수준이다(OECD, 2019). 인구감

---

18 2.4%는 최저생계비 기준이 되는 중위소득의 2015~2020년 연평균 증가율이다.
19 2004년부터 2016년 사이 사회복지지출의 연평균 증가율인 9.9%의 50%에 해당한다.

소를 고려해도 기본소득을 포함한 사회복지 총지출은 2060년 1,313조 4천억 원으로 GDP의 57.7%까지 증가할 것으로 전망된다(김필헌, 2020). '기본소득'이라 쓰고 '국가부도'라 읽는 이유이다.

재정부담이 큰 기본소득의 실행 가능성을 고려하여 피츠패트릭(1999)은 현행 사회보장체계는 유지하고, 현 체제의 한계를 기본소득으로 보완하는 초기 단계로부터 급여수준과 대상자 포괄성을 높여 부분기본소득 단계로 이행한 후, 최종적으로 완전기본소득을 실현하는 단계적 이행을 제안한다(백승호 외, 2019 재인용). 단계적 이행은 현행 사회보장체계를 유지한다는 점에서 소득보장의 주요 기제인 사회보험의 경로의존적 저항을 완화하고, 대안적 기본소득의 결합으로 재정적 부담 또한 완화할 수 있다는 장점을 갖는다.

단계적 이행을 전제할 경우, 고민은 기본소득의 어떤 대안모형을 선택할 것인가로 집중된다. 아동수당, 기초연금을 시행하고 있는 정책 환경을 고려할 경우, 사회수당형 기본소득의 도입 가능성이 높다. 시민권에 기반해, 조세를 재정으로, 경제적 수준과 관계없이 특정 인구집단에 보편적으로 정액의 급여를 정기적으로 지급하는 사회수당은 인구학적 할당 원칙에 따라 대상을 선별한다는 점에서 기본소득과 차이가 있다(백승호 외, 2019).

사회수당형 기본소득의 정책대상으로 새롭게 추가될 인구집단은 청년이 우선되어야 한다. 청년을 포함하는 것은 보편성을 확장함으로써 모든 개인을 정책대상으로 포함하는 단계적 이행의 핵심전략이 될 수 있다(백승호 외, 2019). 노동시장에서 배제된 인구를 주요 대상으로 하는 사회수당과 달리 기본소득은 생산능력에 관계없이 자격을 부여한다. 따라서 청년의 포함 여부는 기본소득의 보편성을 판단하는 주요 기준이 된다(윤자영, 2016). 현행 아동수당의 대상을 24세까지의 청년으로 확장하고, 기초연금의 대상인 65세 이상 노인을 포함하는 사회수당형 기본소득의 시행을 고려할 수 있다.

기본소득 급여액은 현행 아동수당과 기초연금의 급여수준을 기준으로 결정될 수 있다. OECD 회원국의 평균 아동수당 재정[20]은 가처분소득 대비 9.3% 수준이며 이는 한화 기준 1인당 25만 7,800원이다(최영, 2017). 기초연금은 소득인정액에 따라 차이가 있으나 최대 30만 원이다. 급여수준이 기초연금의 급여액보다 낮게 정해지는 경우 적지 않은 저항이 예상되고, OECD 회원국의 평균 아동수당 급여액을 고려하면 사회수당의 급여액은 월 30만 원이 합리적이다. 이 경우, 총 2,049만 7,793명이 사회수당의 대상으로 포섭되고, 소요예산은 73조 8천억 원으로 GDP 대비 3.82%이다. 아동수당 예산 2조 2천억 원, 청년일자리지원사업 예산 4조 5천억 원, 기초연금 예산 11조 5천억 원을 제외하고 추가되어야 할 예산은 약 55조 6천억 원 정도이다.

전 국민 고용보험으로 구현된 보편적 소득보장체계 위에 사회수당형의 대안적 기본소득을 결합하는 것은 COVID-N으로 일상화될 고용과 소득 불안정의 안전망을 견고히 하고, 노동의 탈상품화라

---

20 한국, 멕시코를 제외한 OECD 회원국 평균이다.

〈표 5-2〉 수당형 기본소득 재정

	인구규모	총예산	GDP 구성비	추가 재정
아동(0~18)	8,350,691	30조 원	1.56	27조 9천억 원
청년(19~24)	3,953,835	14조 2천억 원	0.74	19조 7천억 원
노인(65 이상)	8,193,267	29조 5천억 원	1.53	18조 원
총계	20,497,793	73조 7천억 원	3.82	55조 6천억 원

는 비현실적 이상과 현실 간의 거리를 한 계단 줄이는 변혁일 수 있다. 파국적 위험의 상시화가 예상되는 지금, 재정건전성을 이유로 사회보장 패러다임의 전환을 비현실적이라 날 세우는 일각의 목소리가 왠지 공허하고 오히려 비현실적으로 들린다.

2) 불평등과 무시를 넘어 평등과 인정의 돌봄 정책으로

COVID-19가 드러낸 고용 불안정과 소득 불안정의 그림자는 길고 또 넓다. 상상해 본 적 없는 규모의 예산이 '재정지원'이라는 이름으로 투입되었고, 돈의 효과는 곧 확인될 터이다. 그러나 돌봄 공백은 돈으로 어찌해 볼 묘안도 없이 가족의 부담으로 회귀되었다. 탈가족화, 돌봄의 사회화를 위한 그간의 사회적 노력에 COVID-19는 '어림없음'이란 평가로 화답하며, 인간과 돌봄의 관계를 전적으로 재구상할 것을 요구하고 있다. 이는 복지국가의 윤리적 기준이 돌봄으로 리셋되고, 복지국가의 목적을 사회경제적 자원의 정의로운 분배로부터 돌봄의 정의로운 분배로 확장함으로써 가능해진다.

주지하듯, 사회경제적 불평등은 돌봄의 불평등과 분리되지 않는다. 성별, 계층에 따라 특정 집단에 과도하게 지워진 돌봄의 책임은 사회 · 경제 · 정치적 참여를 억압하고, 종국에는 취약한 사회경제적 지위로 귀결된다. 자녀의 출산과 양육은 여성 경력단절의 주요 원인이고, 여성의 노동시장 재진입은 고용과 소득 불안정성이 높은 외부 노동시장에 집중되어 있다는 일군의 연구들은 이를 경험적으로 실증한다.

돌봄에 참여하지 않는 개인은 돌봄의 책무를 다하는 타인에 의존해 사회경제적 성취를 이루고, 성취가 보장하는 사회경제적 지위를 이용해 자신에게 유리한 사회경제적 분배구조를 완성한다(Fraser, 2016). 결국, 복지국가는 인간의 상호의존성을 전제하고 이를 효과적으로 다룸으로써 사회경제적 평등을 동반하는 돌봄의 정의로운 분배에 다가갈 수 있다.

돌봄을 둘러싼 의존의 상태는 두 가지 차원에서 발생한다. 돌봄을 필요로 하는 개인이 돌봄을 제공하는 사람에게 의존하는 1차적 의존과, 돌봄 제공자가 돌봄으로 인해 발생한 사회경제적 취약성을 사회 또는 제도에 의존하는 2차적 의존이다(Fineman, 2004). 복지국가는 1차적 의존에 주목해 왔으며, 파생된 의존, 즉 2차적 의존에 대해서는 소극적으로 대처해 왔다.

돌봄 윤리를 기본 가치로 한 복지국가는 파생된 의존의 상태에 있는 돌봄 제공자를 돌보는 것 또한 스스로의 윤리적 책무로 상정하고 이에 대한 의무이행에 적극적이라는 점에서 기존의 복지국가와 차이를 갖는다. 이는 돌봄 제공자에게 사회심리적 지원을 제공하고,

돌봄 제공자의 돌봄 행위가 사회적으로 정당한 가치를 인정받을 수
있는 구조를 마련할 것을 요구한다(김희강, 2016). 의존이 정상적인
것이라면 다양한 형태의 의존에 적극적으로 개입하는 것이 복지국
가의 윤리여야 한다.

육아휴직은 파생된 의존을 지원하는 대표적 제도이다. 그러나 고
용형태, 사업체 환경에 따라 육아휴직의 접근성은 차이를 보인다.
고용보험 가입자만을 대상으로 하기 때문에 고용보험 미가입자는
육아휴직을 이용할 수 없다. 종사자 수 5인 이상 9인 미만 사업체의
육아휴직제도 도입률은 33.8%에 그친다. 주로 소규모의 영세업체
를 중심으로 육아휴직 접근성이 낮다(통계청, 2018).

한국은 '남녀고용평등과 일·가정 양립 지원에 관한 법률'에 근거
해 남성 육아휴직 제도를 시행하고 있다. 이는 돌봄 제공자와 임금
노동자 사이의 성별 역할 구분을 해체하고, 부성과 모성 모두에게
부모권과 노동권을 평등하게 보장하려는 제도적 의지이다.

그러나 남성 육아휴직 참여자는 2019년 기준 22,295명, 전체 육
아휴직 참여자의 21.2%에 불과하다(통계청, 2020). 스웨덴, 포르
투갈, 노르웨이 등 남성 육아휴직자 비율이 40%를 넘어서는 국가
에 비해 상대적으로 낮은 수준이다. 생계비에 대한 부담이 남성 노
동자가 육아휴직 사용을 주저하는 가장 큰 이유이다(홍승아 외,
2014). 육아휴직급여의 소득대체율은 32%에 불과하며, 이는 노르
웨이의 97.9%, 일본의 58.4%에 크게 미치지 못한다(국회입법조사
처, 2018). 육아휴직에 우호적이지 않은 조직 문화 또한 짚어야 할

문제이다.

육아휴직의 법제도적 사각지대는 전 국민 고용보험을 통해 해결될 수 있다. 소규모 사업체의 참여를 지원하고, 급여의 수준을 소득대체율 60% 이상으로 확대하는 노력을 통해 실질적 사각지대를 축소할 수 있다. 돌봄을 우선하는 문화, 돌봄의 성性 귀속성을 거부하는 문화는 국가, 시민사회, 시장이 함께 풀어야 할 과제이다.

돌봄 노동자는 돌봄 가치에 상응하는 정당한 임금과 사회적 인정을 받을 수 있어야 한다. 임금으로 상징되는 돌봄 노동의 가치는 노동의 절대성, 노동의 전문성, 노동의 강도로 설명되지 않는다. 돌봄 노동자의 낮은 임금은 돌봄에 대한 사회적 인식과 합의를 반영할 뿐이다. 재생산 노동의 가치가 생산 노동의 가치를 넘어서면 노동자는 생산 현장에서 재생산 현장으로 이동할 가능성이 높아진다. 자본은 노동자의 노동이 이윤을 생산하는 도구이기 때문에 재생산 노동의 가치가 생산 노동을 넘어서는 것을 경계한다. 재생산 노동에 대한 자본의 인식법을 공유하는 한, 돌봄 노동의 가치는 높아질 수 없다.

시장화된 돌봄 서비스의 공급구조는 돌봄 서비스를 이윤추구의 수단으로, 돌봄 노동자를 착취의 대상으로 허용한다. 돌봄 서비스의 공공성을 높이고 시장 의존도를 낮추어야 하는 이유이다. 공공성을 확대하려면 공공 인프라를 확충하고, 관리·감독 책임을 강화하는 것을 우선해야 한다. 공공에서 설립하고 운영을 책임지는 돌봄 시설이 전체 돌봄 시설의 30%를 넘을 수 있어야 한다. 돌봄 노동자를 정부가 직접 고용하고 서비스 이용자와 연결하는 사회서비스원源

또한 확대할 필요가 있다. 돌봄 노동자의 권리를 옹호하고 성장을 지원하는 돌봄 종사자 지원센터의 기능 강화도 놓칠 수 없다. 재원의 지원자, 규제자로서 강한 국가 역할, 돌봄의 공공성 강화가 절실하다.

돌봄의 공공성을 강화하는 제도적 노력을 통해 평등하게 돌봄에 참여하고, 돌봄을 누리는 돌봄 복지국가를 이룰 수 있다. 인간의 의존성을 정상성으로 규정하고, 복지국가의 윤리를 '부의 정의로운 분배'로부터 '돌봄의 정의로운 분배'로 치환置換하는 패러다임의 전환이 COVID-N 시대에 인간의 삶을 지켜낼 뉴 노멀이다.

참고문헌

고용노동부(2020), "2020년 4월 고용동향", 2020. 5. 13. 보도자료(검색일: 2020. 6. 5.).

고용보험 홈페이지(2020), https://www. ei. go. kr

국가입법조사처(2018), "남성 육아휴직제도의 국가 간 비교 및 시사점", 〈지표로 보는 이슈〉, 122.

김근주(2020), "고용안전망 체계개편의 방향과 정책적 검토사항", 〈노동정책연구〉, 20(1) : 123~153.

김영란(2014), "한국의 사회적 위험 변화와 가족위험", 〈가족과 문화〉, 26: 151~188.

김윤태(2016), "리처드 티트머스와 복지국가 : 가치 선택과 사회정책의 결합", 〈사회사상과 문화〉, 19(4) : 133~165.

김준영(2019), "한국 플랫폼경제 종사자 규모 추정", 〈플랫폼경제 종사자 고용 및 근로실태 진단과 개선방안 모색 정책토론회 발표문〉(2019. 8. 23.), 한국고용정보원.

김철주·박보영(2006), "새로운 사회적 위험의 도래와 복지국가 현대화", 〈사회복지정책〉, 24: 317~336.

김필헌(2020), "기본소득제도 쟁점과 시사점", 한국지방세연구원.

김희강(2016), "돌봄국가: 복지국가의 새로운 지평", 〈정부학연구〉, 22(1): 5~30.

남재욱(2018), "한국 복지국가 성장의 재분배적 함의: 누가 복지국가로부터 소외됐는가?", 〈한국사회정책〉, 25(4): 3~38.

남찬섭(2018), "민주화 30년 한국 사회복지의 제도적 변화와 과제", 〈시민과 세계〉, 45~92.

노대명(2020), "재난기본소득 논의를 통해 본 한국 소득보장 제도의 문제점과 향후 과제", 〈보건복지포럼〉, 3: 64~84.

〈뉴시스〉(2017), "청년수당 '재수' 끝에 정부 승인 ⋯ '박원순 대표정책' 본격화", 2017. 4. 7. (검색일: 2020. 6. 5.).

〈뉴시스〉(2020), "김종인, 기본소득 도입 '공식화' 수순 ⋯ 통합당 '설왕설래'", 2020. 6. 4. (검색일: 2020. 6. 5.).

백승호(2018), "불안정 노동의 확대와 복지국가 혁명", 〈월간 복지동향〉, 233: 27~33.

백승호·이승윤(2019), "기본소득 기반 복지국가 재설계", 정의정책연구소.

〈레디앙〉(2020), "코로나-19 긴급돌봄 운영실태 '돌봄 선생에게 책임 떠넘긴 학교가 대다수'", 2020. 3. 17. (검색일: 2020. 6. 20.).

서울시 어르신돌봄 종사자 종합지원센터(2020), "코로나바이러스감염증-19 관련 요양보호사 실태조사".

송인주·국미애·이형미(2019), "서울시 요양보호사 처우개선 방안 연구", 서울시 복지재단.

신경아(2013), "'시장화된 개인화'와 복지 욕구", 〈경제와 사회〉, 98: 266~303.

신동면(2010), "사회복지의 공공성 측정에 관한 연구", 〈한국사회정책〉, 17(1): 241~265.

〈오마이뉴스〉(2020), "코로나-19 재난기본소득제 '찬성' 42. 6% - '반대' 47. 3%

팽팽", 2020. 3. 4. (검색일: 2020. 6. 5.).

유영성·정원호·이관형·마주영·김교성·서정희(2019), "경기도 청년기본소
득 정책효과 분석: 사전 및 사후조사 비교", 경기연구원.

윤자영(2016), "돌봄노동과 기본소득 모형", 〈여성학논집〉, 33(2): 3~29.

이승윤(2018), "실업안전망 국제비교연구", 〈한국사회정책〉, 25(1): 345~375.

이승윤·박경진·김규혜(2019), "한국 청년프리랜서의 일의 방식과 사회보장
제도 경험에 대한 질적 연구", 〈비판사회정책〉, 64: 181~239.

이승윤·백승호·남재욱(2020), "한국 플랫폼노동시장의 노동과정과 사회보장
제의 부정합", 〈산업노동연구〉, 26(2): 77~135.

이창근(2020), "코로나-19 대응 고용유지대책 평가와 개선과제", 〈비판과 대안
을 위한 사회복지학회 학술대회 발표논문집 토론문〉, 241~258.

장지연(2017), "고용보험 확대와 실업부조 도입", 〈복지동향〉, 222: 25~32.

장지연·박찬임(2019), "사회보험 사각지대: 고용보험과 산재보험을 중심으로",
〈노동리뷰〉, 9~19.

장지연·이호근(2019), "플랫폼 노동자 보호제도의 전망: 노동법적 보호와 사
회보장제도 적용을 중심으로", 〈플랫폼경제 종사자 고용 및 근로실태 진
단과 개선방안 모색 정책토론회 발표문〉, 2019. 8. 23. 한국고용정보원.

정흥준(2020), "코로나-19, 사회적 보호 사각지대의 규모와 대안적 정책방향",
〈고용노동브리프〉, 97.

최 영(2017), "아동수당 도입과 정책적 효과에 관한 연구", 초록우산 어린이재
단.

최혜지(2017), "복지국가 꿈의 상실과 발전적 구상", 〈한국사회학회 심포지엄
논문집〉, 213~238.

_____(2020a), "돌봄의 위험지위와 복지선호에 기초한 사회적 균열의 탐색",
〈사회복지정책〉, 47(1): 5~29.

_____(2020b), "코로나 감염병 상황에서 노인돌봄 정책분석 및 대안모색", 〈국
회토론회 자료집〉.

통계청(2018), 〈한국의 사회동향 2018〉.

_____(2020a), 〈e-나라지표: 출산 및 육아휴직 현황〉(검색일: 2020. 6. 28.).

_____(2020b), 〈장기요양실태조사〉(검색일: 2020. 6. 28.).

한국보육진흥원(2020), 〈보육통계〉(검색일: 2020. 6. 28.).

한동우(2015), "불평등에 대한 재검토: 복지국가 사회정책의 성과지표로 타당한가?", 〈한국사회정책〉, 22(1): 317~343.

홍승아·최인희·이아름(2014), "남성의 일가정 양립 현황과 개선방안 연구", 한국여성정책연구원.

황덕순·박찬임·박제성 외(2016), "고용관계 변화와 사회복지 패러다임 연구", 한국노동연구원.

Dahl, R. A. 저, 김순영 역(2010), 《정치적 평등에 관하여》, 후마니타스.

De Wispelaere, J., & Stirton, L. (2004), "The many faces of universal basic income", *The Political Quarterly*, 75(3): 266~274.

Embrain Public(2020), https://embrain.com.

Esping-Andersen, G. (1999), *Social Foundation of Post-Industrial Economies*, Oxford: Oxford University Press.

Fineman, M. A. (2001), "Dependencies", In N. J. Hirschmann & U. Liebert(eds.), *Women and Welfare: Theory and Practice in the United States and Europe*, pp. 23~37, New Jersey: Rutgers University Press.

_____ (2004), *The Autonomy Myth: A Theory of Dependency*, New York and London: New Press.

Fitzpatrick, T. (1999), *Freedom and Security: An Introduction to the Basic Income Debate*, London: Palgrave Macmillan.

Fraser, N. 외 저, 문현아·박건·이현재 역(2016), 《불평등과 모욕을 넘어: 낸시 프레이저의 비판적 정의론과 논쟁들》, 그린비.

Hausermann, S. 저, 남찬섭 역(2015), 《복지국가개혁의 정치학》, 나눔의 집.

Kersbergen, K., & Vis, B. 저, 남찬섭 역(2017), 《복지국가 개혁의 도전과 응전: 복지국가정치의 비교연구》, 나눔의 집.

Korpi, W., & Palme, J. (1998), "The paradox of redistribution and strategies of equality: Welfare state institutions, inequality, and western countries", *American Sociological Review*, 63(5): 661~687.

Muir, T. (2017), "Measuring social protection for long-term care", *OECD Health Working Papers*, 93, Paris: OECD Publishing.

OECD(2019), "Public social spending is high in many OECD countries",

Social Expenditure Update, https://www. oecd. org.

_____(2020), "Tackling Coronavirus(COVID-19)∶ Contributing to a global effort", https∶//www. oecd. org/coronavirus/country-policy-tracker/

Taylor-Gooby, P. (2004), "New risks and social change", In P. Taylor-Gooby(ed.), *New Risks, New Welfare∶ The Transformation of the European Welfare State*, pp. 1~24, Oxford University Press.

Understanding Society(2020), RF analysis of ISER, https∶//www. under-standingsociety. ac. uk/

Van Parijs, P. 저, 너른복지연구모임 역(2006), 《분배의 재구성∶ 기본소득과 사회적 지분급여》, 나눔의 집.

Wright, E. O. 저, 권화현 역(2012), 《리얼 유토피아》, 파주∶ 들녘.

6

신종 감염병 위기와 한국사회의 위기 소통*
COVID-19 관련 언론보도를 중심으로

유현재 서강대 신문방송학과

1. 들어가며

다양한 위기상황을 경험할 때마다 사회 구성원 다수는 그동안 잠시 잊고 지내던 '위기관리'에 대해 빈번하게 이야기하기 시작한다. '위기'는 단수의 특정 요소나 처방에 의해 순식간에 안정세로 돌아서지 않으며, 이미 발생한 피해를 최소한으로 줄이며 가능한 빠르게 예전으로 돌아가고 싶은 욕구가 각계에서 발현되기 때문일 것이다.

'위기'의 관리는 사회 내 다양한 주체들에 의해 수행되며, 또한 그

---

* 이 장에 포함된 내용의 상당 부분은 2020년 2월 21일 국립중앙의료원에서 개최된 '코로나-19 감염증 확산과 한국사회의 위기 소통' 세미나, 3월 5일 열린 방송통신위원회 주최 '코로나-19 극복 재난보도 특별 간담회'에서 필자가 발제한 사항들에 근거하였음을 밝힙니다.

래야만 한다. 보건 위기의 예를 들면, 극복을 위한 가장 중요한 주체로 의료진과 보건 관련 정부기관, 중앙 행정가, 지자체, 언론·미디어, 일반 국민 등이 있으며, 피해 최소화를 위한 각각의 노력이 실행되어야 한다. 위기관리의 주요한 요소 중 하나는 위기 시 발생하는 소통, 즉 위기 커뮤니케이션risk communication이며, 소통을 주로 담당하는 핵심 주체들은 정부의 주무기관 및 담당자, 언론·미디어, 그리고 오디언스 혹은 대중이라 불리는 일반 국민들이라 할 것이다. 이들에 의해 발생하는 다양한 형태의 소통 행태, 서로를 향한 소통의 방식과 내용은 특히 보건 위기 시 너무나 중요한 위치를 점하게 되며, 소통의 원활함과 합리성에 의해 해당 사회가 감당해야 하는 피해는 최소화될 수 있다고 알려져 있다. 반대로, 후진적인 소통 활동은 피해를 증폭시키고 사회를 더욱 혼란한 국면으로 몰아가는 데 중요한 변수가 될 수도 있다.

이 장은 전대미문의 COVID-19와 관련하여 소통의 주요한 주체인 언론·미디어, 즉 정부, 일반 국민과 함께 보건 위기 시 가장 막대한 영향력과 역할이 필연적으로 주어지는 영역에 대해 이야기하고자 한다. 보건 위기 시 언론의 공공성과 신뢰에 대한 국민적 기대와 실제 경과, 논의에 필요한 일부 사례들, 그리고 언론 스스로 위기 시 적용하고자 발표했던 원칙들에 대한 환기와 준수 여부, 이에 따른 비판적 시각 공유 또한 주요 내용이 될 것이다. 끝으로, 정보 수용자 측면에서 보건 위기 시 언론이 고려해 주길 희망하는 추가 원칙의 제언을 통해 포스트 코로나 시대는 물론, 안타깝지만 반복될 가능성이 높다는 감염병 위기 시 이상적 언론의 역할에 대해 토론하는 기회를 갖고자 한다.

2. 위기 소통 주체로서의 언론과 공공성公共性

우리에게 감염병, 혹은 신종 감염병 관련 위기는 처음이 아니다. 비非전문가의 간단한 기억만으로도 2003년 사스가 있었고, 2009년에는 신종플루를 경험하였으며, 가장 최근인 2015년 발생했던 메르스 또한 생생하게 기억에 남아 있다. 하지만 이번 COVID-19가 만들고 있는, '전쟁에 준하는 비상상황'으로 표현될 만큼의 혼란과 혼돈은 '전대미문'이라는 용어의 의미를 절절히 느끼게 한다.

2020년 1월 20일 첫 확진자가 보고된 이래, 5개월이 경과한 6월 20일 기준으로 총 확진자 수는 1만 2,373명에 이른다. 하지만 더욱 안타까운 점은 이미 수개월이 경과한 시점에도 여전히 확진자는 매일 두 자릿수 수준, 8월 중순 이후에는 세 자릿수까지 기록되고 있다는 사실이다. 한때 하루 전국 확진자 수가 10명 이하로 발생하는 시간이 지속되면서 안정세 혹은 매우 조심스럽게 '종식'을 언급하는 분위기도 형성되었지만(〈그림 6-1〉), 이후 지역사회 집단감염이 국지적으로 촉발되는 사안들이 연이어 발생하며 공포감이 이어지는 상황이라고 하겠다.

더욱 우려되는 측면은, 우리나라에서 인구 밀집도가 가장 높은

〈그림 6-1〉 관련 기사 (YTN, 2020.5.5.)

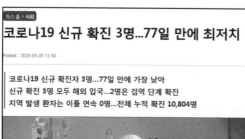

뉴스 홈 > 사회
코로나19 신규 확진 3명...77일 만에 최저치
Posted : 2020-05-05 11:50

코로나19 신규 확진자 3명...77일 만에 가장 낮아
신규 확진 3명 모두 해외 입국...2명은 검역 단계 확진
지역 발생 환자는 이틀 연속 0명...전체 누적 확진 10,804명

수도권을 중심으로 집단감염 추세가 전혀 잦아들지 않는다는 점이
다. 예를 들어 하루 확진자가 67명 기록된 6월 20일(5월 28일 이후 23
일 만에 가장 많은 확진자 수) 발표에 의하면, 확진자의 과반수가 서울
과 경기도가 포함된 수도권에서 발생하였다. 이는 정부가 한동안 펼
쳐 왔던 다소 완화된 '생활 속 거리두기'와 일부 다중 이용시설의 재
개 등 정책을 일제히 변경하고, 수도권 지역에 다시 이동 자제를 권
고함과 동시에 강화된 방역조치를 실시하게 만드는 배경이 되었다
(〈뉴시스〉 2020.6.21.). 수도권의 감염상황 악화는 언제든 전국적
확산으로 연계될 개연성이 높다는 판단이 작용했기 때문이다.

물론 확진자 숫자와 추이에 비해 국내 사망자 수는 여타 감염병의
그것과 비교하면 낮은 양상인 것은 사실이다. 누적 확진자 수 1만

〈그림 6-2〉 관련 기사 (〈매일경제〉, 2020.6.26.)

CDC 국장 "현재 美 코로나19 확진자 2000만명 넘을수도"

이상규 기자 | 입력 : 2020.06.26 07:54:51 수정 : 2020.06.26 08:10:50 💬 0

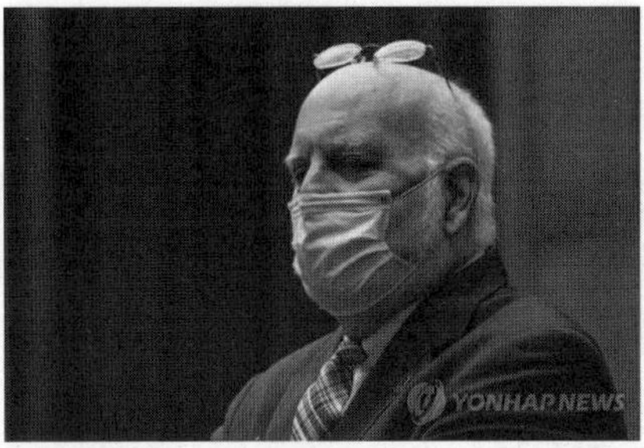

스로버트 레드필드 미국 CDC 국장 [사진 = 연합뉴스]

미국 내 코로나19 확진자가 240만명에 달하는 가운데 이보다 10배 더 많을 수 있다는 관측이 미 질병통제예방센터(CDC)로부터 나왔다.

2,373명 가운데 보고된 사망자는 280명이며, 사망자를 기준으로 계산되는 치명률은 2.25%이기 때문이다. 반면, COVID-19에 감염된 후 격리 해제된 인원은 약 1만 1천 명 수준으로, 완치율 87% 이상을 유지하고 있다. 이 같은 수치는 여타 신종 감염병의 치명률과 비교해 보면 매우 낮은 수준이다. 메르스의 경우 동일한 원리로 계산한 치명률이 약 30% 수준이었고, 사스 또한 10%에 육박하는 수준이었다. 더불어, 현재 COVID-19 위기를 경험하고 있는 해외 국가들과 비교해도 우리나라의 대응 수준은 매우 양호한 것으로 알려진 것이 현실이다(〈그림 6-2〉).

하지만, 그럼에도 불구하고, 이미 1년의 반을 넘고 있는 코로나의 지리한 공포는 이미 사람들의 삶을 다양한 측면에서 갉아먹고 있

<그림 6-3> 관련 기사 (〈뉴시스〉, 2020.6.26.)

는 것이 사실이다. 더욱 난감하게 다가오는 점은, 가을과 겨울 사이에도 COVID-19의 유행이 계속되거나 혹은 2차 위기가 발생할 수 있다는 국내외 전문가들의 예측이다(〈그림 6-3〉). COVID-19는 경제 위기와 사회적 혼란, 개인 삶의 붕괴, 세계적으로 통용되던 질서와 가치의 실종과 변종 등 다양한 부정적 파급력을 양산하며 사라질 기미를 보이지 않는 형국이라 하겠다.

감염병 위기를 포함, 다양한 측면에서 감당하기 어려운 위기상황이 발생하면 사회의 각 주체는 그동안 논의의 우선순위에서 밀려 있던, 혹은 이전 보건 위기 후 방치했던 '위기의 관리'를 끄집어내 공론화하기 시작한다. 도래한 위기가 언젠가는 종식될 것을 믿어 의심치 않지만, 하루라도 빨리 정리되어 예전의 일상으로 복귀하기를 강력하게 희망하는 욕구가 터져 나오기 때문이다(이현우·손영곤, 2016). 우리나라를 포함, 대부분의 국가에서는 가장 먼저 정부 차원에서의 관리 노력이 개시된다. 개별 명칭이야 상이할 수 있겠지만, '위기대응 시스템'이 즉각 가동되며 다양한 T/F 형태의 정부 기구가 신속하게 발족되기도 한다.

우리나라의 경우, 신종 감염병이 감지되고 위기경보 수준이 '주의'로 설정되는 순간 질병관리본부에 설치되는 중앙방역대책본부가 있으며, 정보와 업무의 공유는 있지만 상이한 특성을 유지하는 행정안전부 산하 중앙재난안전대책본부도 존재한다. 소속과 구성원 모두 다르겠지만, 국가에 닥친 공통의 위기상황 극복을 위해 협업하며 해결의 방법을 찾는 주요 기구인 것이다.

위기를 '관리'함은, 어의語義에서 느껴지는 것처럼 단일 주체나 핵심적 인물들에 의해서만 수행될 수는 없으며, 사회 내 개별 주체들의 촘촘한 협업이 전제되어야만 성과를 논할 수 있다. 위기관리의 가장 대표적 주체로서 정부와 정부의 역할에 대해 언급하였지만, 사회에 속한 다수 혹은 모든 구성원들은 내용과 정도에 있어 너무나 다양한 층위와 차이에 걸쳐 위기의 관리에 참여하게 된다는 뜻이다(유현재·유명순, 2019). 결국 '위기의 관리'란, 특정 사안이 발생하기 시작한 것은 현실이지만, 적절한 노력을 투입하여 피해를 최소한으로 줄인 상태에서 일상으로 빠르게 복귀하려는 일종의 '사회적 면역체계social vaccine'에 준하는 반사적 노력이다.

금번 COVID-19 사태에서 확인되듯, 기본적이고 물리적인 차원

〈그림 6-4〉 보건 위기 시 주요 관여자

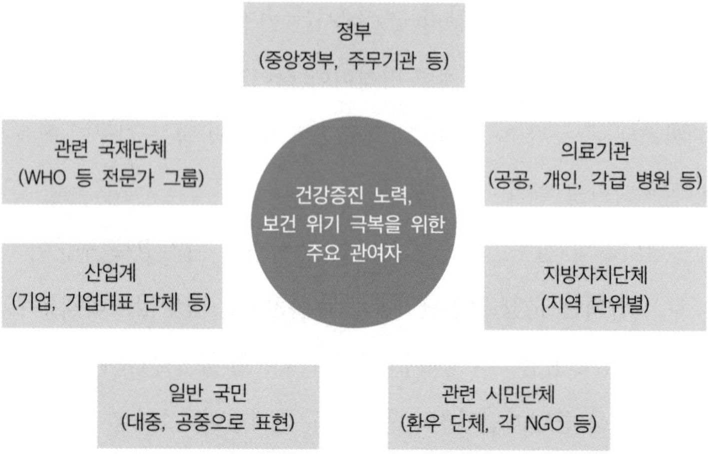

정부
(중앙정부, 주무기관 등)

관련 국제단체
(WHO 등 전문가 그룹)

의료기관
(공공, 개인, 각급 병원 등)

건강증진 노력,
보건 위기 극복을 위한
주요 관여자

산업계
(기업, 기업대표 단체 등)

지방자치단체
(지역 단위별)

일반 국민
(대중, 공중으로 표현)

관련 시민단체
(환우 단체, 각 NGO 등)

에서의 방역은 정부와 주무기관, 의료진, 담당 공무원, 지자체 등
핵심 주체들이 기능을 시작하지만, '일반 국민'으로 표현되는 너무
나 다양한 사람들 또한 위기관리에 있어 명확하고 적극적인 주체가
되어야만 방역 성공이 가능하다(최보율, 2017). WHO와 CDC 등
보건의료 전문가 그룹은 평소 건강증진을 위한 노력은 물론 특정 보
건 위기 시 극복을 위해 참여해야 하는 주체이자 핵심 관여자들stake-
holders을 〈그림 6-4〉와 같이 설정하고 있다.[1]

위기관리에 필수적인 영역에 대한 이해는 사회의 개별 주체가 담
당해야 하는 사안들에 대한 구별과 적절한 역할 분담에 대한 논의도

---

1 국내외 보건의료 관련 주요 전문가 단체들은 보건 위기 시 개별 주체의 합리적 역
   할, 주체 간 유기적 협업에 의한 시너지를 지향하는 거버넌스의 중요성이야말로
   위기 극복 노력에 있어 매우 핵심적인 요소임을 밝히고 있다.

가능하게 한다. 즉, '위기의 관리'라는 공통적이며 포괄적인 목적하에, 과연 어떠한 부분으로 직능화될 것인가에 대한 분석 템플릿이 될 수 있다는 의미이다(송동근·민귀홍·진범섭, 2016). 다양한 차원에서의 위기관리는 전체 보건 위기 극복의 필요충분조건이 된다. 구체적인 개별 영역의 예를 들어 보면, 효율적인 의료의 집행, 정책측면에서의 신속한 보완과 실행, 국가 간 협력의 천명과 신속한 수행, 개인 차원의 방역노력에 대한 국민의 적극적 협조 등이 존재할 것이며, 사안별 특성에 맞는 위기관리가 실행되어야 한다. 이러한 영역들에 덧붙여, 위기관리의 또 한 가지 핵심적 사안으로 이 장의 핵심인 '소통' 측면의 위기관리, 즉 리스크 커뮤니케이션risk communi-cation이 있다. 보건 위기 시 사회 내 개별 구성원 혹은 주요 주체 간에 이루어지는 다양한 소통활동은 위기의 궁극적인 극복을 위해 필수적 요건이 되기 때문이다(이현우·손영곤, 2016; 한창현·유현재·정휘관·한택수·서영지, 2018). 소통의 효율성과 정확성, 시의적절성, 공공성 추구 여부에 따라 피해의 최소화 혹은 피해의 증폭이 가능함은 이미 세계 각국에서 발생한 다양한 보건 위기 사례들을 통해 검증된 바 있다(송동근·민귀홍·진범섭, 2016). 특히 우리나라를 포함, 많은 국가들의 공통 화두가 되고 있는 다 매체 혹은 과다 매체의 시대적 환경을 감안한다면, 보건 위기 시 적절하고 효과적인 소통활동의 진행이 일상으로의 복귀에 매우 유의미하게 공헌할 수 있음은 부인하기 어렵다(강석현·박건희·최지현, 2019).

그렇다면, 보건 위기 시 사회 내 소통을 수행하는 가장 중요한 주

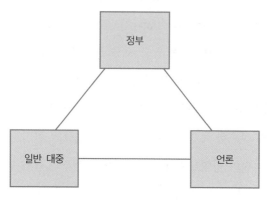

〈그림 6-5〉 보건 위기 시 주요 소통 주체

체들은 어떻게 분류할 수 있을까. 다소 간단한 분류일 수 있겠으나, 위기 시 소통communication에 있어 가장 방대한 지분을 갖는다고 판단되는 주체들은 〈그림 6-5〉와 같이 정리할 수 있을 듯하다.

가장 먼저 '정부'를 명시할 수 있다. 사실 '정부'라는 용어는 필요 이상의 포괄적 의미로 해석될 가능성이 있어 '주무기관'이 더욱 명확할 수도 있다. 우리나라의 경우 감염병 위기와 같은 보건 위기에 있어 대표적 주무기관으로 보건복지부가 존재하며, 독립기구로 추후 발족하게 될 현재의 질병관리본부가 있다. 물론 중앙 주무기관들과 면밀한 협업과 단독 과업을 병행하며 다양한 사안을 처리 및 극복해야 하는 각 지자체들의 역할 또한 아무리 강조해도 지나침이 없다. 역할과 단위, 설치 근거와 소재 위치도 모두 상이하겠지만, 소통의 주요 당사자이자 대상자인 국민의 입장에서 볼 때는 앞에서 언급한 주체들이 모두 '국가', '관' 혹은 '정부'로 동일하게 받아들여지는 경우도 분명히 존재한다. 광의의 개념으로는 '정부'의 범주 안에 포함될 수도 있는 주체들이라는 뜻이다.

위기 소통에서 또 하나의 주요한 주체라 할 수 있는 '일반 국민'은 많은 경우 관련 정보들이 전달되는 대상자이겠으나, 한편으로는 '여론'이라는 이름으로 위기관리에 결정적 역할을 담당한다고 하겠다. '대중' 혹은 '일반 국민'도 앞서 분류한 '정부'처럼 매우 포괄적인 범위의 주체로 이해될 수 있기는 하다. 하지만 이는 '대중'의 가장 중요한 특성인 추상적이고 모호한 경계라는 측면에서, 어쩌면 당연한 정의가 될 수도 있을 것으로 판단된다. 예를 들어, 동일한 개인이라 하더라도 담당하는 사회적 역할에 의해 정부 혹은 여타 주체에 속할 가능성도 있고, 사회적 역할을 수행하는 개인과 그 외 역할을 수행하는 개인 혹은 대중은 전혀 다른 견해와 행동을 할 가능성도 높아 전반적인 이해가 필요하기 때문이다.

세 번째로 정부와 일반 국민의 사이에, 혹은 매우 독자적으로 존재하는 주요 그룹으로서 미디어 혹은 다소 미시적 차원에서 '언론'으로 부르는 영역이 있다. 위기의 관리, 위기 소통의 핵심적 존재로서 가공할 영향력을 보유하며, 매체의 수와 콘텐츠가 가공할 수준인 현 사회에서는 특히 주목해야 할 주체이다.

언론은 정부가 발표하는 정보, 혹은 정부가 간과하고 있는 정보와 시각 등을 가감하여 국민들에게 공표하는 역할을 수행할 책무를 가지고 있으며(최영재, 2014), 역으로 국민들의 목소리를 합리적으로 수집하여 정부에게 전달하는 임무도 담당해야 하는, 너무나 중요한 영역이다. 따라서 국민과 정부 간 혹은 국민 간을 비롯한 다양한 주체들 사이에서 위기관리와 사회적 극복에 필요한 소통을 주도하고 지원하는 윤활유 혹은 매개media의 역할을 담당하는 주체인 것이다.

이 같은 광범위한 역할과 막대한 영향력에 근거하여, 언론은 보건 위기에서 피해의 최소화를 위한 주요 변수가 될 수도 있지만, 때로는 불필요한 혼란을 부추기는 심각한 자극제로 기능할 수 있다는 시각도 다수 존재한다(김병철, 2019; 유현재, 2020b; 한국헬스커뮤니케이션학회, 2020). 언론의 역할은 특히 위기 시점, 그중에서도 사회 구성원의 건강 및 안위와 직결된 보건 위기 상황에서 더욱 극대화되는 것으로 알려져 있다(송동근·민귀홍·진범섭, 2016). 사람들이 경험하는 미디어와 개별 콘텐츠에 대한 접촉횟수는 물론, 관여도 측면에서도 급증하게 되며, 심지어 유사한 내용이나 동일한 주제임에도 불구하고 매우 반복적으로 미디어를 소비하는 사례도 관찰되기 때문이다(송동근·민귀홍·진범섭, 2016). 이는 곧 언론이 제공하는 정보에 대한 대중의 의존도가 일반적 시기에 비해 극적으로 상승하는 결과로 이어진다는 의미이다.

그렇다면, 이처럼 보건 위기 소통에 있어 결정적 영향력을 보유한 언론에게 사회는 어떠한 특성 혹은 덕목을 감히 요구할 수 있을까. 사실 보건 위기에만 국한시켜 배타적으로 요청할 수 있는 특성이라고 할 수는 없겠으나, 공공公共 혹은 공공의 가치, 사회 구성원 다수의 편익을 추구하는 거시적 시각에 대한 요구는 매우 마땅하다고 판단된다. 이는 영향력을 보유한 주체에게 그에 준하는 책임을 부여하는(예: 노블리스 오블리제noblesse oblige) 민주사회의 전통적 운영원리 혹은 상식적 철학으로도 명분이 있겠으며, 특히 영향력이 폭증하는 시점에서는 더욱 강력하게 요청할 수 있는 사회적 역할이 아닐까 싶다.

물론 언론은 공적 주체public figure인 동시에 엄연한 사적 영리 주체이기에, 공공성 혹은 공공이 추구하는 가치를 얼마나 요구하는 것이 현실적인지에 대한 논의를 제기할 수는 있겠다. 하지만 초유의 보건 위기라는 현 상황에서는 언론에게 단기적 혹은 장기적 관점에서 충분히 요구할 수 있는 역할이자 의무라고 믿는다. 이는 공공성에 대한 일부 정의만 살펴봐도 더욱 명확한 명분을 가질 수 있다.

공공성이란 한 개인이나 단체가 아닌 일반 사회 구성원 전체에 두루 관련됨을 말한다. 그러므로 이 개념은 가치적인 뜻을 내포하는 것이 아니라 영향력의 범주와 관련되는 것이다. 그런데 영향력의 범주를 지시함으로써 수반되는 공공성을 지닌다면, 이에 따라 반드시 지켜야 할 가치 속성 기준이 따라오게 된다. 즉, 개인이나 일부에 국한된 사적인 문제가 아니라 사회 구성원 전체에 두루 관련되는 위치에 있는 것이라면, 사적일 때 허용될 수 있는 임의성이나 결함들이 큰 문제가 된다는 가치기준이 뒤따르게 되는 것이다. 그렇게 본다면 공공성은 사적 이익 추구와 상반되며 우리 사회 전반을 관통하는 공익의 가치를 지녀야 한다는 점이 중요 속성으로 일컬어질 수밖에 없다. 그리고 공익의 가치에 대해 언급하기 위해, 공공의 사회적 가치 실현은 무엇이며 사회적 책임이란 어떻게 규명될 수 있는지 논의할 거리가 많을 것이다.

— 김미형, 2020

위 정의와 기술을 참고하여, 전폭적이거나 압도적인 합의는 아니라도, 언론이 보유해야 하는 공공성 혹은 공공에 대한 책임은 어느 정도 수긍이 가능한 명제가 될 것이라 믿는다. 특히 '전대미문'이라는 클리셰cliché를 자꾸 사용해야 할 만큼 심각한 위기가 도래한 현 시점에서 언론이 수행해야 하는 공공성에 대해 특별한 이견은 없을 것이라 판단한다는 뜻이다.

그렇다면, 최근 COVID-19 시기에 활동 중인 주요 언론들이 과연 위의 기술에 준하거나 혹은 일정 수준으로 부합하는 공공성을 내재한 기사를 생산했는지 살피는 작업은 중요한 의미를 갖는다. 공공성이 적용된 기사들에 대해 대중이 보일 수 있는 주요 반응(예: 신뢰성)을 기준으로 논의를 전개해 보면, 현재의 언론 상황에 대한 정확한 파악이 가능할 것이라 생각한다.

3. 먼저, 신뢰를 잃은 언론

언론이 공공성을 견지하고, 공공에 대한 책임을 중요하게 생각하며 콘텐츠 생산을 지속할 때 대중이 개별 언론 혹은 언론 전반에 보내는 감정은 어떤 것일까. 가장 먼저 예상되는 대중의 반응은 신뢰 credibility가 아닐까 한다. 동일한 우리말로 번역되지만, 더욱 장기적인 믿음이나 감정에 방점을 두는 'trust' 또한 경험할 수 있을 것이다. 공공의 가치를 겉으로만 표방하는 것이 아니라 실제 기사에도 지속적으로 적용함을 대중이 장기간 경험할 경우 'trust'에 준하는 반응을 보유할 가능성도 높아지기 때문이다.

신뢰, 혹은 신뢰감은 "굳게 믿고 의지함, 곧 의지하는 마음"이며, 기본적으로 특정 상대에 대해 기대하는 바가 예외 없이 준수되는 예측 가능성 높은 상태를 경험하며 생기는 마음이다. 지극히 사적인 이익 추구에만 몰두하지 않고, 본분으로 설정한 임무 혹은 책임에 대해 지속적으로 준수하는 행위를 향해 보내는 긍정적 감정인 것이다. 대중은 이 같은 존재에 대해 대체로 의지하는 반응을 보일 것이다. 그렇다면, 대중은 최근 발생한 COVID-19 사태에 즈음하여 우리의 주요 언론이 보여 준 활동에 대하여 어느 정도의 신뢰감을 느끼고, 나아가 의지했을까.

COVID-19 확진자가 최초 발생한 시점에서 현재에 이르기까지, 다수의 기관과 연구자들은 이 사안과 관련된 설문조사를 진행하고 있다. 먼저, 서울대 보건대학원 유명순 교수 연구팀과 한국리서치는 지난 5월 22일 기준으로 총 5차에 걸쳐 '코로나-19 국민 인식조사'를 조사하여 결과를 발표하고 있다. 발표된 연구결과를 통해, 이 장에서 주로 논의하는 소통의 핵심 주체들은 물론 보건-의료 관련 기관과 청와대, 각 지자체 등 위기관리 전반에 참여하는 주체들에 대한 국민들의 신뢰 정도를 파악할 수 있다.

일단, 국립중앙의료원과 공공보건 의료기관들에 대한 신뢰감 정도는 설문조사 회차에 관계없이 꾸준히 높은 수준을 유지하였다(서울대 보건대학원, 2020년). 관리의 주체이자 소통의 주체 성격이 강한 질병관리본부와 보건복지부에 대한 신뢰도는 더욱 높은 수준이었다. 보건복지부의 경우 COVID-19 초기에 파악한 국민 신뢰도는 다소 낮은 수준이었지만, 회차를 거듭하며 지속적으로 상승하는 모습을 보였다. COVID-19 관련 정기브리핑을 담당하는 질병관리본부는 질문 대상 가운데 가장 높은 신뢰감을 보이는 것으로 파악되었다(서울대 보건대학원, 2020).

청와대의 경우, 보건복지부와 마찬가지로 COVID-19 초기에 낮은 신뢰 수준으로 출발했지만 지속적으로 회복하는 모습을 보였다. 지방자치단체 또한 전체적으로는 상승세를 보인 것으로 나타났다. COVID-19 초기 대구 등 특정 지역에서 집단감염이 유행하며 대응과 처리에 대해 국민들의 비판이 몰리기도 했으나. 시간이 경과하며 신뢰의 수준이 꾸준히 높아지는 경향을 보인 것이다(〈그림 6-6〉).

하지만, 주요 소통 주체들의 신뢰도가 전반적으로 상승 혹은 높은 수준을 유지한 경향과는 달리, 조사 회차에 상관없이 일관되게 매우 낮은 신뢰감을 기록한 대상이 바로 '언론'이었다(〈그림 6-7〉). 언론의 경우 신뢰감 수준이 질병관리본부의 30%, 지방자치단체의 50% 수준에 머무른 결과도 관찰될 정도였다. 심지어 제1차 인식조사가 진행된 2월에는 약 33%의 응답자가 언론을 '매우 또는 다소 신

<그림 6-6> 관련 기사 (<프레시안>, 2020.3.4.)

코로나19 한달, 국민 10명 중 8명 방역당국 신뢰한다

"국민 '분노' 높아지고 '일상이 정지됐다' 호소"

이명선 기자 | 2020.03.04. 10:55:16

코로나19 사태가 한 달 이상 지속되고 있는 가운데 방역당국과 정부에 대한 신뢰는 올라간 반면, 청와대어

서울대 보건대학원 유명순 교수(한국헬스커뮤니케이션 학회장) 연구팀이 한국 리서치에 의뢰해 2월 25~

조사에 따르면, 응답자의 81.1%가 질병관리본부를 신뢰한다고 밝혔다. 2월 첫째 주(1월 31일~2월 4일) 1차

또 정부의 위기대응을 영역별로 평가하도록 질문한 결과, 응답자의 49.1%가 검역을 '잘하고 있다'고 답해
43.8%보다 14.1%포인트 증가한 57.9%가 긍정적으로 평가했다.

<그림 6-7> 관련 기사 (<서울신문>, 2020.3.31.)

"언론만 빼고"...한국 코로나 대응 신뢰도 높아져

입력 : 2020-03-31 11:32 | 수정 : 2020-03-31 11:32

▲ 밥차와 함께... 질병본부 찾은 文대통령
문재인 대통령이 11일 저녁 충북 청주에 위치한 질병관리본부를 깜짝 방문해 정은
경(왼쪽 두 번째) 본부장 등 직원들을 격려했다. 문 대통령은 이날 '밥차'를 준비해
가 직원들과 저녁식사를 함께했다.
청와대 제공

코로나19와 관련 공적 주체들에 대한 국민들의 신뢰도가 상승하고 있다. 언론만이 신뢰도가 계속 하
락하고 있다.

31일 서울대 보건대학원 유명순 교수(한국헬스커뮤니케이션 학회장) 연구팀이 지난 25~28일 한국리
서치에 의뢰해 전국 1000명을 대상으로 한 3차 '코로나19 국민 위험인식 조사' 결과 국민 10명 중 8
명은 한국의 신종 코로나바이러스 감염증(코로나19) 대응 수준이 중국이나 이탈리아, 일본, 미국 등

뢰한다'는 응답을 제공했지만, 4월에 진행된 4차 조사에서는 동일한 응답이 약 29%대로 더욱 떨어지는 흐름을 보였다. COVID-19 상황이 시간이 경과하며 다소 안정 혹은 관리 가능 국면으로 접어들던 시기에도 유독 언론만은 단 한 차례의 예외도 없이 주요 사회 영역 중 가장 낮은 신뢰감을 받은 것이다(〈그림 6-7〉).

다시 한 번 언급하지만, 인식조사가 회차별로 진행되던 시기 우리나라의 상황에는 결코 부정적 변수만 발생한 것은 아니었다. 확진자 증가세가 둔화되거나 정체되는 상황도 관찰되었으며, 사회적 거리두기가 완화되고 선거도 진행되었다. 또한 스포츠 경기가 재개되는 등 제한적이지만 일상으로의 복귀도 가시화되었다. 국제적 상황과 비교해도 우리의 방역상황은 개방사회에서의 모범이 될 만큼 안정적 상황을 경험한 시점도 있었다. 상황의 개선은 일반 국민들이 사회의 각 주체들에게 보내는 신뢰감이 전반적으로 높아질 수 있는 배경이 되었을 것이다.

그럼에도 불구하고 지속적으로 관찰된 사람들의 언론 불신 경향은 결국 다수의 사회 구성원들이 언론에 대해 근본적으로 매우 부정적인 이미지를 가지고 있다는 해석 말고는 도대체 설명할 방법이 없어 보인다. 유사한 시기에 진행된 한국언론재단의 조사와 한국리서치의 연구를 통해서도 언론에 대한 국민들의 신뢰가 충분하지 않음을 다시 한 번 확인할 수 있었다(한국리서치 주간리포트, 2020).

보건 위기 시 자동적으로 증폭되는 언론의 영향력은 엄연한 현실로 받아들이겠지만, 대중은 언론이 그 위상과 역량에 부합하는 책임을 충분히 수행하지 않는 것으로 여겼다고 판단된다. 이 같은 결과는 언론에게는 물론, 언론에 둘러싸여 전적으로 의지할 수밖에 없는 우리 사회 구성원 모두에게 매우 불행한 일이다. 그렇다면 신뢰의 불충분 혹은 결여라는 성적표를 받아 든 언론은 도대체 어떠한 양상을 나타냈기에 이토록 불신을 받는가. 배경을 추적해야 할 순서이다.

4. 보도준칙의 존재, 하지만 외면

앞서 소개한 설문조사 결과는 언론에 대해 대중이 일관되게 표현한 불신의 구체적 배경과 심층적 이유는 제공하지 못하는 한계가 있다. 따라서 COVID-19 위기에서 언론이 보인 실태에 대해 일부 사례들을 중심으로 파악하여 분석 및 논의함으로써 대중의 불신을 초래한 근본 원인에 대해서 유추해 볼 수 있을 것이다. 국민들의 신뢰 하락, 혹은 하락의 지속 등에 대한 배경과 근거를 구체적으로 파악하는 작업이야말로 근본적인 개선과 대안 제시를 위한 시사점을 제공할 수 있기 때문이다. 결국 수차례에 걸쳐 진행된 설문조사에서 파악된 언론에 대한 낮은 신뢰는 '현 상황의 해결에 도움이 되지 않는다', '일부 언론은 차라리 혼란만 부추긴다', '윤리적으로도 바르지 않아 보인다' 등의 의견으로 해석할 수 있지 않을까. 반드시 변화와 개선이 필요하다고 믿는다.

언론에 대한 저조한 신뢰감, 이러한 현실에 대한 구조적·이론적 고찰은 추가적 노력이 필요한 부분일 것이다. 하지만 일단 낮은 신뢰감에 대한 대략적 분석과 논의는 기자들이 스스로 제작하여 준수를 천명한 '준칙'의 검토를 통해 시작할 수 있지 않을까 생각된다. 감염병 위기 시 기사와 보도에 대해 언론인들이 관련 전문가들과 협업하여 만든 '준칙'에서 강조한 가치의 상당 부분이 공공성의 회복과 공공가치의 추구에 기반하기 때문이다(이귀옥, 2015). 이는 개별 준칙 발표 시 작성 주체가 밝힌 취지와 전문 등에 나타나는 지향점이기도 하다. 보건 위기 시 특정 사안들에 대한 개별 언론사와 기자들의 의견이야 당연히 다르겠지만, 사회에 공동으로 닥친 위기를 극복하자는 공공성 추구 차원에서 일정한 원칙에 의해 기사를 작성하자는 약속이었던 것이다(KBS, 2020). 따라서 주요 준칙에 포함된 항목들이 이번 COVID-19 기사 및 보도에서 얼마나 준수되었는지 파악한다면, 최근 대중이 보내는 낮은 신뢰에 대한 이유를 파악하는 데 상당한 배경을 제시할 수 있을 것이라 믿는다.

COVID-19가 우리나라에 본격적으로 발생한 2020년 1월 이전, '보건 위기'와 관련하여 일선 기자들의 약속하에 작성된 대표적 준칙은 두 종류가 존재한다.

먼저, 2012년 보건복지부 출입기자단과 한국헬스커뮤니케이션학회가 공동으로 연구하여 제작한 '감염병 보도준칙'이 있다. 이 준칙은 보건복지부가 발주한 연구용역을 한국헬스커뮤니케이션학회가 수행하는 과정에서 전문성을 가진 기자들이 실제 연구에 참여하여 함께 작성한 성과물이다. 2012년 시점에서, 이전의 사스나 A형 독감 유행 시 언론이 생산한 기사와 보도가 초래한 부정적 파급력 등을 지적하며 원칙을 천명한 것이다. 이 감염병 보도준칙의 가장 중요한 의의는 제정 당시 감염병 위기 관련 주무부처에 출입하는 일선 기자들과 언론과 과학, 의료 등에 전문성을 가진 교수들이 모인 학술 집단이 장기간 협업하여 만든 최초의 준칙이라는 점이었다(이귀옥, 2015).

기자와 연구자들은 감염병 관련 보도에서 반드시 유념해야 하는 주제를 7개로 구분하였으며('감염병 보도의 정확성', '감염병 보도의 일반 사항', '신종 감염병의 불확실성 관련 보도', '감염병 관련 연구결과의 보도', '감염 가능성에 대한 보도', '감염인에 대한 보도', '감염병 보도에서 주의가 필요한 표현'), 각 주제에 대한 추가 설명과 함께 참고할 수 있는 실제 기사 사례들도 포함시켜 기자들의 이해를 도왔다.

결국 준칙의 핵심은, 언론이 대중에게 제공하는 다양한 순기능에도 불구하고 감염병 유행이라는 사회적 보건 위기가 찾아왔을 때 언론이 파생시킬 수 있는 불필요한 혼란과 추가적 피해를 예방하자는 것이었다.

또 한 가지 가이드라인으로는, 감염병에 특화된 사항으로 구성되어 있지는 않지만 다양한 '재난'이 발생했을 때 언론이 공통적으로 준수해야 할 내용으로 합의된 '재난보도준칙'(2014년)이 있다. 재난보도준칙은 세월호 사건이 발생한 2014년 4월 이후 기자들의 자체적인 발의와 노력에 관련 전문가들이 호응하여 합의를 이끌어 낸 것

으로 평가받는다. 당시 제정에 참여한 단체는 한국기자협회와 한국
신문협회, 한국방송협회, 한국신문방송편집인협회와 한국신문윤
리위원회였으며, 다수의 그룹이 준비한 만큼 내용의 포괄성과 구체
성이 특징적이었다. 또한 재난 보도 시 기본적으로 준수해야 하는
'일반 준칙'으로서, 신속한 정보의 전달과 더불어 새롭게 발생할지
모르는 추가 피해를 예방하기 위한 사전 정보 등을 제공해야 한다고
명시하였다. '국민의 눈높이'에서 꼭 필요할 것으로 판단되는 생활
정보와 행동요령도 반드시 효과적으로 전달해야 한다는 원칙도 포
함되었다. 재난관리 당국이나 관련 기관의 공식발표에 근거하지만,
발표의 진위와 정확성에 대해서는 최대한의 검증을 거쳐 보도해야
한다는 언론의 적극적 역할도 강조하였다. 피해자의 인권 보호, 취
재대상의 초상권과 사생활 침해에 대한 사항도 명시했으며, 무리한
취재는 지양하고 취재진의 안전이 필수 사항이라는 사실도 빠뜨리
지 않았다. 유언비어의 발생과 확산을 경계하고, 단편적이고 선정
적인 보도를 지양하며, 무리한 보도 경쟁을 자제해야 한다는 실천
원칙도 기술했다. 더욱 인상적인 부분은, 언론인 스스로 일련의 원
칙들을 성실하게 실천할 것을 다짐한다는 내용이 별도로 명시되어
있다는 점과, 본 준칙의 제정에 참여했거나 준칙에 동의하는 언론사
의 기사나 보도가 준칙을 어겼다고 판단될 경우 제재 조치를 진행하
겠다는 '사후조치' 항목도 밝혀 둔 점이다. 선언적 의미에 더해 구체
적으로 준수하겠다는 기자들의 의지가 반영된 부분이라 판단된다.

하지만, 이러한 두 가지 준칙에 포함된 상세 항목들을 활용해 엄

<그림 6-8> '유령' 등 자극적 용어가 사용된 기사 사례

발길 끊긴 쇼핑몰·영화관...우한폐렴 공포에 유령도시로 변한 서울 상권
서울 강남의 대형 쇼핑몰이 중국발 신종 코로나 바이러스 감염증(우한 폐렴)에 대한 두려움으로 소비자 발길이 끊기고 있다. 9일 찾은 서울 삼성동 코엑스몰은 일요일임에도 불구하고 .
경제 | 박용선 기자, 진상훈 기자 | 2020.02.09

우한폐렴 공포에 '유령도시' 된 서울... 휴일에도 쇼핑몰·영화관 텅텅 비어
9일 일요일 점심시간을 앞둔 오전 11시 30분 서울 중구 신세계백화점 본점 지하 1층 식당가. 마스크를 쓴 손님이 음식을 주문하고 있었다. 평소 점심시간에 줄을 서지 않으면 음식.
조선비즈 > 산업 > 기업 | 박용선 기자, 진상훈 기자 | 2020.02.09

19번째 확진자 다녀간 송도, '유령도시'로 변했다
"확진자 다녀간 소문 퍼지자 매출 70~80% 급감" 신종 코로나바이러스 감염증(우한 폐렴) 19번째 확진자(36세 한국인 남성)가 다녀간 것으로 확인된 인천 송도국제도시가 '유령도시'를
사회 > 사회일반 | 황민규 기자 | 2020.02.07

서울지하철 5일간 226만명 뚝, 명동 백화점 매출 3분의1 토막 (A05면)
우한 폐렴(신종 코로나 바이러스 감염증) 공포가 확산되면서 서울을 비롯한 전국 곳곳이 유령 도시처럼 변해가고 있다.
사회 > 사회일반 | 이해인 기자, 이지윤(연세대 UIC 경제학과4년) 인턴기자, 이영관(서울대 정치학과4년) 인턴기자
| 2020.02.07

밀한 조사를 하지 않더라도, 이번 COVID-19 시기 집행된 일부 보도들을 검토할 경우 너무나 빠르게 각종 위배 사례들이 발견된다. '자극적이며 과장된 표현'(예: 패닉, 창궐 등)은 필요 이상의 불안을 조장할 수 있기에 삼가 달라는 요청은 양 준칙에 명시된 대표적인 요청사항이었다. 하지만 <그림 6-8>을 보면, COVID-19가 본격화되던 시기임을 십분 이해해도, '유령', '유령도시' 등 준칙에서 자제를 희망한 전형적 표현들을 매우 반복적으로 사용하였음을 알 수 있다. 이는 동료 기자들의 합의에 대한 철저한 외면인 것이다.

또 한 가지 대표적이며 공통적인 합의 사항은 '무리한 경쟁에 의한 취재 대상의 사생활 침해나 초상권 및 인권에 대한 무시 경향을 경계해야 한다'는 것이었다. 하지만, COVID-19 초기 중국 등 현지 교민

〈그림 6-9〉 관련 기사 (YTN, 2020.2.1.)

들의 본국 송환이 이루어지던 시기 등장한 기사 및 보도를 보면 이에 대한 외면 또한 쉽게 찾아볼 수 있다. 아산, 진천 등 소도시 외곽에 위치한 격리 및 보호시설에 달려간 다수의 언론은 어떻게든 '꺼리가 되는' 사진과 영상, 스토리를 만들기 위해 혈안이 된 모습을 보인 것이다. 이 과정에서 준칙의 핵심 항목들은 또 다시 무시되었다. 〈그림 6-9〉를 보면, 현지의 심사 단계부터 입국 과정까지 극도의 피로감을 경험했을 교민들을 향해 망원렌즈를 겨누며 소중한 사적 권리들을 침해하는 시도를 했음을 알 수 있다. 시설에 입소하는 순간부터 짐을 정리하는 모습, 잠시 창문을 열고 베란다로 나온 모습 등은 모두 언론이 잡아 낸 그림들이었다. 흐릿하게 표현하는 등 안전장치를 적용한 경우도 있었으나, 취재 대상의 인권과 초상권에 대한 침해 소지가 다분한 사례들이 다수였던 것이다. 심지어 내부 교민을 정보원

으로 삼아 시설 내부 구조를 친절하게 안내도 하고, 확인되지 않은 내부의 일상을 기사에 활용하여 흥미 위주의 구성을 만드는 기사와 보도도 다수 있었다.

재난보도준칙에 포함된 또 하나의 항목 중 '감정적 표현 자제' 부분을 보면, 보건 위기 시 " … 가급적 개인적인 감정이 들어간 즉흥적인 보도나 논평은 하지 않으며, 냉정하고 침착한 보도 태도를 유지한다. … 공포심이나 불쾌감을 줄 수 있는 용어는 사용하지 않는다"는 약속이 존재한다. 세상에 어떠한 콘텐츠도 개인적이지 않은 경우야 없겠으나, 사회가 공동으로 견뎌 내는 위기 시 언론의 영향력과 대중의 의존을 감안하여, 기자의 개인적 감정이나 소회보다 객관적이고 공공적인 가치를 지향해야 한다는 요청이었을 것이다. 하지만 〈그림 6-10〉 기사의 경우, 물론 서술의 근거는 엄연히 존재하지만, 매우 개인적인 경험과 감정을 기사의 중요 골자로 삼았다고 판단된다. COVID-19의 발원지가 중국이었고, 지역적으로 주변국인 탓에 비행기에서 만난 옆자리 미국인과의 관계 속에서 설명이 난감한 감정이 교차했을 것은 당연하지만, 우리나라의 대표적 언론사, 언론인이 지극히 개인적인 경험을 토대로 기사를 생산한 사례로 보이는 것이다. 동료 기자들이 정한 공동 원칙을 외면했을 뿐만 아니라, 매일을 근근이 버티고 있는 대중에게도 참으로 힘 빠지는 기사는 아니었을까. 기사의 말미에는 친절하게도 얼굴을 덮고 있는 인물을 삽화로 붙임으로써 '미안함'이라는 주제를 다시 한 번 부각시키기까지 했다. 해당 기사에 대한 여타 언론사와 동료 기자들의 부정

〈그림 6-10〉 관련 기사 (〈중앙일보〉, 2020.3.4.)

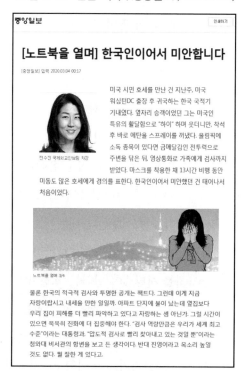

〈그림 6-11〉 관련 기사 (〈고발뉴스〉, 2020.3.6.)

적 반응 또한 기사화되었다(〈그림 6-11〉). 이 같은 상황을 지켜보는 독자는 더욱 허탈해지지 않았을까 싶다.

5. COVID-19 중 자정 호소, "언론의 공적 책임에 대한 촉구"

COVID-19가 본격화되며 관련 사안들을 다루는 보도의 양은 극도로 증가하였다. 동시에, 일부 언론의 행태에 대해 문제 제기를 하며 개선을 요구하는 사례 또한 다양한 방식으로 나타났다. 기사와 보도를 직접적으로 소비하는 일반 대중이 언론에 대해 느끼는 불신감 등 부정적 감정이 설문조사를 통해 파악되기도 했으며(서울대 보건대학원, 2020), 앞서 일부 사례를 통해 언급한 것처럼 특정 언론이 생산한 기사를 비정상적 사례라고 지적하며 비판하는 또 다른 기사들도 관찰되었다.

더불어, 준칙상 주요 항목은 아니지만, 특정 신종 감염병의 명칭에 지역이나 국가 이름, 인종 등을 활용하지 말 것을 요청한 WHO의 권고를 무시하는 기사들(〈그림 6-12〉)에 이어, 해당 기사들을 비판하는 사례들 또한 나타났다(〈그림 6-13〉). 결국 언론이 동료 언론인들의 보도 실태를 고발하며 수정 혹은 자제, 자정을 촉구하는 방식이 독자들에게 자주 노출되었다는 의미이다. 이 같은 '언론 상호 간 비판'을 건강하고 자유로운 논의의 측면으로 판단할 수도 있겠으나, 하루하루 감염 우려를 이겨 내며 버티고 있는 국민들 입장에서는 불필요한 사회적 낭비를 보는 듯한 아쉬움도 느낄 수 있지 않을까 싶다.

선정적이며 자극적인 접근을 포함, 참으로 다양한 형태로 준칙 항목들을 위배하는 기사들이 쏟아졌으며, 해당 기사들을 비난하는 기사에 그 비난 논리를 다시 되받는 기사의 등장까지 상당히 혼탁하

〈그림 6-12〉 감염병 명칭에 특정 지역을 사용한 기사 사례들

〈그림 6-13〉 관련 기사 (KBS, 2020.2.14.)

게 느껴지는 현실에 대해 기자 사회 내부로부터 자정 요청이 마침내 등장했다. 지난 3월 3일, 한국기자협회 김동훈 회장은 "기자협회장이 기자 회원들께 드리는 긴급 호소문"라는 제목하에 동료 기자들을 향한 편지 형식의 글을 전달한 것이다. 호소문이 전달된 시기는 대구 지역에서 집단감염이 발생하던 때이며, 대구 지역의 일선 기자가 취재 도중 COVID-19에 감염되었다는 안타까운 소식이 전해진 시점이었다.

김동훈 회장은 먼저, 일선 기자들이 가장 신경 써야 할 사안은 '스스로의 안전'이며, 마스크 착용 등 개인 방역을 챙기며 취재에 임할 것을 간곡히 요청하였다. 일선 기자의 안전은 앞서 언급한 재난보도준칙에도 포함된 기본적인 원칙임을 다시 한 번 환기시킨 것이다. 더불어, 이번 COVID-19 위기 중 일부 언론의 행태들이 사회 혼란과 분열의 주요 변수가 되고 있음을 지적하며, "국론 분열을 선동하는 보도, 인권 침해 및 사회적 혐오와 불안 조성 등과 과도한 공포를 유발할 수 있는 자극적 보도를 자제해 주길 …" 희망한다고 밝혔다. 본인도 언론인이며 동료이지만, 보건 위기라는 특수한 상황에서 언론의 선도적 역할과 공공의 가치 추구에 대해 다시 한 번 생각해 달라는 호소인 것으로 이해되었다. 그는 물론 '준칙'의 존재에 대해서도 강조하였다. 이미 수년 전 작성된 감염병 보도준칙과 재난보도준칙 등 관련 가이드라인은 있었지만, COVID-19 발생 이후 지난 1월과 2월에 기자협회가 '코로나-19 보도준칙'을 특별히 작성하여 기자 회원들에게 전달했음을 고지하며 반드시 준수해 달라고 요청한 것이다.

　주요 언론단체와 관련 전문가들이 참여하는 긴급 세미나 형태의 자정 노력도 관찰되었다. 한국언론재단과 한국기자협회 공동 주최로 2월 13일 개최된 "감염 질병과 언론보도" 토론회가 그 사례라고 하겠다. 이는 COVID-19와 관련하여 언론사들이 생산한 기사와 보도들을 분석 및 논의하는 한편, 위기 시 특별히 요청되는 언론의 공적 역할 및 그 수행 방안에 대해 의견을 교환하는 자리였다. 토론회에 참석한 한 의학전문기자는 기존에 작성된 감염병 보도준칙과 재난보도준칙의 경우 일선 기자들에게 충분히 홍보되지 않았으며, 엄격하게 준수된다고 판단하기 어렵다고 진단하였다. 또한 기존의 준칙은 최근 발생하는 신종 감염병 관련 사항들을 효과적으로 반영한 상태라고 보기 어렵고, 따라서 빠른 시일 내에 더욱 현실적이고 효과적인 보도준칙 혹은 가이드라인이 만들어져야 함을 역설하였다 (한국언론진흥재단, 2020).

　3월 5일 방송통신위원회가 개최한 특별 간담회에서도 동일한 맥락의 지적과 대안이 제시되었으며, 언론계의 자정 방안이 다시 한 번 논의되었다. 방송통신위원회 위원장과 언론 현업 단체, 학계 대표자와 재난 보도 전문가, 의료-보건 연구자 등이 참석한 간담회에서도 COVID-19 관련 일부 언론의 행태를 비판하는 목소리가 높았던 것이다. 보건 위기의 해결이라는 공공의 가치보다는 클릭을 통한 주목에만 몰입하는 형태를 띤 기사들도 다수이며, 최소한의 팩트 체크도 거치지 않은 채 '아님 말고' 식의 구습을 유지하는 모습들도 확인하였다(유현재, 2020c). 간담회에 참석한 일선 기자들은 이 같은 상황의 이면에 존재하는 배경적 원인과 함께 개선을 위한 대안도 일부 제시하였다. 보다 실질적인 관련 준칙의 개정, 준칙에 대한 기자들의 이해도 제고, 보건 위기 기사 및 보도에 대한 정기적인 교육 실시 등이 그것이다.

이러한 언론계의 자정 노력들은 지난 4월 28일 주요 기자 단체인 한국기자협회와 방송기자협회, 과학기자협회가 공동으로 새로운 감염병 보도준칙을 발표함으로써 결실을 맺게 된다(〈그림 6-14〉). COVID-19 관련 언론 보도가 일정 부분 대중과 사회 전반의 희망에 반하는 방향으로 전개되었으며, 이 같은 상황이 마침내 대중의 불신

〈그림 6-14〉 관련 기사 (〈헬스조선〉, 2020.4.27.)

을 만들고 있다는 문제의식이 새로운 보도준칙의 배경이 되었다고 믿는다. 보건 위기에 수행되는 소통에서 너무나 중요한 주체인 언론이 담당해야 하는 결정적 역할을 원칙에 반영하여 기자들과 사회 전체에 천명한 것이다(한국기자협회, 2020). 기존 감염병 보도준칙 등 관련 가이드라인이 보유했던 핵심 사항들에 COVID-19 등 신종 감염병에 특화된 내용을 추가하여 실질적인 원칙들을 제시한 것으로 판단된다(〈그림 6-14〉).

6. 언론은 왜 심리적 방역 역할을 해야 하는가?

그렇다면 왜 언론은, 특히 보건 위기 시 집행되는 언론은 '준칙'을 만들어 조심도 하고, 서로를 경계하기도 하고, 또한 스스로를 향한 자정 노력까지 요청하며 공공적 가치를 지향해야 하는 것일까. 이유와 명분에 대해 학술적이며 이론적인 사항들을 활용하려는 시도들도 많았고(송동근·민귀홍·진범섭, 2016), 상황적 배경을 접목시켜 더욱 분석적으로 접근할 수도 있겠다. 하지만 매우 기본적인 상식에 준하는 간단한 이유로도 설명할 수 있지 않을까 한다. 다름 아닌 막대한 '영향력'이 존재하기 때문이다. 사실 이 장에서 주로 논의하는 미디어와 언론 분야뿐만 아니라 여타 영역에서도, 우리는 일반적으로 영향력이 없거나 미미한 주체에게 중대한 책임을 요구하진 않는다. 책임을 요구할 명분도 희박하며, 현실적으로 요구하기도 어렵기 때문이다. 미디어로 통칭되거나, 뉴스 등의 기능을 강조하는 측면에서 사용되는 '언론' 영역은 현재 한국사회의 구성원 모두에게 너무나 직접적이고 강력한 요소인 것이 엄연한 현실이다. 사실상 모든 미디어를 통해 생산되는 콘텐츠가 수렴되는 스마트폰의 보유율은 이미 전 국민의 91%를 넘었으며(방송통신위원회, 2019), 이는 압도적인 세계 1위이다. 더욱 놀라운 것은, 이 수치 또한 매년 증가세를 나타내고 있으며, 예전 디지털 소외 등 이슈의 대상이었던 70대 이상 계층의 스마트폰 보유율도 40%에 육박한다는 점이다. 이 같은 수치는 결국 영유아를 제외한 거의 모든 국민들의 손에 스마트폰이 존재하며, 생활의 일부로 삼고 있음을 의미한다고 하겠다. 스마트폰을 활용하여 수행하는 활동을 확인해 보면 우리를 둘러싼 미디어와 언론의 영향력은 더욱 명확한 증거로 확인된다. 2G 혹은 그 이전 버전의 개인 소통 기기가 주로 수행했던 '통화'를 포함한 고전적 기능들이 주요 활용 목적이 아니게 된 지는 이미 오래다. 다양한 인구통계학적 변수에 따라 활용의 차이는 존재하겠지만, 국민 대부분이 스마트폰을 통해 매일 가장 많이 하는 일은 바로 각자에게 필요한 정보 추구일 가능성이 높다. 보도에 의하면(〈동아닷컴〉, 2020. 1. 7.), 한국인은 하루 평균 스마트폰을 약 3시간 40분 사용하며, 사실상 그 대부분은 온라인 상태에서 수행하는 활동이라고 전해진다. 통화나 문자 등의 방법을 사용하는 소통에 투입되는 시간을 제외하면, 그 외 대부분은 결국 각자가 추구하는 정보를 소비하는 활동과 관련된 시간임을 알 수 있다. 이는 결국 하루 중 생업에 투입하는 시간을 빼고 조금의 짬이라도 있을 경우, 다양한 정보 제공의 주요한 소스인 언론을 접할 가능성이 매우 높다는 의미로 해석할 수 있겠다. 물론 SNS 등에 활용하는 짧지 않은 시간 또한 언론을 통해 1차로 생산된 정보들을 확인confirm하고, 주변으로 확산spread시키며, 여타 구성원들과 교환exchange하는 등의 활동을 수행할 개연성이 매우 높다(한국언론진흥재단, 2019).

일상적이라 표현될 정도로 당연시되는 다수 국민들의 대규모 정보추구, 즉 미디어와 언론에의 심각한 의존은 평소가 아닌 위기상황, 그중에서도 보건 위기가 닥칠 경우 '일상' 수준을 넘어 필사적인 모습으로 변화될 가능성이 높다(구교태, 2014). 조사에 의하면, 이번 COVID-19와 같이 감염병으로 인한 보건 위기가 도래할 경우 사람들의 미디어에 대한 의존reliance, 즉 언론이 제공하는 정보에 몰입하는 경향은 더욱 급격하게 높아진다(김활빈·오현정·홍다예·심재철·장정헌, 2018). 보건 위기가 전달하는 기본적인 공포감과 불안의 감정은 본인과 가족의 건강에 대해 우려하게 만들며, 이 같은 본능적 감정은 자신에게 가능한 '적정기술'인 스마트폰을 붙들고 관련 정보를 가능한 빨리, 많이 취득하고자 안간힘을 쓰게 만든다는 뜻이다(유현재, 2020b). 이 같은 과도한 언론 의존은 미디어와 언론의 가공할 영향력으로 이어지며, 언론에 맹목적 신뢰를 부여하며 개인의 행동을 결정하는 준거로 삼는 경우도 증가하게 된다(구교태, 2014). 이 같은 대중의 언론 소비 경향은 왜 언론이, '특히' 보건 위기 시 오류가 있거나 현실과의 차이가 존재하는 왜곡 정보, 혹은 가짜뉴스

등을 적극적으로 검수filtering하여 유통시켜야 하는지에 대한 중요 배경이 된다. 급격하게 상승하는 파급력에 의해 예상치 못한 다양한 차원의 부정적 결과들을 직접 만들거나 방조하게 될 수도 있기 때문이다.

물론, 막강해진 영향력 자체에 대한 가치 판단을 유보한다면, 역으로 긍정적 역할 수행도 가능한 것이 언론이라는 사실에는 의문의 여지가 없다. 언론의 적절한 역할 수행에 의해 보건 위기 시 대중이 경험해야 하는 적절한 수준의 공포가 유지될 경우, 위기 소통risk communication의 핵심 주체로 성공적 역할을 수행할 수도 있다는 뜻이다. 이 같은 맥락에서, 보건 위기 시 언론이 담당할 수 있는 가장 이상적인ideal 역할이자 가장 합리적인 형태로서의 기능을 '심리적 방역psychological quarantine'으로 상정할 수 있을 것이다. 거시적으로 볼 때 우리나라 미디어와 언론의 전반적 영향력을 배가시킨 주요 변수는 미디어 수단의 수적, 양적 증가이다(〈한국일보〉, 2020). 물론 미디어의 양적 팽창이 미디어가 미치는 영향력의 약화와 연결될 수 있다는 주장도 없지는 않지만, 정보 소비자들이 일상에서 접하는 미디어의 절대량 증가는 콘텐츠의 폭증과 맞물리며 생활의 일부가 될 정도로 굳어지고 있는 것이다. 미디어의 가짓수, 종류에 결정적 역할을 담당한 요인들 가운데 지난 2011년 출범 이래 영역을 넓히고 있는 종합편성채널(종편)의 존재도 무시할 수 없다. 종편의 탄생 자체가 뉴스 기능이 강화되는 미디어의 증가였기에, 이 같은 환경의 변화는 대중이 접촉하는 기사와 보도를 크게 증가시키는 상황으로 귀결된 것이다. 더불어, 세계에서 가장 첨단 수준이라고 간주되는 IT 기술로 탄생한 소규모 언론사들도 파악이 힘들만큼 다수 존재한다. 다시한 번 언급하지만, 정보의 과도한 생산과 유통, 그리고 간편한 정보소비를 위한 기술적 여건 마련이 보건 위기 시 언론이 저지를 수 있는 문제점과 직접 연결된다고 단정할 수는 없다. 다량의 정보가 실시간으로 제공되는 환경, 대중이 어떠한 정보든 쉽게 접할 수 있는환경이라고 해서 반드시 보건 위기 극복에 예외 없이 부정적 결과와연결된다는 일반화는 위험하기 때문이다. 하지만 최근 한국사회에서 관찰되는 과다 미디어 양상을 보면, 미디어의 역기능에 대한 우려를 논하기에 충분한 사례들이 존재한다(예: 가짜뉴스의 증가 등).보건 위기에 국한시켜 언급해 봐도, 언론을 포함한 미디어가 심리적방역 역할을 효과적으로 수행한다고 보기에는 무리가 있다. 현 상황에 대한 다양한 원인이 제기될 수 있지만, 숫자가 많은 만큼 필연적으로 벌어지는 극심한 경쟁 등이 공공의 가치 추구에서 멀어지게 만드는 주요 배경이 된다는 시각 또한 적지 않다(김활빈·오현정·홍다예·심재철·장정헌, 2018).

'클릭만이 살길이다!', '기-승-전-클릭'으로 상징되는 미디어 환경 또한 전달하는 정보의 진위와는 상관없이 무조건 클릭을 유도하는 언론 트렌드와 맞닿아 있다. 이는 폭발적으로 증가한 미디어와언론 주체들이 초래한 경쟁 상황과 무관하지 않을 것이다. 극도의경쟁과 생존 방식은 온라인을 유일한 활동 공간으로 하는 언론사들의 관행으로 간주하는 경향도 있었지만, 최근 소비자들의 정보 소비

방식이 모바일로 집중되며 기존 레거시 미디어legacy media로 불리던 주요 언론사들조차 일차원적 경쟁에 본격적인 플레이어로 참여하고 있는 것도 사실이다. 가짜뉴스의 증가와 일반화, 다양한 부정적 결과의 발생 등에 기존 주류 언론의 책임도 없지 않다는 뜻이다(김양중, 2020; 기자협회, 2020; 유현재, 2020c, 2020d). 개별 기사의 질과 해당 언론의 브랜드 가치, 소속된 기자들의 명성과 언론사 자체에 대중이 보내는 신뢰 등으로 여타 언론사와 구분되던 주류 언론 또한 이 같은 일차원적 경쟁에 익숙해진 모습이 자주 발견된다. 동일한 사안이라 하더라도 선정적인 헤드라인으로 즉각적 클릭을 유도한다거나, 팩트가 확인되지 않은 상태에서 의혹만으로 헤드라인을 구성하여 오디언스가 일단 소비하게 만드는 행태 또한 빈번하게 관찰된다. 악화가 양화를 구축한다는 설명만으로는 충분하지 않으며, 어쩌면 하향평준화가 현실화되고 있는 환경도 전혀 없다고 말할 수는 없을 것이다. 이 같은 경향은 언론의 심리적 방역을 매우 '이상적인ideal' 역할로 명시해야 하는 결정적 변수가 되고 있다.

방역의 사전적 의미는 "전염병이 발생하거나 유행하는 것을 미리 막는 일"이며, 영문으로는 "… prevention of epidemics (infectious disease), disinfection, quarantine, prevent an epidemic of, take preventive measures against epidemics … " 정도로 통용된다. 일견, 방역이란 질병의 유행이 발생하기 전 투입되어야 하는 일련의 노력만을 의미한다고 이해될 수 있지만, 결코 짧지 않은 시기에 발생 및 본격화하는 전염병의 특성을 고려하면, 발생 후 사회의 각 주체들이 수행해야 하는 온갖 노력들을 당연히 포함해야 한다. 특히 최근 시공간을 초월하며 무차별적으로 발생하고 있는 신종 감염병에 대한 '방역'의 경우, 일단 발생한 위기상황에 대한 최적의 처리부터 후속 노력에 의해 피해의 최소화를 추구하는 일체의 활동까지 논의해야 하는 것이다. 방역의 가장 핵심적인 주체는 당연하게도 국가 혹은 국가가 지정한 기관일 것이며, 가장 궁극적인 목적은 사태의 안정화에 물리적으로 기여하는 것이다. 방역이 필요 이상으로 무리하게 이루어져 위기 시 사람들이 경험하는 공포의 수준을 필요 이상으로 높이는 것은 경계해야 하지만, 사람들의 공포감 형성을 우려하여 필요한 정도의 조치도 취하지 않는 것 또한 불합리하다. 앞에서 기술한 방역의 내용을 감안하여 전 국민을 대상으로 하는 '심리적 방역' 개념을 떠올려 본다면, 그 역할을 담당해야 할 대표적 주체는 말할 것도 없이 '언론'이다.

언론은 그것이 공영이든, 사기업에서 비롯되었든, 혹은 정파적 성격이 어떠하며 중요 광고주가 누구든 간에, 공공의 이익을 위한 봉사가 중요한 책무의 일부일 것이다. 미디어는 공공재이며, 앞에서 명시한 주관적이고 현실적인 조건들에도 불구하고 공공성의 획득을 위해 노력해야 하는 사회적 주체이다. 특히 사람들의 건강과 안위가 위험에 빠진 특정 시기에 미디어의 공적 책임과 심리적 방역 역할은 너무나 중요하다. 이 같은 역할을 모두 저버린 언론은 명분은 유지하고 책임을 외면하는 이기적인 사적 주체와 다르지 않다고 믿는다. 더불어, 현명하고 적극적인 대중이 공공성을 추구하는 미디어가 대접받는 분위기를 조성할 수 있다. 방역의 성과는 실행 주체에 의해서만 일어나지 않는다고 했다. '심리적 방역' 또한 다르지 않을 것이다.

7. 감염병 보도준칙 추가 항목 제언

보건 위기 시 언론이 수행해야 하는 역할에 대한 실천적 준수 사항으로 새로운 감염병 보도준칙(2020. 4. 28., 한국기자협회 등)이 제정된 것은 매우 바람직한 움직임이라 생각된다. 새롭게 만들어진 감염병 보도준칙은 양적인 측면에서도 기존 가이드라인과 비교되며, COVID-19를 비롯한 신종 감염병과 관련된 특성 또한 치밀하게 반영함으로써 향후 일선 기자들의 적극적 준수를 기대하게 만드는 것도 사실이다. 궁극적으로는 준칙의 구체적 항목들이 국민을 향한 '심리적 방역'의 중요한 개별 조건들이 될 것이라 확신한다. 하지만, 그럼에도 불구하고, 보건 위기 시 언론의 심리적 방역 역할과 공공성 추구라는 측면에서 추가적으로 논의될 수 있는 일부 항목들을 감히 제언해 보고자 한다. 이 항목들은 필자가 2020년 2월 21일 국립중앙의료원에서 개최된 "코로나-19 감염증 확산과 한국사회의 위기 소통" 세미나 및 3월 5일 방송통신위원회가 주최한 "코로나-19 극복을 위한 언론의 역할과 재난보도 개선방안" 간담회를 통해 발제한 내용에 기초함을 밝힌다.

4월 28일 발표된 감염병 보도준칙을 포함하여 기존의 가이드라인에 명시된 대부분의 항목들은 당연하게도 취재의 주체인 기자들의 시각, 즉 실제적인 기사 생산 방식과 관련이 깊은 내용들이다. 따라서 필자가 추가적으로 제언하고자 하는 사항들은 기사를 소비하는 수용자들, 즉 '정보 소비자'의 시점에서 느끼는 '희망'을 반영한 항목들이라고 하겠다.

〈언론의 심리적 방역을 위한 신종 감염병 보도 관련 5개 추가 준칙〉
1. **정파성의 유보**: 진보와 보수를 떠나 신종 감염병 극복과 국민 보건 안전 측면에서 기사와 보도를 생산해 주시길 희망합니다.
2. **추적 저널리즘의 경계**: 경마 저널리즘을 넘어선 추적 저널리즘 chasing journalism의 부작용이 많습니다. 자제를 희망합니다.
3. **가짜뉴스 전달 역할 자제**: 보건 위기일수록 가짜뉴스가 판을 칩니다. 특히 레거시 미디어가 전달할 경우 대중은 더욱 믿기 쉽습니다. 자제를 희망합니다.
4. **정보의 가치 판단 부탁**: 보건 위기를 견디고 있는 수용자의 입장에서 모든 정보가 동일하게 시급한 것은 아닙니다. 우선순위를 생각해 주시기를 희망합니다.
5. **사회적 낙인 유의**: 보건 위기에서 가장 급한 것은 방역이며, 특정 계층·인물·대상의 비난은 낙인으로 이어져 방역에 방해가 되기 쉽습니다. 유념을 희망합니다.

첫 번째 제언하는 '정파성 유보' 항목은 결국 진보와 보수를 떠나 감염병과 국민 보건 측면에서 기사를 생산해 달라는 요청이다. '유보'라고 표현한 것은, 보건 위기라는 특수한 상황을 감안해 달라는 현실적 부탁을 하기 위함이다. 최소한 보건 위기 때만이라도 언론의 정파적 접근은 자제되어야 하며, 이 같은 합의야말로 공공성 추구의 핵심이 될 것이라는 믿음에서 비롯된 것이다. 언론의 정파적 특성은 평소는 물론, 특히 대중의 미디어 민감도가 증가하는 보건 위기 시 대중의 신뢰를 잃는 핵심적 배경이라는 지적이 많다. 보건 위기라는 심각한 상황, 대다수의 국민이 건강과 안위 등 삶의 기본적 조건에 대해 공포를 느끼는 상황에서도 일부 언론은 기사 및 보도를 통해 언론사의 정파적 특징을 프레임화하여 반영하는 모습을 명확히 보인다는 뜻이다. 이러한 언론은 COVID-19 시기 발생하는 사안이 무엇이든, 어떠한 내용과 대상에도 특유의 프레임을 적용해 본인들이 기존에 추구하는 방향으로 기사를 만들어 내보낸다. 이 같은 행태는, 매우 현실적인 경제적 측면을 고려해도, 해당 언론사는 물론 언론 전체에도 그다지 현명한 판단이라고 생각되지 않는다. 지속적으로 상승하고 있는 미디어 리터러시 능력에 의거하여(김연종·안정임, 2019), 대중은 이미 특정 언론사가 왜 특정 논조로 기사 및 보도를 작성하는지에 대해 충분히 인지하고 있을 가능성이 높기 때문이다. 다음은 언론의 정파적 성격이 궁극적으로 어떠한 상황으로 귀결될 수 있는지에 대한 한 연구자의 견해이다. 정파성 고수에 의해 비롯되는 개별 언론사, 언론 전체에 대한 대중의 불신은 느리지만 매우 강력한 부작용으로 나타날 개연성이 높다. 마치 만성병의 귀결과 유사하다.

그러나 의제 설정에 있어 이렇게 중요한 역할을 하는 언론이 늘 객관적이고 합리적인 방식으로 의제를 형성해 나가는 것은 아니다. 동시에 언론 또한 법인의 형태로서 경제적인 고려가 필요한 조직이기 때문이다. 따라서 경제적으로 지속 가능한 비즈니스 모델이 확보되어야 했으며 그 과정에서 '정파적 선명성'이 강조된 모델이 주목을 받았다. 이는 정치적 엘리트들이 이념적, 정책적 대립을 하게 되고 그와 같은 극화가 심화되면서 정파적 언론현상으로 확대되는 결과를 가져왔다(Prior, 2013). 이러한 정파적 언론은 시민들의 언론에 대한 불신으로 이어지게 되는데, 이는 언론의 정파적 편향성이 언론 진영 간의 적대관계를 고착화시키고 더 나아가 정치와 여론의 분열을 확대재생산하는 기제가 되어 사회 전체의 신뢰자산을 훼손시키기 때문이다.   ─ 최영재, 2011

두 번째는 '추적 저널리즘'을 경계해 달라는 요청이다. 추적 저널리즘chasing journalism이란, 선정적이고 단순히 상황전달에만 몰입하는 보도 행태를 비판하던 기존 개념인 '경마 저널리즘'에 감염병 위기 시 발견되는 일부 특성을 더해 표현해 본 것이다. 모든 '추적'이 그렇지는 않겠지만, 추적은 그 특성상 극도의 집요함을 가질 수밖에 없으며 맹목적 집요함은 다양한 부작용을 만들어 낼 수밖에 없다. 예를 들어, '추적'에 뛰어든 여타 언론사, 즉 경쟁자들보다 (팩트는 동일하지만) 더 자극적으로 보도하려는 욕심을 보이는 행태를 지적할 수 있다. 욕구가 일단 발생하면 취재 대상이 경험할 당혹함 등은 자연스레 고려 사항에서 멀어지며, 어떻게 하면 '그림' 차원에서 더욱 자극적일지에 대해 고민할 가능성만 높아진다. COVID-19 초기, 아산-진천에 위치한 격리시설에 수용되는 교민들을 향해 거의 모든 언론사가 추적하듯 달려가 별다른 변화도 없는 상황을 단순 전달한 기사와 보도들이 많았다. 일단 출동했으니 중요한 추이가 없더라도 '중계방송'에 준하는 보도를 내보냈으며, 어떻게든 '꺼리'를 만들기 위해 다양한 무리수를 감행한 것이다.

교민들이 격리시설에 수용될 즈음, 한 기자는 건물 뒤편에 야산이 있음을 보도하며 시설에서 야산으로 통하는 지점에 설치된 펜스 구조물에 '구멍'이 있음을 걱정하듯 보도했다. 실제 클로즈업한 구조물에는 어쩌면 너무나 당연하게도 구멍이 듬성듬성 보였다. '당연하다'고 표현한 이유는, 해당 시설은 원래 사람들을 '감금'하는 용도로 운영되던 곳이 아니었으며, COVID-19가 비롯된 중국에서 방금 날아온 우리 교민들 또한 '감금'이 아니라 잠시 '격리'되었을 뿐이기 때문이다. 장시간 비행과 검역, 단체 이동, 그리고 곧바로 이어진 시설 수용과 처음 경험하는 카메라에 지칠 대로 지친 교민들이 야밤에 산으로 도주할 수 있다는 의미였을까? 추적 저널리즘의 전형을 보여 준, 압도적으로 공공에 반하는 최악의 사례였다는 생각이다.

세 번째로 제언한 항목은 '가짜뉴스의 전달자로 기능하지 말아 달라는' 요청이다. 3월 11일 WHO는 전 세계적 보건 위기인 '팬데믹'

을 선언했으며, 세계 각국은 그에 준하는 경계와 방역을 강력하게 실시했다. 하지만 팬데믹에 더해 우리 사회에 또 하나 경계해야 하는 개념이 일반화되기 시작했으니, 관련 정보들이 진위 여부와 상관없이 대중에게 무차별적으로 유통되어 추가적 위기를 초래하는 '인포데믹스'였다(이덕환, 2020). 주지의 사실이지만, 인포데믹스의 주요한 형태 중 하나는 가짜뉴스fake news이며, 확인도 검증도 되지 않은 정보가 대중의 호응이 더해지며 매우 심각한 혼란을 만드는 상황이 자주 벌어지고 있다. 사실 가짜뉴스와 관련하여 가장 비난받아야 할 주체는 특정 기사에 대한 대중의 클릭이 유일한 경제적 이익으로 연결되는 군소 인터넷 언론사들일 가능성이 높다. 해당 언론사 혹은 기자들의 실제적인 존재 여부가 불명확한 경우도 많은 것이다. 이 같은 언론사들의 특징은 정보원information source에 대하여 매우 모호하게 기술하며, 정보원이라는 명목하에 동료의 평가peer reviewed 과정을 거치지 않은 학술저널 등을 그럴듯하게 포장하기도 한다. 하지만 이렇게 무책임하게 발화된 가짜뉴스가 실제로 대중에게 전달되며 영향력을 키우는 과정에 진입하면 대중이 그 이름만으로도 일정 정도의 신뢰를 느끼는 '레거시 미디어'의 역할이 자주 발견된다. 영향력이 상대적으로 큰 기존 언론사들이 엄격한 팩트 확인 과정도 없이, 혹은 일부 불명확한 정보원을 사용하는 언론사들을 간접 출처reference로 삼아 가짜뉴스의 전달자가 되는 경우가 적지 않기 때문이다. 이 같은 레거시 미디어의 역할은 가짜뉴스 유통에 매우 중요한 변수가 된다. 최근 다수 언론사들이 팩트 체크 기능을 기본 장치로 인식하며 다양한 형태로 운영하고 있으나, 여전히 일반인이 보기에도 허위정보의 가능성이 다분한 내용이 담긴 보도들이 주류 언론에 의해 전파되고 있다. 가짜뉴스의 확산에 대한 일종의 미필적 실행인 것이다.

네 번째 제언은 보건 위기 시 불안에 휩싸인 일반 대중의 요구needs를 더욱 헤아려 달라는 요청이다. 기사의 선정과 작성에 있어, 현재 위기에 처해 있는 수용자의 시급한 욕구를 기반으로 정보의 우선순위priority를 정해 제공해 주기를 희망한다. 평소와는 매우 다른 상황에서 살아가며 기존에 특별히 우려하지 않았던 자신의 건강, 감염 우려, 가족들의 기본적 안전에 극도로 민감해진 사람들에게 과연 어떠한 정보가 '더' 필요하고 '덜' 필요한지 판단해 달라는 뜻이다. 예를 들어, COVID-19를 견디고 있는 다수가 바라는 기사는 개인 방역이나 행동 요령에 대한 정보, 실생활에 필요한 정보 등 실제적이고 현실적인 사항을 포함하는 형태라고 한다(서울대 보건대학원, 2020; 유현재, 2020c). 단순하지만 효용성이 높은 사실적 정보는 반복해서 접해도 유익하다는 의견을 밝히기도 했다. COVID-19가 비롯된 중국 우한 시장에 위치한 야생동물 식당의 메뉴판도, 우한에서 필사적으로 빠져나온 특파원의 기록(〈그림 6-15〉, 〈그림 6-16〉)도 그 나름의 가치를 지니고 있겠지만, 일반 대중의 입장에서 볼 때 이보다 더 유용한 정보는 다수 있지 않았을까 아쉽다는 뜻이다.

끝으로, 누군가에게 혹은 특정 그룹 등에게 '낙인'으로 귀결될 수 있는 기사에 대한 자제를 요청하고 싶다. 사실 보건 위기가 닥치면

누군가를 비난하기 너무 쉬운 상황이 상시적으로 벌어지기 마련이다. 이유는 명확하다. 방역이란 당국의 적극적 역할로만 수행될 수 없으며, 사회 구성원의 공동 노력이 변수가 되어 성공 여부가 결정

〈그림 6-15〉 관련 기사 (〈중앙일보〉, 2020.1.23.)

〈그림 6-16〉 관련 기사 (〈조선일보〉, 2020.1.28.)

되기 때문이다. 나 하나만 잘한다고 사회 전체의 방역이 효과적으로 이루어질 수 없고, 반대로 모두 다 잘해도 한 개인의 잘못된 행동이 방역 실패를 야기할 수도 있는 것이다. 따라서 위기 시 누군가에게 혹은 특정 사안에 사회 전체가 경험하고 있는 사태의 책임을 돌리는 일이 종종 발생한다. 이 같은 경향은 귀인이론attribution theory과도 연결되며, 특정 대상에 '탓'을 돌릴 경우 대중에게 현 상황을 버틸 수 있는 내성이 생기는 경우도 없지는 않다고 한다. 상황은 힘들지만 그 원인이 내가 아닌 외부에 있다고 믿어야 그나마 편한 마음이 되는 것이다. 물론 비난의 대상이 되는 사람이나 그룹, 사안들은 일반적으로 문제 상황의 원인에 상당한 지분이 있어 결코 비난에서 자유롭지 못한 경우가 많다. 하지만 그렇게 비난하고 몰아친다고 전체 상황에 대한 해결책이 마련될 수는 없다. 미워할 수도 있고 비난할 수도 있지만, 그 대상이 상황에 대한 모든 원인을 제공한 것은 아닐 가능성도 상당하다는 뜻이다.

더불어, 비난이 일반화되고 마침내 사회적 낙인stigma이 형성되면 낙인의 정당성 유무를 떠나 일단 그 대상은 방역에 협조하지 않을 가능성이 매우 높아진다. 위기 시 사회 전체에서 가장 절실한 사항들은 구성원의 자발적 협조, 불편의 감수, 구성원으로서의 책임의식 등이지만, 낙인의 당사자는 이 같은 명분이나 당위보다는 두려움에 의한 비이성적 행동을 감행할 개연성이 높아진다. 물론 낙인에 의한 부작용은 사회가 감당할 몫으로 귀결된다. 〈그림 6-17〉에서 지적한 "대림동 르포" 기사는 낙인과 관련된 주요한 사례라 할 수 있

<그림 6-17> 관련 기사 (〈미디어오늘〉, 2020.2.5.)

다. COVID-19가 중국의 한 도시에서 비롯되었다고 하여 한국에서 중국인들이 가장 많이 거주하는 장소 중 한 곳을 타깃으로 삼는 너무나 쉬운 논리, 일차원적 접근에 의해 '대림동'을 낙인화해 버린 기사였던 것이다. 헤드라인에서는 "침과 오물 등이 거리 곳곳에" 떨어져 있다며 위생 문제를 지적하였는데, 이는 사실 대림동만의 문제는 아닐 가능성이 높지만 간단하게 일반화해 버린 것이다. 우한 = 중국 = 대림이라는 너무나 단순한 명제는 대림동, 구로, 한국인 포함 주변 시민 모두에게 매우 폭넓은 낙인을 찍었다. 해당 기사를 비판하는 여타 기사 또한 여러 편 관찰될 정도였다.

언론의 역할과 가치, 지향점 가운데 '공공성'은 그 선언적 의미에 비해 언론이 실제적으로 추구하지 않은 측면이 있다. 언론은 공공에 기여해야 하며, 사회 구성원이 공동으로 경험하는 위기상황에서는 더욱 그래야 한다고 믿는다. 언론이 공공성을 포기하는 방법은 매우 다양해 보인다. 구체적으로, 바로 앞에서 논의한 준칙들과 필자가 추가로 제언한 사항들을 무시하면 될 것이다. 공공성의 포기는 최근 정보 소비자들에 의해 강도 높게 축적되고 있는 미디어 문해력, 즉 리터러시 수준에 근거하여 느리지만 엄연히 감지되고 있다고 믿는다. 대중은 더 이상 언론이 내놓는 정보를 무비판적으로 받아들이지도 않고, 언론이 보이는 다양한 행태의 본질을 꿰뚫지 못할 정도로 순수하지도 않다. 보건 위기 시, 공공성을 무시하는 언론은 그 자체로 또 다른 위기 변수이며, 별도의 위기를 애써 만드는 경우도 적지 않다. 이제는 언론이 대중을 대하는 방법을 다시 생각해야 할 시점이라는 생각을 감히 해본다. 어쩌면 '공공성'이라는 명분이나 가치 측면에서 언론사들에게 변화를 요구할 필요도 없을지 모르겠다. 장기적, 궁극적, 비즈니스 측면, 개별 언론사의 마케팅적 측면과 브랜딩 측면 등을 기준으로 생각해도, 대중은 더 이상 공공성이 실종된 언론에 대해 애정을 가지기 어려울 것이기 때문이다.

참고문헌

강석현·박건희·최지현 (2019), "위기이력과 위기 커뮤니케이션 전략에 따른 수용도 분석: 조직 내 위기이력과 타 조직의 위기이력에 대한 비교", 한국PR학회 2019 봄철 정기 학술대회.
구교태 (2014), "재난에 관한 위협이 미디어 의존과 재난 의식에 미치는 효과에 관한 연구", 〈사회과학연구〉, 21(3): 128~147.
김미형 (2020), "신문기사 제목의 공공성 연구", 〈한글〉, 81(1): 149~205.

김병철(2019), "메르스 보도가 메르스 정보 검색 행위에 미치는 영향", 〈커뮤니케이션학연구〉, 27(1): 207~224.

김양중(2020), "감염병 위기에서의 소통: 코로나-19 유향을 중심으로", 감염병 위기와 인포데믹스: 실태 및 대안논의, 한국헬스커뮤니케이션학회 특별 웹포지엄, 2020. 6. 23.

김연종·안정임(2019), "대학생들의 인터넷 미디어 신뢰도에 영향을 미치는 요인 고찰", 〈한국콘텐츠학회논문지〉, 19(2): 438~449.

김활빈·오현정·홍다예·심재철·장정헌(2018), "미디어 이용이 신정 감염병에 대한 위험 인식과 예방행동 의도에 미치는 영향", 〈광고연구〉, 119: 123~152.

〈뉴시스〉(2020), "신규환자 48명, 서울경기 27명 대전 10명 … 8개 시도 지역 발생", 2020. 6. 20.

방송통신위원회(2019), "2019 방송매체 이용 행태 조사", 2020. 1.

서울대학교 보건대학원(2020), "코로나-19 관련 대국민 인식조사", 유명순 교수 연구팀, 서울대학교 보건대학원.

송동근·민귀홍·진범섭(2016), "공공보건 위기상황 시 정보 정확성과 정보 적절성이 정부 신뢰와 만족에 미치는 영향", 〈홍보학연구〉, 20(2): 61~90.

유현재(2020a), "한국과 미국의 코로나 보도, 단골 소스가 주는 차이", 〈더피알〉, 2020. 4. 21. http://www.the-pr.co.kr/news/articleView.html?idxno=44678

_____(2020b), "코로나-19와 언론보도: 피해를 증폭시키는 소통, 피해를 최소화시키는 소통", 공공보건의료연구소 제1차 심포지엄, 국립중앙의료원, 2020. 2. 21.

_____(2020c) "코로나-19와 언론: 실태와 대안", 코로나-19 극복을 위한 언론의 역할과 재난보도 개선방안 특별 간담회, 한국방송통신위원회, 2020. 3. 5.

_____(2020d) "코로나를 대하는 중심 패러다임 비교: 한미일 언론보도를 통한 진단", 한국방송학회 국제세미나 '코로나와 저널리즘', 한국방송학회, 2020. 4. 8.

유현재·유명순(2019), "금연정책에 대한 의사들의 정책 정향성 고찰", 〈헬스커뮤니케이션연구〉, 18⑵ : 1~50.

이귀옥(2015), "언론, 정보전달자 넘어 감시견 역할 다해야", 〈관훈저널〉, 136: 29~38.

이덕환(2020), "팬데믹보다 더 무서운 인포데믹: 사라져버린 선진국의 리더십", 열린연단: 문화의 안과 밖, 네이버.

이현우·손영곤(2016), "국내 위기관리 커뮤니케이션 연구에 대한 메타분석", 〈홍보학연구〉, 20⑶ : 139~172.

최보율(2017), "신종 감염병에 의한 공중보건위기의 대비와 대응", *J Korean Med Association*, 60⑷ : 290~291.

최영재(2011), "분열 정치와 분열 언론 그리고 분열 여론의 악순환 이론", 한국언론학회 심포지엄 및 세미나, 2011. 5. : 137~152.

_____(2014), "공영방송 보도국의 정파적 분열: 민주화의 역설, 정치적 종속의 결과", 〈커뮤니케이션이론〉, 10⑷ : 476~510.

한국기자협회(2020), "기자 3단체, 감염병 보도준칙 제정: 전문, 7가지 기본원칙, 권고 사항 등 담아", 〈한국기자협회보〉, 2020. 4. 28. http://www.journalist.or.kr/news/article.html?no=47599

한국방송공사(2020), "저널리즘토크쇼 J, 감염병을 대하는 언론의 기억상실화법". http://news.kbs.co.kr/news/view.do?ncd=4402302&ref=A

한국언론진흥재단(2019), "한국언론진흥재단 언론수용자 의식조사", 2019년.

〈한국일보〉(2020), "데이터로 본 한국인: 매체가 다양할수록 균형 있는 뉴스 중요성 커져", 2020. 6. 19.

한국리서치(2020), 〈한국리서치 주간리포트 여론 속의 여론〉, 제 79호.

한국헬스커뮤니케이션학회(2020), "감염병 위기와 인포데믹스: 실태 및 대안논의", 한국언론진흥재단-한국헬스커뮤니케이션학회 주최 특별 웹포지엄, 2020. 6. 23.

한창현·유현재·정휘관·한택수·서영지(2018), "방송 뉴스 자살 보도 시 미화법 사용과 배경 설명이 대학생의 자살 관련 인식에 미치는 영향", 〈헬스커뮤니케이션연구〉, 17⑴ : 89~120.

7

과학기반 복지국가로 나아가자
포스트 코로나 시대 한국의 전략

장덕진 서울대 사회학과

1. 포스트 코로나, 무엇이 달라지나

2015년 메르스 사태 직후의 일이다. 한 정부출연 연구기관 회의실에 약 20명의 재난 전문가들이 모였다. 이들은 홍수나 지진 같은 자연재해로부터 전쟁이나 테러 같은 안보 위기, 사스나 메르스 같은 감염병에 이르기까지 다양한 분야의 전문가들이었다. 나는 사회학 분야에서 몇 차례 재난 연구를 했던 인연으로 이 자리에 참석할 기회를 얻게 되었다. 그날 회의의 주제는 가장 시급하게 대응해야 할 재난이 무엇인지를 가리는 것이었다. 몇 시간에 걸친 회의 끝에 여러 분야의 전문가들이 합의한 것은 '감염병'이었다. 그만큼 감염병은 심각한 문제이다.

〈그림 7-1〉은 〈네이처*Nature*〉에 실린 20세기 주요 동물매개 감염

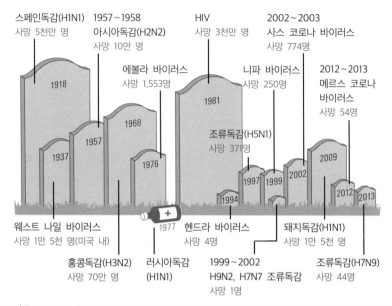

〈그림 7-1〉 20세기 주요 동물매개 감염병 발생 연도 및 희생자 규모

스페인독감(H1N1)
사망 5천만 명

1957~1958
아시아독감(H2N2)
사망 10만 명

에볼라 바이러스
사망 1,553명

HIV
사망 3천만 명

2002~2003
사스 코로나 바이러스
사망 774명

니파 바이러스
사망 250명

2012~2013
메르스 코로나
바이러스
사망 54명

조류독감(H5N1)
사망 371명

웨스트 나일 바이러스
사망 1만 5천 명(미국 내)

헨드라 바이러스
사망 4명

돼지독감(H1N1)
사망 1만 5천 명

홍콩독감(H3N2)
사망 70만 명

러시아독감
(H1N1)

1999~2002
H9N2, H7N7 조류독감
사망 1명

조류독감(H7N9)
사망 44명

자료: Bean et al., 2013.

병의 발생 연도 및 희생자 규모를 보여 준다. 요즘 COVID-19로 자주 소환되는 스페인독감이 20세기 최악의 감염병으로, 1918년에 발생해서 약 5천만 명 이상의 목숨을 앗아갔다. 사실 감염병으로 인한 사망자가 몇 명인지 정확하게 파악하는 것은 불가능하다. 감염병으로 사망한 사람을 다른 질병으로 사망한 것으로 오인하는 경우, 감염병으로 사망했으나 제대로 집계되지 않는 경우 등 다양한 변수들이 있기 때문이다. 오늘날의 방역 시스템도, 국가 통계도 제대로 준비되어 있지 않던 1918년에 스페인독감으로 정확히 몇 명이 죽었는지는 아무도 모른다. 학자들마다 다른 추계를 제시하는데, 대략 5

천만 명 이상이라는 의견이 가장 많다. 두 번째는 1981년에 발생한 후천성면역결핍증HIV으로, 약 3천만 명 이상이 사망했다. 2020년 7월 6일 현재 COVID-19로 인한 전 세계 사망자 수는 약 53만 3천 명이다. 사망자 수로 20세기 3위인 홍콩독감이 약 70만 명의 희생자를 냈으니, COVID-19가 진정될 때까지의 추가 사망자 수를 감안하면 이 감염병은 최소한 20세기 이후 세 번째로 많은 인명을 앗아 갈 것이다.

의학이나 역학 분야에서는 COVID-19가 종식되지 않고 마치 감기처럼 치명률이 낮아진 상태에서 인류와 더불어 사는 질병이 될 것이라는 의견이 많다. 하지만 COVID-19가 종식되거나 치명률이 낮아져서 큰 위협이 되지 않는 때가 온다 하더라도 다른 감염병의 위협은 더 자주, 더 심각하게 올 것이다. 〈그림 7-1〉에 인용한 앤드류 빈 등의 논문에 따르면 1940년에서 2004년 사이 등장한 신종 동물 매개 감염병은 무려 335개인데, 그중 1980년 이후에 등장한 것만 200개 이상이다. 감염병은 점점 더 심각해질 것이라는 2015년 전문가들의 예상과 일치하는 결과이다.

다행히 한국에서 COVID-19 대유행은 어느 정도 진정된 상태이다. 모두들 우려하는 2차 대유행은 올까? 물론 우리가 얼마나 방역수칙과 사회적 거리두기를 잘 지키는지, 백신이나 치료제 개발은 언제쯤 이루어질지에 따라 상황은 달라질 것이다. 하지만 지나간 감염병들을 보면 가능성을 결코 무시할 수 없다. 스페인독감의 경우 1차 대유행이 지나 종식되었나보다 했는데, 넉 달 뒤 2차 대유행이 왔고 이번에는 무려 5배나 독해져서 돌아왔다. 국내에서는 한 번의 유행으로 끝났던 메르스도 중동에서는 세 차례의 유행이 지나고 나서야 진정되었다.

2. COVID-19, 무엇을 바꾸어 놓나?

백신이나 치료제 개발은 과학자의 몫이다. 그러나 감염병의 여파는 과학의 범위를 훨씬 벗어나기 때문에 사회학자가 해야 할 일이 있다. 그중 하나는 COVID-19로 인한 세상의 변화를 추적하고 대비하는 일이다. 그러면 COVID-19는 무엇을 바꾸어 놓을 것인가. 다섯 가지 주제로 정리해 보자.

1) 제조업 축소와 탈산업화

제조업 축소와 탈산업화는 COVID-19로 인해 일어난 일은 아니지만 그로 인해 한층 가속화될 전망이다. 그동안에도 탈산업화는 이미 심각한 문제였다. 오늘날 우리가 누리는 물질문명의 거의 대부분은 산업혁명 이후 등장한 전례 없는 산업화의 결과이다. 흥미로운 것은 산업화의 결과가 예측과는 많이 달랐다는 점이다.

1811년 기계파괴자들machine breakers이 영국 중심부를 타격했다. 목표

276

물은 고용주들과 기계들이었다. 처음에는 양말공장, 그 다음은 옷감 공장이었다. 기계파괴자들은 수작업으로 양말과 옷감을 만드는 사람들hand-knitters이었다.　　　　　　　　　　　　　　　　—Edgerton, 2011

영국의 역사학자 데이비드 에저튼은 러다이트 운동이 한창이던 시절을 이렇게 묘사한다. 학창시절 역사 교과서에서 러다이트 운동에 대해 배운 기억을 가진 사람이 많을 것이다. 그런데 그들이 그리도 비장하게 부수었던 기계라는 것이 고작해야 양말이나 옷감을 만드는 방직기였다니. 그들은 왜 기계를 부수었을까. 산업화는 기계와 대량생산을 만들어 냈고, 이것들이 자신들의 일자리를 빼앗아 간다고 생각했기 때문이다. 실제로 수많은 사람들이 일자리를 빼앗겼고, 공장의 부품과도 같은 임금노동자의 삶을 시작해야 했다. 그러나 긴 세월이 지나고 나서 돌이켜 보면 산업혁명의 계층적 결과는 무엇이었던가? 뜻밖에도 그것은 역사상 유례없이 많은 수의 노동자들을 중산층으로 만들었다. 산업화, 혹은 그 기술을 가장 효율적으로 이용한 자본주의가 선한 의도를 가지고 있었다는 말이 아니다. 의도하든 의도하지 않았든, 마르크스로 하여금 분노의 잉크에 펜을 적셔 자본주의의 몰락을 예고하는 책을 쓰게 만들었던 착취의 메커니즘은 결과적으로 노동자들 상당수를 중산층으로 만들었다. 어떻게 된 일일까. 바로 제조업 때문이다. 산업화 시대의 대표적인 산업은 제조업이다. 제조업은 노동운동의 가장 강력한 산업적 기반이기도 하다. 동시에 제조업은 중간소득 일자리를 가장 많이 제공하는 산업이기도 하다. 중간 정도의 소득을 받을 수 있어야 중산층이 된다. 제조업은 그런 중간 소득을 가장 많이 제공해 왔다.

테크놀로지가 더욱 발전하고 금융시장이 심화되면서 대표적인 제조업들은 그 비중이 줄어들기 시작한다. 한국의 초고속 경제성장에 대해 공부해 본 사람이라면 1970년대 중화학공업 정책에 대한 이야기를 귀에 못이 박히도록 들었을 것이다. 경부고속도로, 포항제철, 대우조선 등 이 시기의 신화는 끝이 없다. 공통점은 무겁고, 두껍고, 길고, 큰 산업, 즉 중후장대重厚長大 산업이라는 점이다. 그러나 한때 전국 최고의 소득수준을 자랑하던 거제도의 을씨년스런 모습이 상징하듯, 중후장대 산업은 가볍고, 얇고, 짧고, 작은 산업, 즉 경박단소輕薄短小 산업에 자리를 내주었다. 금융시장의 발전으로 기업들은 중후한 설비에 투자하기보다 특허에 투자하고, 주식시장 상장IPO을 통한 대박을 노린다. 거대한 설비에서 수많은 노동자가 자동차를 척척 찍어 내고 펄펄 끓는 쇳물로 철강을 만들어 내기보다 한번 만들어 놓으면 수억 카피든 수십억 카피든 추가비용 없이 찍어 낼 수 있는 소프트웨어나 게임에 투자한다. 예전 같으면 1만 명의 노동자가 10년 동안 해도 모자랄 일을 100명의 개발자가 1년 만에 한다. 그나마 줄어드는 제조업조차 로봇이 담당한다. 한국은 근로자 1만 명당 로봇 대수가 700대 이상으로, 세계 최고의 로봇 밀도를 가진 나라이다. 2위 싱가포르가 한국을 바짝 쫓아오고, 3위인 독일이 약 300대를 조금 넘는 수준으로 한국의 절반도 되지 않으니 우리의 생산자동화 수준이 어느 정도인지 짐작할 수 있다IFR: International

Federation of Robotics. 그나마 로봇에 밀려 얼마 안 남은 제조업 일자리도 글로벌리제이션으로 인해 노동력이 싼 다른 나라에 생긴다. 중국 시안西安에 있는 삼성전자의 세계 최대 반도체 공장은 이 추세를 압축적으로 보여 준다. 사막 한복판의 장대한 규모의 공장에서는 수많은 로봇이 가로세로 줄을 맞추어 선 채 천장에 달린 레일을 따라 이리저리 배송되어 오는 부품들을 결합하며 24시간 반도체를 생산해 낸다. 사람이라곤 이따금씩 혹시 있을지도 모를 먼지를 제거하는 단순 노동자들이 오고갈 뿐이다.

오늘날 전 세계는 양극화를 걱정하고 있다. 유엔 보고서에 따르면, 전 세계에서 중산층이 유의미하게 증가하는 나라라고는 중국뿐이다. 양극화란 무엇인가. 계층 분포에서 마치 모래시계처럼 가운데는 줄어들고 위아래만 남는 현상이 양극화이다. 중산층이 줄어드는 것이다. 그 가장 큰 이유는 제조업이 줄어듦에 따라서 중산층을 만들어 내는 중간소득 일자리도 줄기 때문이다. 제조업 축소와 탈산업화는 지난 20년간 모든 선진 자본주의 국가의 골칫거리였다. 정치적 개입이나 사회적 합의를 통해 탈산업화에 따른 양극화의 속도를 늦춘 나라들은 있지만, 그 방향 자체를 바꾸는 데 성공한 나라는 하나도 없다. 한국은 그중에서도 양극화의 속도가 빠른 나라였다.

이제 COVID-19는 중간소득 일자리의 축소를 더욱 가속화할 것으로 예상된다. COVID-19 이후 우리는 콜센터 직원들과 배송 노동자들에게 퍼지는 바이러스를 걱정했다. 그들이 가장 먼저 우려의 대상이 된 것은 이들 특수고용 노동자들은 거의 예외 없이 4대 보험을 비롯한 사회적 보호망 바깥에 있기 때문이다. 하지만 바이러스 감염의 위험은 제조업 노동자들도 마찬가지이다. 필자처럼 지식경제 섹터나 사무직에 있는 사람들은 사회적 거리두기와 원격근로의 여유를 즐길 수 있지만, 이들은 거리두기 자체가 원천적으로 불가능하다. 생산설비가 있는 곳에 출근하지 않으면 제조업은 성립할 수 없다. 전례 없는 경제위기로 인해 기업들은 도산하거나 효율화할 것이다. 효율화는 구조조정이다. 도산하는 기업의 일자리는 없어질 것이고 살아남은 기업의 일자리는 적어질 것이다. 제조업 축소와 탈산업화는 가속화할 것이다.

이런 전망은 벌써 현실이 되고 있다. 2020년 5월 한국의 제조업 분야 고용보험 가입자는 5만 4천 명 줄었다. 외환위기 이후 최저치이다. 그럼 서비스업에 기대를 걸 수 있을까? 우리 모두가 경험했듯이, 재난에 가장 먼저 타격을 받는 분야가 자영업과 서비스업이다. 유난히 서비스업에 많이 종사하는 청년세대는 아르바이트 자리 구하기도 치열한 경쟁이라고 입을 모은다. 산업화 시대의 산업기반도, 탈산업화 시대의 산업기반도 휘청거리고 있다.

2) 재정적자 확대와 큰 정부의 귀환

2008년과는 급이 다른 경제위기에 각국 정부는 앞뒤 잴 틈도 없이 재정을 쏟아붓고 있다. 미국 의회가 연말까지 승인한 COVID-19 극복 예산은 무려 7천조 원에 가깝다. 영국 정부는 한 달에 한국 돈

약 300만 원의 상한선하에서 전 국민 급여의 80%를 정부가 지급하겠다고 발표했다. 이들과 비교할 바는 아니지만, 한국도 사상 최초의 긴급재난지원금을 지급한 데 이어 역대급 3차 추경이 기다리고 있으며, 기본소득 논의가 보수정당에서도 나오고 있다. 미래통합당 김종인 비대위원장이 기본소득을 거론하는가 하면, 2011년 무상급식에 반대하다가 서울시장직을 내려놓은 오세훈 전 시장도 기본소득을 적극 주장한다. 그렇지 않아도 고령화, 탈산업화, 2008년 금융위기 여파로 적자를 쌓아 오던 주요국들의 재정은 당분간 악화일로를 달릴 것이다. 유동성 확대를 보여 주는 중앙은행 대차대조표는 유로존에서 GDP 대비 40%, 영국과 미국에서 각각 20% 정도 될 것으로 보인다.

그러니 큰 정부가 돌아온다는 말은 일리가 있다. 요즘 인터넷에서 유행하는 패러디물이 있다. 클라크 게이블과 비비안 리 주연으로 유명한 영화의 고전 〈바람과 함께 사라지다〉의 포스터이다. 그러나 클라크 게이블이 비비안 리를 안고 걸어가는 원작 포스터와는 등장인물이 달라져 있다. 로널드 레이건이 마거릿 대처를 안고 걸어간다. 미국의 레이건과 영국의 대처로 상징되는 작은 정부의 시대는 바람과 함께, 아니 바이러스와 함께 사라졌다는 것이다.

원래부터 위험사회와 신자유주의는 긴장관계에 있게 마련이다. 2008년 광우병 촛불집회 때 위험사회론의 세계적 석학 고故 울리히 벡 교수는 한국의 상황에 대해 '신자유주의 국가가 다가오는 위험사회에 맞서 국민을 보호할 능력과 의지가 있느냐의 문제'라고 진단한 바 있다. 과학적 증거에 입각해서 보면 그 당시 광우병에 대한 우려는 비합리적인 것이었다. 그러나 '비즈니스 프렌들리'를 표방한 신자유주의 국가의 대응은 객관적 위험의 크기와 상관없이 국민들의 분노에 불을 질렀다. 당시 이명박 대통령은 청와대 춘추관에 기자들을 모아 놓고 미국산 소고기가 위험하면 사람들이 안 사먹을 것이고, 장사가 안 되면 업자들도 수입을 하지 않을 것이므로 걱정할 일이 아니라고 설명했다. 시장의 힘을 믿는 사람에게는, 그리고 주어진 목표가 효율성의 추구일 때는 매우 합당한 설명이다. 하지만 국민이 원했던 것은 효율성이 아니라 안전이었다. 안전은 효율efficiency의 문제가 아니라 효과effectiveness의 문제이다. 비용 대비 몇 명을 살리고 몇 명을 죽이느냐를 계산할 수 있는 문제가 아니라, 큰 비용이 들더라도 모든 생명을 살려야 하는 문제인 것이다. 효율과 이윤이 문제가 될 때는 작은 정부와 큰 시장이 힘을 얻지만, 위험과 재난이 문제가 될 때는 국민을 보호할 큰 정부를 사람들은 갈망한다.

이것은 중요한 정치적 결과를 낳기도 한다. 4·15 총선이 좋은 예이다. 모두 알다시피 21대 총선은 여당에 180석을 몰아주는, 역사상 유례없는 이변을 낳았다. 위험할 정도의 거대여당이다. 개헌만 빼고 뭐든지 마음대로 할 수 있다. 당장 개원과 동시에 모든 상임위 의장을 독식했다. 서울대 정치외교학부 박원호 교수는 총선 직후 쓴 칼럼에서 이렇게 말했다. "코로나 속 국가의 재발견, 그게 슈퍼 여당 만들었다."(〈중앙일보〉, 2020. 4. 17.) 그렇다. 신자유주의 등장 이후 국가는 천덕꾸러기였다. 큰 국가는 시장의 효율을 갉아먹을 뿐이고, 비효율적 철밥통이며, 규제만 만들어 내는 말썽꾸러기로 보였다. 그런데 COVID-19를 겪어 보니 사람들은 오랫동안 잊고 있었던 국가를 다시 발견했다. 국가가 없었다면 누가 확진자를 찾아내고, 동선을 파악해서 밀접접촉자에게 알려 주고, 공공병원을 중심으로 헌신적인 치료를 하고, 마스크를 수급하고, 긴급재난지원금을 주고, 국민의 안전을 지킬 것인가. 그러니 이제 큰 정부를 문제 삼는 사람은 없다.

그런데 문제는 돌아오는 국가가 '어떤 국가'냐는 것이다. 재난의 시대에 국민을 보호하기 위해 큰 정부가 돌아오는 것은 좋은데, 여기에는 두 가지 따져 보아야 할 점이 있다. 첫째, 그 큰 정부는 민주적인 정부인가. 둘째, 그 큰 정부는 지속가능한가. 첫째부터 따져 보자. COVID-19로 인해 이것도 저것도 안 좋아진다는 소식만 듣다 보니 사람들은 뭐 하나라도 좋아진 것을 찾고 싶어 한다. 그중 하나가 포퓰리즘의 득세를 멈출 수도 있지 않을까 하는 것이다. 2008년 금융위기 이후 전 세계는 포퓰리즘과 극우정치의 득세로 몸살을 앓아 왔다. 트럼프와 아베는 너무 익숙하니 거론하지도 말자. 히틀러의 고향인 오스트리아는 제2차 세계대전 이후 나치의 잔당들이 만든 극우정당 자유당의 후보 노르베르트 호퍼를 대통령으로 뽑기 직전까지 갔다. 영국은 브렉시트로 세상을 놀라게 했는데, 그 배경이 된 일자리 문제는 사실상 이민자들 탓이 아니었다. 프랑스의 단골 대선 후보 마리 르펜은 스스로를 "마담 프렉시트Madame Frexit"라고 불러 왔다. 영국에 이어 프랑스도 유럽연합에서 탈퇴하겠다는 뜻인

데, COVID-19로 유럽연합의 국경이 복원될 판이 되니 르펜도 힘을 받을지 모른다. 트럼프의 미국을 대신해 유럽의 중재자 역할을 해왔던 메르켈의 독일도 극우정당인 '독일을 위한 대안'의 연방하원 입성을 허락할 수밖에 없었다. 그렇다면 마지막 희망은 연대와 관용의 복지선진국 스웨덴일 터. 그런데 최근 여론조사에 따르면 신나치주의와 연계된 극우정당 스웨덴 민주당이 지지율 1위를 달린다.

COVID-19는 이런 흐름을 멈출 수 있을까. 기대하는 사람들의 논리는 이런 것이다. '그동안 포퓰리즘 정치인들은 지키지도 못 할 약속을 남발하며 국민을 호도해 왔는데, 막상 COVID-19가 터지니 그들의 약속과는 달리 하나같이 무능하기 짝이 없는 모습만을 보였다. 그러니 세계 여러 나라의 국민들은 포퓰리즘에 대한 기대를 접을 수도 있지 않겠는가?' 역사를 돌이켜 보자. 1929년 나치는 독일 연방하원에서 가장 작은 소수정당이었다. 그런데 대공황과 더불어 1년 만인 1930년 제 2당이 되었고, 다시 3년 후인 1933년에 집권했다. 나치 집권 이후 무슨 일이 벌어졌는지는 설명이 필요 없을 것이다. 2020년 4월 브라질 대통령 자이르 보르소나우는 "내가 곧 헌법이다"라고 말했다. 루이 14세의 400년 만의 귀환이다. COVID-19로 인해 돌아오는 큰 정부가 반드시 국민의 안전을 지키는 좋은 정부이기만 할 거라는 생각은 순진하다. 우리는 이 큰 정부가 더 민주적인 정부가 될 수 있도록 끊임없이 감시해야 한다.

두 번째로, 그 큰 정부는 지속가능한지를 따져 보자. COVID-19로 경제활동이 줄어들고, 기업이 도산하고, 일자리가 줄어들고 있다. 가뜩이나 낮은 출산율은 더 낮아지면 낮아졌지 높아질 일은 없을 것이다. 그러면 세금은 누가 내나. 역대급 큰 정부는 역대급으로 많은 돈을 쓸 텐데, 지속가능하려면 산업기반이 있어야 한다. 앞서 설명했듯이 산업화 시대의 산업기반인 제조업도 흔들리고, 탈산업화 시대의 산업기반인 서비스업도 흔들린다. 당장은 재정투입을 통해 여기저기 틀어막기에도 경황이 없는 상태이다. 하지만 누군가는 계산하고 있어야 한다. 이거 지속가능한 건가?

3) 정치경제적 블록화 현상과 리더십의 부재

요즘 국제정치 전문가, 특히 중국 전문가들과 대화해 보면 분위기가 심상치 않다. 이름만 대면 알 만한 한 중국 전문가는 필자와 사석에서 나눈 대화에서 "피를 보지 않을 방법이 없을 것이며, 어차피 피 흘려야 한다면 그 대가를 얼마나 잘 살리느냐가 문제"라고 말하기까지 했는데, 더 무서운 것은 이 말을 들은 다른 전문가들도 모두 동의했다는 점이다. 도대체 무엇이 문제인가.

팬데믹 초기 많은 전문가들은 테크놀로지 디커플링technology decoupling과 경제의 블록화를 예상했는데, 이것은 예상보다도 훨씬 빠른 속도로 현실이 되고 있다. 1930년대 대공황 이후 '킨들버거의 함정 Kindleberger trap'이라는 용어가 자리 잡았다. 킨들버거는 대공황 연구로 유명한 경제사학자인데, 그의 설명으로부터 시작된 용어라서 그의 이름이 붙었다. 그의 설명에 따르면, 대공황은 어쩌면 심각한 경기후퇴 정도로 끝날 수도 있었다고 한다. 그런데 당시 영국으로부터 슈퍼파워의 지위를 넘겨받은 지 얼마 되지 않아 '미숙한 슈퍼파워'였던 미국은 안정적인 통화, 무역, 금융 시스템을 세계에 제공하는 데 실패했고, 그 결과 호미로 막을 수도 있었던 경기후퇴는 대공황이라는 가래로도 막지 못할 사태로 번졌다. 이것의 결과는 보호무역주의의 대두였고, 국가들은 무역 블록trading block으로 나뉘어 내 편끼리 뭉치고 다른 편은 배제하는 경제 시스템을 만들었다. 이는 물론 모두에게 손해였다.

COVID-19는 비슷한 결과를 낳을 가능성이 높다. COVID-19 이후 세계는 그동안 중국에 너무 많은 것을 의존해 왔음을 새삼 깨달았다. 그전에도 알고 있었지만, 관성으로 인해 모른 척하던 일이다. 당장 미국이나 일본 같은 선진국에서 마스크 대란이 일어났다. 미국, 일본은 물론 유럽 대부분의 선진국들은 국내에 마스크 생산공장이 하나도 없고, 거의 전량 중국으로부터의 수입에 의존해 왔다. 막상 COVID-19 사태가 터지니 마스크 대란이 일어났고, 확진자는 더욱 폭증했으며, 이것은 의료시스템의 붕괴를 가져왔다. COVID-19 환자는 물론이고 다른 심각한 질병을 가진 사람들도 병원에 가지 못해서 사망하는 끔찍한 일이 벌어졌다. 더욱 기가 막힌 일은 사람들이 죽은 다음에 일어났다. 이들 국가들은 중국으로부터 마스크만 수입한 것이 아니라 시신을 담는 가방도 수입하고 있었다. 마스크를 못 구해 사람들이 죽었는데, 죽은 사람의 시신을 담을 가방도 구할 수 없는 일이 벌어진 것이다.

기존의 슈퍼파워 미국은 트럼프 등장 이후 지속되어 온 자국중심주의를 더욱 강화했고, 대 혼돈의 와중에 리더십도 동맹도 모두 잃었다. 지금의 상황에서 미국을 세계의 지도자라고 인정할 나라가 어디 있겠는가. 게다가 미국은 유럽연합으로부터의 입국을 전면 금지하면서 일언반구 사전 상의도 하지 않았다. 오랜 동맹에 대한 예의가 아닌 것이다. 그뿐인가. WHO가 친중국적 행태를 보인 것은 사실이지만, 아무리 그렇다 하더라도 팬데믹의 한복판에서 세계 최고의 슈퍼파워 국가가 이 기구에 대한 지원을 중단하더니 급기야 탈퇴하기까지 했다. 최근에는 그나마 부분적인 치료효과가 있다고 알려진 렘데시비르 물량을 2020년 말까지 싹쓸이해 버렸고, 아무 잘못 없는 유학생들에게 온라인 강의만 들으면 비자를 취소하겠다고 협박하고 있다. 다른 나라는 죽든 살든 내 알 바 아니라는 식이다. 이런 나라를 세계의 지도자라고 인정할 사람은 없을 것이다.

　미국이 제 앞가림하기도 힘든 상황이 되니 일각에서는 중국의 역할에 기대를 걸기도 한다. 2008년 금융위기 당시 중국은 막강한 자금력을 바탕으로 세계 여러 나라에 구제금융을 제공하면서 리더십을 확장해 나가려는 시도를 했었기 때문이다. 하지만 그때와 지금은 다르다. 일단 위기의 규모가 훨씬 더 크고, 중국 스스로도 국내 경제활동이 크게 위축되었다. 사태 발생 직후에는 경제활동이 약 40% 줄어들었다는 추계도 있었고, 무엇보다 그동안 일대일로 등 천문학적 자금이 들어가는 사업들을 대대적으로 추진해 온 중국은 스스로도 국가부채가 목에 차 있어서 다른 나라를 도와줄 형편은 아니다.

게다가 아무리 미국이 체면을 잃었고 중국이 G2로 부상했다 한들 아직은 GDP로 본 중국의 경제규모는 미국의 3분의 2에 불과하다.

상황이 이렇다 보니 팬데믹만 해도 감당이 안 되는데 세계는 지도자 없는 시대로 접어들어 자칫 대공황 때보다 더 위험한 상황이 될 수도 있다. 이언 브레머Ian Bremmer 같은 정치 평론가는 COVID-19 이전부터 지도자 없는 세계, 즉 G제로세계Gzero World를 주장해 왔다. 과거에는 한 정치평론가의 재치 있는 개념 설정쯤으로 생각할 수도 있었지만, 이제 이 말은 현실이 되었다. G제로의 세계에서 미국과 중국은 대대적인 편짜기를 시작하고 있다.

트럼프는 EPNEonomic Prosperity Network (경제번영네트워크) 을 창설한다면서, 여기에 한국이 가입하고 확실히 미국 편임을 선언하라고 노골적으로 압박하고 있다. 그러자 중국은 중국대로 전례 없이 한국 기업들을 단속하며 자신들의 편임을 선언하라고 압박한다. 지난 10여 년간 중국 중심의 일대일로와 아시아인프라투자은행AIIB에 다섯 번째로 많은 기여금을 내고 참여해 왔던 한국으로서는 난감하다. 미국을 택해야 하나, 중국을 택해야 하나. 동맹을 넘어 혈맹인 미국과의 관계, 그리고 제2차 세계대전 이후 우리가 미국으로부터 받았던 도움을 생각하면 미국에 등을 돌릴 수 없다. 그러나 기업이나 국가나 물건을 팔지 못하면 도산한다. 우리가 압도적으로 의존하는 최대 시장은 중국이니 중국의 미움을 사서도 안 된다. 그뿐이랴. 미중 신냉전의 와중에 자칫하면 통일·북핵·평화 정책마저 어그러진다.

기술도 나뉠 가능성이 높다. 지금까지의 세계에는 기술에 국적이 없었다. 글로벌리제이션과 자유무역의 세계에서 어느 나라의 기술이든 가격이 맞고 성능만 좋으면 채택할 수 있었다. 집에서 사용하는 PC를 뜯어보면 미국, 일본, 중국, 한국, 대만은 물론 동남아 여러 국가의 부품들까지 하나의 제품 안에 들어 있는 모습을 쉽게 볼 수 있었고, 그것이 당연했다. 하지만 내 편의 기술과 네 편의 기술이 나뉘는 테크놀로지 디커플링의 시대에 이것은 더 이상 당연하지 않다. 가장 효율적이고 경제적인 것이 '어느 기술이냐'를 가리기에 앞서 '누구의 기술이냐'를 따져야 하는 상황이 된 것이다. 기술이 블록으로 나뉘고 나면 기술을 통한 디지털 주권침해도 지금보다 훨씬 많이 일어날 것이다. 어쩌면 우리는 디지털 주권침해를 자유무역이라고 부르는 세상에 살게 될지도 모른다. 주로 미국 계열의 기술에 의존해 중국시장에 무역을 해서 살아온 우리는 어떻게 될까.

4) 민주주의의 전망 변화

포스트 코로나 시대에 민주주의의 전망은 달라질 것이다. 한국은 민주주의의 새로운 개념을 규정해 나갈 한시적 기회를 가졌으나, 그럴 만한 역량을 가졌는지는 별개의 문제이다. 다음 페이지의 그림들을 보자.

〈그림 7-2〉~〈그림 7-4〉는 시기별로 각 국가별 COVID-19 확진자 수 증가 추이를 보여 준다. 〈그림 7-2〉를 보자. 2020년 3월 6일 기준으로 한국은 COVID-19의 진원국인 중국에 이어 두 번째로 많

〈그림 7-2〉 국가별 COVID-19 확진자 수 증가 추이 (2020.3.6. 기준)

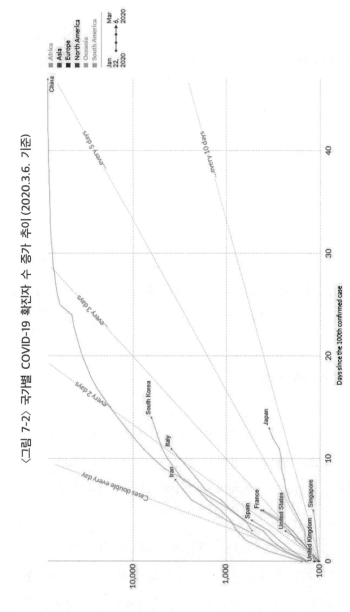

자료: Our World in Data.

290

〈그림 7-3〉 국가별 COVID-19 확진자 수 증가 추이 (2020.4.6. 기준)

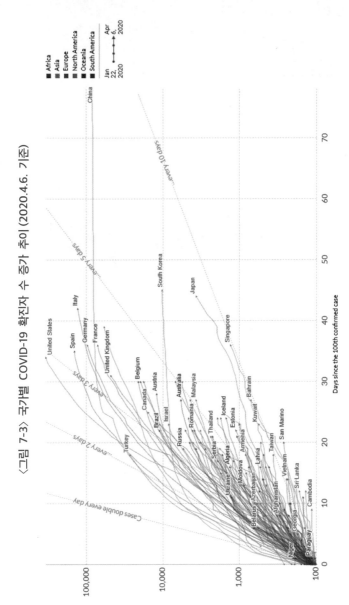

자료: Our World in Data.

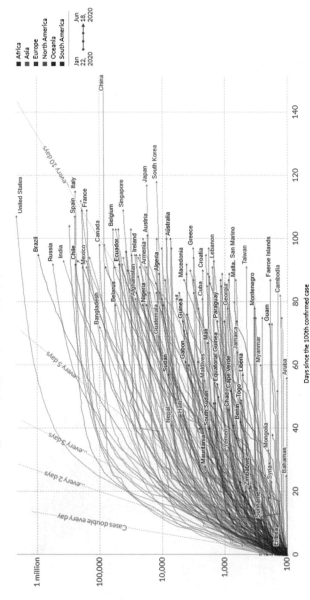

〈그림 7-4〉 국가별 COVID-19 확진자 수 증가 추이(2020.6.18. 기준)

자료: Our World in Data.

은 확진자를 내고 있었다. 야당과 언론은 정부에 십자포화를 쏟아 냈고, 국민들의 여론은 싸늘했다. 한국인 입국을 제한하거나 금지하는 국가가 100개를 훌쩍 넘었고, 이른바 '친중 굴욕 외교' 논란에 이어 '한국인 글로벌 굴욕' 논란에 시달려야 했다. 심지어 TV 시사 프로그램에 출연한 한 평론가라는 사람은 한국 정부가 왜 중국인 입국금지를 하지 않느냐며 일찌감치 중국인 입국을 금지한 러시아나 북한보다도 무능하다고 주장하기까지 했다. 일부 언론과 정치인들은 국제적으로 확립된 용어인 COVID-19 대신 한사코 '우한폐렴'이라는 단어를 고집하며 중국 혐오와 정부 비판을 선동하기도 했다.

이제 〈그림 7-3〉을 보자. 불과 한 달 차이인 4월 6일인데, 판도는 정반대로 달라져 있다. 이 시점을 중심으로 보면 세계에는 딱 세 가지의 국가 모델이 있다. 중국 모델, 한국 모델, 그리고 '나머지'가 그것이다. 이 시점에 '커브를 평평하게 하는 데', 즉 확진자 증가 추이를 잡는 데 성공한 나라는 중국과 한국밖에 없다. 그리고 나머지 모든 나라는 확진자 폭증을 겪었다. 세계를 당황하게 한 것은 미국, 일본, 서유럽 등 선진국들이 중남미, 동남아, 중동, 아프리카 등과 전혀 다를 바 없이 '나머지'에 속해 있다는 점이었다. 이들 나라들은 단순히 확진자 증가 추이만 못 잡은 것이 아니다. 포퓰리즘의 길로 달려왔던 상당수 선진국들의 재난 거버넌스는 극도로 정치화되어 있었고, 그 결과 우왕좌왕의 연속이었다. 확진자 수가 하루에 수만 명씩 늘어나는데 트럼프는 COVID-19의 심각성 자체를 부인하는가 하면 의학적 근거가 전혀 없다고 밝혀진 말라리아 약을 먹고 있다고 말해서 그 약을 따라 먹은 미국인들이 사망하는 일도 벌어졌다. 11월 대선을 앞두고 미국의 재난 거버넌스는 극도로 정치화되어서 트럼프 지지자는 마스크를 안 쓰고 민주당 지지자는 마스크를 쓰는 일도 벌어지고 있다. 일본의 경우 웃음거리가 된 아베 마스크가 문제가 아니었다. 일본의 COVID-19 대응은 후쿠시마 사태로부터 얻은 교훈이 하나도 없음을 보여 준다. 후쿠시마 사태 때 일본 대응의 가장 큰 문제점은 무엇이든 숨기는 비공개성과 비밀주의였다. 도쿄전력은 사고의 실상을 총리에게도 숨겼고, 언론은 사태의 심각성을 보도하지 않고 무조건 괜찮다고만 했으며, 정부는 국민들의 방사능 피폭 검사조차 제대로 받을 수 없게 만들었다. 이번 COVID-19 사태에서도 일본은 확진자가 발견되는 것을 두려워해서 검사 자체를 소극적으로 하는 어처구니없는 대응을 보여 주었다. 영국의 보리스 존슨 총리는 본인이 확진자가 되어 한때 위독설이 나왔는가 하면 브라질 대통령은 본인이 헌법이라고 주장하기까지 했다.

한 달 사이에 극과 극으로 달라진 환경에서 한국의 K방역이 전 세계의 찬사를 받기 시작했다. 세계 여러 나라의 정상들이 문재인 대통령과의 통화를 원했고, 트럼프조차 한국의 협조를 요청했으며, 미국 의회와 국제기구의 회의는 종종 한국 칭찬 일색이었다. 총선은 이 분위기에서 치러졌고 사상 최대의 슈퍼 여당을 만들었다. 3월 초의 방역 성과만 보고 정부 때리기에 '올인'했던 일부 언론과 야당의 전략은 스스로의 발등을 찍었다. 방역을 못하니 선거에서 응징해야 한다는 논리였는데, 막상 선거가 가까워진 시점에서 방역을 세계 최고로 잘 하고 있다고 하니 선거에서 찍어 줘야 한다는 논리를 비판 세력이 스스로 제공한 셈이다. 만약 총선이 4월 15일이 아니라 3월 15일이었다면? 혹은 확진자 증가 추이를 잡는 데 지금보다 한 달 늦게 성공했다면? 선거 결과는 엄청나게 달라졌을 것이다. 21대 총선 결과는 상당 부분 역사적 우연이 작용했음을 부정할 수 없다.

K팝에 이어 K방역이 찬사를 받기 시작하자 K 자가 앞에 붙은 온갖 단어들이 쏟아져 나왔다. 그러나 K방역 성공에 대한 세계의 찬사에 도취될 시간은 아니었다. 전 세계가 한국을 주목하는 이 '기회의 창'은 기껏해야 한두 달짜리 한시적으로 열린 창에 불과했기 때문이다. 개도국들과 함께 묶여서 '나머지'의 굴욕을 겪은 선진국들이 언제까지나 거기에 머물 리는 만무했다. 결국은 방역에 성공할 수 있는 역량을 가진 국가들과 그런 역량을 갖지 못한 국가들의 차이가 나타날 수밖에 없고, 한 달이냐 두 달이냐의 시간문제일 뿐 역량을 가진 나라들은 커브를 평평하게 하는 데 성공할 것이 분명했다. 그때가 되고 나면 한국은 확진자 증가 추이를 잡는 데 성공한 여러 나라들 중 하나일 뿐이 될 것이고, 남들보다 조금 빨리 성공했다는 기록이 큰 의미를 갖지는 못할 것이었다. 그러니 한국에 열린 한시적 기회의 창이 닫히기 전에 K방역의 성공을 단순히 방역의 차원을 넘어 세계사의 결실로 남길 무엇인가를 해야 했다.

실제로 약 두 달 후인 6월 18일 상황을 보여 주는 〈그림 7-4〉를 보자. 중국과 한국뿐 아니라 대략 20여 개 국가에서 커브를 평평하게 하는 데 성공했다. 이제 한국에 열린 기회의 창은 조금씩 닫혀 가고 있다. 그러면 한국은 무엇을 했어야 했나? 첫째는 중국과 한국의 차이를 분명하게 하는 것이고, 둘째는 여기서 더 나아가 새로운 민주주의의 전망을 구체화하는 것이다. 4월 기준으로 방역에 성공한 나라는 중국과 한국뿐이었지만, 한국과는 달리 아무도 중국 모델에 대해서는 찬사를 보내지 않았다. 민주적인 방식이 아닌 감시와 억압의 방식이었기 때문이다. 하루에만 수백 명의 확진자가 발생하던 대구·경북 지역에 대해 폐쇄 논의조차 없었던 한국과 달리, 중국은 문제가 되는 지역을 폐쇄했을 뿐 아니라 주민들을 집 밖에 못 나오게 하고 드론 등을 비롯하여 온갖 종류의 감시장치를 동원했다. 문제를 제기했던 의사와 전문가들이 실종되고 사망하는 일도 벌어졌다. 그러나 세계가 무엇이라 하든 이번에 중국 공산당은 속으로 쾌재를 불렀을 것이다. 지난 10여 년간 추진해 온 '사회신용체계'가 실제로 작동한다는 점을 확인할 수 있었기 때문이다. 국민들의 행동을 신용평가하듯이 평가하여 온갖 혜택과 제재를 하는 데에 활용한다는 이 아이디어가 작동하려면 일단 모든 국민의 행동을 한군데에 모아서 분석하는 시스템이 필수이다. 인민은행이 센터 역할을 하고 우리에게도 잘 알려진 알리바바, 텐센트, 디디 같은 기업들이 참여한다. 온라인 쇼핑을 하고, 모빌리티 서비스를 이용하고, 온라인 데이팅 앱을 쓰는 행동들 하나하나가 모두 한군데로 모여서 그 사람의 평판을 평가하는 데에 이용된다. COVID-19라는 재난 상황에서 사회신용체계가 실제로 작동한다는 것을 확인한 중국은 앞으로 이것을 민주주의라고 부르는 데에 주저함이 없을 것이다. 국가안전부나 공안을 통한 감시가 아니라 알리바바, 바이두, 텐센트 등의 민간부문을 통한 신용평가일 뿐이기 때문이다.

중국에 비하면 우리는 훨씬 개방적이고 민주적인 방식으로 확진자 증가 추이를 잡는 데 성공했다. 세계가 K방역을 칭찬한 이유이다. 그러나 동시에 불편한 진실도 있다. 흔히 친한파로 알려진 프랑스의 석학 기 소르망은 왜 한국에 대해 "방역에는 성공했지만 매우 감시받는 사회"라고 했을까. 확진자의 동선을 추적하고 공개하는 우리의 방식은 중국만큼은 아니지만 서구의 감각으로는 인권침해적 요소를 가지고 있기 때문이다. 이태원 클럽 사건이 대표적으로, 확진자들 중 일부가 동선 파악에 협조하지 않은 중요한 이유는 본인의 사생활이 드러날 것을 우려했기 때문이다. 다른 사람들이 보기에는 방역을 위해 당연히 협조해야 할 일이지만 본인 입장에서는 상당한 곤란을 겪는 일이다. 우리의 방식은 중국의 방식과 비교해 '정도의 차이'가 있을 뿐일까 아니면 '근본적 차이'가 있을까. 정도의 차이라면 K방역의 성공은 한 달짜리 명성으로 끝날 가능성이 높다. 근본적 차이라면 우리는 민주주의의 새로운 지평을 열 수 있을지도 모른다. 이것이 왜 민주주의인지를 세계에 설명하고 동의를 구할 수 있어야 한국의 방식은 세계가 따라오려고 하는 하나의 '모델'이 된다.

5) 과학, 프라이버시, 민주주의

민주주의의 전망을 바꾸는 것은 과학의 역할과 데이터의 사용이라
는 문제와 밀접하게 연결된다. COVID-19 사태를 겪으면서 가장
크게 달라진 영역 중 하나가 바로 이것이다. 정책의 영역, 더 나아
가 정치의 영역에까지 과학기술이 성큼 진입했다. 국민들은 방역과
정을 지켜보면서 과학의 힘이 정책에서 실제로 작동한다는 것을 실
감했다. 이번에 방역과정을 뒷받침한 과학적 지식은 이제 그들만의
상아탑으로 되돌아가지 않을 것이다. 국민들은 다른 정책의 영역에
서도 방역과 같은 정밀함과 효율을 요구할 것이다. 앞으로 과학은
중요한 정책적 혹은 정치적 변수가 될 것으로 보인다.

　데이터 사용과 프라이버시에 대한 인식은 마침내 심리적 저지선
을 넘은 것으로 보인다. 1980년대 고도성장 시기에 우리는 포항제
철을 가리켜 '산업의 쌀'을 만든다고 칭송했다. 철강은 주요 제조업
에 모두 필요한 재료이고, 반찬은 바뀌어도 밥은 꼭 있어야 하듯이
필수적인 산업이다. 세계 최고의 제철회사를 가지고 있다는 것은 우
리 제조업 성장에 든든한 밑거름이 되었다. 4차 산업혁명 시기에는
데이터가 산업의 쌀이다. 그러나 우리는 프라이버시 문제에 얽매여
이러지도 저러지도 못하는 긴 세월을 보냈다. 산업의 쌀이 제대로
공급되지 않으니 유관 산업이 꽃피우기 어려운 것은 당연한 일이었
다. 2019년 2월 동대문 DDP에서 열린 이른바 한국형 CES를 참관
했을 때 한 개발자는 필자에게 한국에서 데이터 활용이 얼마나 어려

운지를 하소연했다. 안면인식 기술을 예로 들어 보자. 인공지능이 사람을 알아보기 위해서는 수많은 얼굴 사진을 학습해야 한다. 그 개발자는 "바이두는 베이징역에 카메라를 설치해 놓고 대놓고 찍는다"며, 한국에서는 상상도 못 할 일이라고 아쉬워했다.

몇 년 전 로봇 청소기를 만드는 한 한국 기업에서는 직원들을 대상으로 사진공모전을 했다. 그런데 놀랍게도 그 공모전은 아름다운 풍경이나 인물 사진이 아니라 '개똥' 사진을 공모하는 것이었다. 그것도 사람 눈높이에서 찍으면 안 되고 바닥에 몸을 낮추어 개의 눈높이에서 찍어야 하는 것이었다. 이 기업은 왜 이런 엉뚱한 이벤트를 했을까. 반려견 인구가 늘어나는 요즈음, 로봇 청소기의 대중화에서 개똥은 중요한 걸림돌 중 하나이다. 로봇 청소기는 대개 집안을 돌아다니면서 천장을 학습해서 나름의 지도를 완성한다. 그런데 반려견이 이곳저곳에 저지르는 '실례'는 학습되지 않은 것이어서 로봇 청소기는 개똥 위로 지나가기 일쑤이다. 그러니 반려견을 키우는 사람들은 로봇 청소기를 잘 사지 않게 된다는 것이다. 이 문제를 해결하기 위해 이 기업은 개의 눈높이(사실은 로봇 청소기의 눈높이)에서 본 개똥 사진을 모았다. 로봇 청소기가 개똥을 인식하고 피해가도록 하기 위한 데이터를 모은 것이다. 물론 이 사진공모전은 진지한 것이라기보다는 웃고 즐기자고 만든 이벤트에 가까운 것이기는 했다. 하지만 오죽 데이터 모으기가 힘들면 이런 이벤트를 개최하기까지 했을지 생각해 볼 일이다.

그런데 COVID-19는 데이터 사용과 프라이버시에 대한 인식이 달라지는 계기를 제공한 것으로 보인다. 중국이 락다운을 감시하기 위해 우한 상공에 드론을 띄웠을 때 유럽에서는 이를 반인권적이라 비판했다. 하지만 한 달 후 벨기에 수도 브뤼셀에 같은 목적의 드론이 날아올랐고, 곧 이어 프랑스에서도 드론이 떠올랐다. 불과 한 달 후인데 이것을 비난하는 사람은 없었다. 감염을 막기 위해 인권을 일부 희생할 수도 있다는(데이터를 제공할 수도 있다는) 암묵적 합의가 만들어진 것이다. 최근 서울대 사회발전연구소의 조사에 따르면 한국도 감염 위험을 줄이기 위해 자신의 인권을 일부 희생할 수 있다는 응답이 60%를 넘었다. COVID-19가 지나가고 다음번 감염병 대유행이 왔을 때 우리는 인권과 프라이버시를 위해 위치정보나 드론을 사용하지 않을까? 이번에 사용한 경험이 있기 때문에 더 쉽게 사용할 가능성이 훨씬 높을 것이다. 데이터를 쓸 것인가 말 것인가의 논쟁이 사실상 끝났다는 뜻이다.

데이터를 쓸 수밖에 없다면 어떤 보호장치를 가지고 어떻게 활용해야 할지를 다른 나라보다 앞서서 논의해야 한다. 앞서 말했듯이 이것은 민주주의의 전망과 밀접하게 연결된다. 지금까지는 데이터의 사용이 자칫 반인권적인 결과를 낳을 수 있고 따라서 반민주주의적이라는 반론이 있어 왔다. 하지만 데이터를 쓸 수밖에 없다면 적절한 보호장치를 가지고 데이터를 쓰느냐 아니면 그런 보호장치 없이 데이터를 쓰느냐가 민주주의인지 아닌지를 구분하는 기준이 될지도 모른다. 민주주의를 훼손하지 않고, 더 나아가 민주주의를 심화하는 방식으로 데이터를 쓸 수 있는 방법은 무엇이 있을까. 블록체인 기술이 하나의 답을 제시할 수도 있다. 나는 블록체인이 근본적으로 정치 프로젝트라고 생각한다. 비트코인 개발자인 나카모토 사토시Nakamoto Satoshi의 논문을 읽어 보면 답이 나온다. 이름만 들으면 일본인같이 생각되지만, 그는 철저히 필명 뒤에 숨어 활동했기 때문에 그가 일본인인지 아닌지, 혹은 한 명인지 여러 명으로 이루어진 집단인지 아무도 모른다. 복잡한 수학공식으로만 가득 차 있을 것 같은 그의 논문에는 뜻밖에도 중앙은행에 대한 불신, 그리고 정보를 독점한 자들이 어떻게 세상을 배신해 왔는지에 대한 질타가 여러 쪽에 걸쳐 이어진다. 정보 독점자의 배신을 원천적으로 제거하는 그의 해법은 모든 정보를 모든 사람에게 나누는 블록체인 기술이다. 블록체인은 탈집중화와 분권화의 기술이고 독점 해체의 기술이다. 세상에서 가장 거대한 정보독점자는 다름 아닌 정부이다. 블록체인이 정부와 정치의 영역에 적용되었을 때 어쩌면 민주주의의 정의로 종종 꼽혀 온 '불신의 제도화'가 완벽하게 이루어질 수도 있다. 이미 미국의 소버린Sovereign 같은 시민단체는 블록체인을 활용한 투표 앱을 개발해 실험하고 있고, 에스토니아는 정부의 모든 행정에 블록체인을 도입했다.

3. 과학기반 복지국가로 나아가자

> 철저하게 불행한 경험이 주는 딱 하나의 행복한 결말은 사람들을 더 도
> 덕적으로 만든다는 것이다. 적어도 한동안은 말이다.
>
> — Dryzek & Goodin, 1986

존 드라이젝과 로버트 구딘은 제2차 세계대전 이후 복지국가의 등
장을 설명하는 논문의 결론에서 이와 같이 말한다. 영국은 제1차
세계대전 기간에 주요 경제부문을 모두 국유화하는 조치를 취했는
데, 이러한 변화들은 제1차 세계대전의 종식과 더불어 금방 원상태
로 복구되었다. 반면 제2차 세계대전이 뜻하지 않게 만들어 낸 영
국의 복지국가는 전쟁이 끝나도 없어지지 않고 지속되었다. 그 차이
는 어디에서 오는가? 드라이젝과 구딘은 제1차 세계대전과 달리 대
규모 공습이 일상이었던 제2차 세계대전은 사람들의 신념과 태도와
기대와 가치관을 바꾸어 놓았다고 말한다. 이 엄청난 불확실성은 뜻
하지 않게 사람들의 도덕적 지평을 확장했다. 그들은 스스로를 타인
의 입장에 대입시켜 생각해 보게 되었고, 사회정책에 대한 평가도
그에 따라 달라졌다. 이러한 가치관의 변화는 전쟁이 끝나도 없어지
지 않고 긴 시간 동안 지속되었고, 그것이 복지국가라는 발명품을
긴 시간 동안 보편적인 제도로 만들었다.

COVID-19도 전 세계인들에게 제2차 세계대전과 비슷한 불확실
성과 공포를 안긴다. 앞서 설명한 COVID-19로 인한 변화들, 그리

고 포스트 코로나 시대의 전망들은 한결같이 하나의 방향을 가리킨다. 바로 복지국가의 재설계이다. 유럽은 자고 일어나면 중산층 납세자가 늘어나 있는 제조업 황금기에 복지국가를 만들었다. 뒤늦게 시작한 한국은 눈 뜨면 중산층 납세자가 줄어드는 탈산업화와 고령화의 시대에 복지국가를 만들기 위해 고군분투해 왔다. 이것은 마치 물살을 거슬러서 헤엄치는 연어처럼 지난한 과정이다. 그런데 COVID-19는 여기에 또 한 번의 충격을 안긴다. 이미 주요국들의 실업률은 작년의 두 배를 넘어섰다. 과거에는 고령이나 장애 등으로 일할 능력이 없는 사람이 복지의 대상이 되었지만, 사회적 거리두기와 락다운으로 인해 일할 능력이 있는 사람도 일을 할 수가 없어서 복지의 대상이 된다. 방역에 가장 성공적이었다는 한국에서조차 의료비 지원을 받아야 할 환자는 지금까지 1만 3천 명이 늘어났고, 확진자가 아니더라도 2주간 자가격리 비용도 만만치 않다. 자영업과 특수고용은 특단의 대책이 필요하고 전 국민 재난지원금은 기본이다. COVID-19로 인해 강제로 커진 복지국가를 어떻게 지속할 것인가? 서구의 경우처럼 제조업이 한국 복지국가의 산업적 기반이 되어 줄 수 있을 것인가? 팬데믹으로 인해 제조업이 입게 될 타격과 경제의 블록화 현상을 감안하면 세계 최고 수준의 제조업 강국이자 무역 대국인 한국은 복지국가를 위한 산업기반에 또 한 번의 충격을 피할 수 없을 것이다.

이제 복지국가를 위한 산업기반에 과학이 들어서야 한다. 과학에 대한 대대적인 투자와 지원이 이루어지고, 이에 답하여 과학은 사회의 요구를 충족하고 효율화하는 과학기반 복지국가라는 새로운 모델을 만들어 내야 한다. 제조업기반 복지국가의 끝자리는 고단한 위치였지만 과학기반 복지국가라는 새로운 모델의 앞자리는 그렇지 않다. 제조업기반 복지국가는 계급 간 이해의 타협과 시민적 연대라는 서구 역사의 산물이기도 한데, 서구와 다른 역사적 경험을 가진 우리로서는 잘해 내기가 쉽지 않다. 반면 과학은 우리가 잘할 수 있는 종목이다. 스포츠에도 아무리 노력해도 세계 수준이 되기 어려운 종목이 있는가 하면 골프나 양궁처럼 우리가 원래부터 잘하는 종목이 있듯이, 과학이 바로 우리가 잘할 수 있는 종목이다.

제조업 축소와 탈산업화는 물론이고 인구구조의 변화를 보더라도 과학을 기반으로 한 복지국가의 효율화가 최선의 선택이 될 것이다. 복지는 사람에게 주어지는 것이 아니라 상황에게 주어져야 한다. 그렇지 않으면 지금 COVID-19로 인해 목도하듯이 일할 능력이 있는데 일할 수 없는 사람들을 구제할 방법이 없다. 의료를 예로 들어 보자. 사회보장의 고전적 원리는 '모든 사회구성원은 어떤 제약도 없이 모든 형태의 치료를 받을 수 있는 무조건적 권리'를 가진다는 것이었다. 하지만 오늘날 이 원리는 곧이곧대로 지켜지지 않는다. 가장 먼저 변화한 것은 '모든 사회구성원(시민)은 무조건적 권리를 가진다'는 부분이다. 많은 국가들에서 가입자 부담금이 생겨났고 이것은 소득에 따라 차별화되었다(Ferrera & Rhodes, 2000). 이제 다수의 복지국가들은 '모든 형태의 치료'를 선별할 수 있는 기준을 찾기 위해 고심하고 있다. 여기에서 보듯이 복지국가의 원리는 불변의 것이 아니다. 사람이 아니라 상황을 대상으로 한 복지가 훨씬 효율적이고 국민의 행복을 증진시킬 수 있다.

복지국가의 지속가능성을 결정하는 또 하나의 요인은 비용의 회수이다. 어떤 복지국가도 무조건 돈을 쓰기만 한다면 지속할 수 없다. 그러나 어떤 복지지출은 회수가 가능하다. 출산에 대한 지원을 예로 들어 보자. 출산을 원하는 여성이 한 명의 자녀를 더 출산할 수 있도록 돕기 위해 다양한 형태로 1억 원을 썼다고 가정하자. 더 이상 출산할 생각이 없는 성인들이나 연령이나 질병 등 다양한 이유로 출산할 수 없는 사람들은 내가 낸 세금을 왜 다른 집 아이 출산에 그렇게 많이 써야 하냐고 반발할 수도 있다. 그러나 시간 축을 길게 놓고 보면 얘기가 달라진다. 20년을 기다릴 수 있다면 그 아이는 그때부터 수십 년간 세금을 낼 것이다. 1억 원을 써서 태어나지 않을 수도 있었던 아이가 태어나면, 그 아이는 성인이 되어 그 몇 배에 이르는 내지 않을 수도 있었던 세금을 내게 된다. 북유럽 복지국가들이 주로 가족과 노동에 투자하는 이유이다.

제조업기반 복지국가는 20년을 기다려야 하지만, 과학기반 복지국가는 회수기간이 훨씬 짧아질 수도 있다. 일정 수준 이상의 질병을 가진 모든 사람들이 의료 복지의 일환으로 건강의 위험을 알려 주는 웨어러블 기기를 착용한다고 가정해 보자. 그들 중 상당수는 하마터면 겪을 뻔했던 심각한 상황을 겪지 않을 수 있을 것이다. 요양원에 모여 있어야 했던 환자들 중 상당수는 재택요양을 할 수 있을 텐데, 이번에 경험했듯이 요양원은 감염병에 극히 취약한 곳이기도 하다. 이 모든 것들은 양질의 의료복지를 제공하면서도 동시에 비용을 크게 절감하는 데 기여할 것이다. 동시에 복지에 대한 투자는 거대한 공공조달 시장을 만들어 낸다. 의료용 웨어러블 기기를 만드는 회사들은 이 시장을 테스트베드로 삼아 글로벌 시장으로 진출할 수 있을 것이다. 그러니 과학기반 복지국가의 투자 회수기간은 훨씬 짧아질 수 있다.

제2차 세계대전 종식이 시민권과 민주주의의 도약을 가져왔듯이 COVID-19의 종식이 과학기반 복지국가로의 도약을 가져오려면 정치가 예술의 경지에 이르러야 한다. 현금지급의 경험으로 앞으로는 퍼주기 경쟁이 벌어질 것이라는 걱정도 많다. 퍼주기가 도움이 될까. 최근의 여론조사 결과에 따르면, 현금지급은 한 번으로 끝내라는 응답이 훨씬 많다. 유독 나라 걱정이 많은 한국인들은 퍼주기의 수혜자임에도 퍼주기를 경계한다. 포퓰리즘 잘못하다가는 한순간에 무너진다. 정치권이 진짜 신경 써야 할 의제는 퍼주기가 아니라 오히려 뉴딜 연합New Deal Coalition이다. 미국의 뉴딜은 단순한 경기부양책이 아니었다. 그것은 유권자와 이익집단의 구도를 전면적으로 바꾸어 놓았고, 그렇게 만들어진 뉴딜 연합으로 미국 민주당은 1932년부터 1960년대 후반까지 30년 넘는 기간 동안 백악관과 의회를 장악했다. 그렇다면 한국형 뉴딜로 인해 이해찬 민주당 대표의 말처럼 민주당 20년 집권의 시대가 올까? 그건 알 수 없다. 큰 정부의 귀환은 진보정치에 유리하지만, 안보나 성장 등 COVID-19가 소환하고 있는 가장 급한 의제는 하나같이 보수의 의제이다. 보수의 의제를 진보적으로 다루는 정치세력을 중심으로 한국형 뉴딜 연합이 만들어질 수 있다. 민주당이 보수의 의제를 진지하게 다룰 것인가, 아니면 통합당이 진보보다 더 진취적으로 거듭날 것인가. 과학기반 복지국가로 나아갈 수 있을 것인지를 결정하는 궁극적 매듭이다.

참고문헌

Bean, A. G. D. et al. (2013), "Studying immunity to zoonotic diseases in the natural host - keeping it real", *Nature Reviews Immunology*, 13: 851~861.

Dryzek, J. & Goodin, R. E. (1986), "Risk-sharing and social justice: The motivational foundations of the post-war welfare state", *British Journal of Political Science*, 16(1): 1~34.

Edgerton, D. (2011), "In praise of luddism".

Ferrera, M. & Rhodes, M. (2000), "Building a sustainable welfare state", *West European Politics*, 23(2): 257~282.

8

포스트 코로나 시대의 정치

강원택 서울대 정치외교학부

1. 서론

코로나 사태가 전 세계적으로 확산되고 또 장기화되면서 일상적인
삶의 모습을 크게 바꾸고 있다. 우리나라 역시 COVID-19의 여파
로 많은 변화를 경험하고 있다. 코로나 사태는 정치의 영역에서도
상당한 변화를 이끌어 내고 있다. 우리나라는 코로나 사태의 와중에
도 21대 국회의원 선거를 무사히 치렀지만, 미국의 많은 주에서는
대선 경선이 연기되었고, 영국에서도 지방선거가 1년 연기되는 등
전 세계 많은 나라의 선거 일정이 영향을 받았다. 코로나 사태는 선
거뿐만 아니라 국가와 시민 간의 관계를 변화시키고 있고, 국가와
국가 간의 관계에도 영향을 미치고 있다. 방역과 공중 보건을 위해
국가의 역할은 더 중요해졌고, 그로 인해 시민적 자유가 침해받을

가능성이 커졌다. COVID-19로 인한 국가 간 이동의 제한과 그로 인한 경제적 활동의 위축은 경제적인 어려움을 가중시키면서 경제 영역에서 국가의 개입 필요성을 높이고 있다. 그리고 코로나 사태와 그로 인한 경제적, 사회적 타격에 대한 각국 정부의 대응은 정부의 신뢰성에도 큰 영향을 미치고 있다. 또한 전염병 방역과 관련하여 각국은 외국인에 대한 입국 제한 조치를 하는 등 자유로운 이동을 제한하고 있고, 유럽통합의 상징적 협약 중 하나로 회원국 간 자유로운 인적 이동을 규정한 셍겐 조약도 타격을 받았다. 미국의 트럼프 대통령 등장 이후 가속화된 자국중심주의는 코로나 사태를 거치면서 세계 각국으로 더욱 확산되고 있다. 또한 코로나 사태는 '국가'를 재발견하게 해주었다. 많은 국가들이 자국민 외에 외국인의 입국을 거부했고, 코로나 사태 초기 마스크 부족 상황에서 자국민에게만 마스크 구매를 허용했고 외국으로의 반출도 금지했다. 우리나라를 포함하여 적지 않은 국가가 전용기를 보내 해외에 체류하는 국민을 데려오기도 했다.

이처럼 코로나 사태는 일차적으로 심각한 사회적, 경제적 충격을 낳고 있지만, 동시에 정치적 영역에서도 매우 큰 변화의 가능성을 내포하고 있다. 코로나 사태가 장기화되면서 그로 인한 충격과 변화는 일시적인 것에 그치지 않고 새로운 질서, 즉 '뉴 노멀new normal'이 되어 가고 있다. 코로나 사태를 넘어서더라도 세상은 그 이전으로 돌아가지 못할 수도 있다는 것이다. 그런 점에서 코로나 사태가 만들어 내는 다양한 변화에 주목할 필요가 있다. 이 글에서는 코로나 사태로 인해 나타나고 있는 정치적 영역에서의 변화를, 특히 민주주의에 대한 위협이라는 관점에서 살펴보고자 한다.

2. 코로나가 바꾼 정치

1) 코로나와 개인의 자유

코로나 사태가 장기화되면서 전염병의 확산과 방지가 어느 나라에서나 정부의 최우선 과제가 되었다. 신종 코로나 바이러스의 강한 전염력은 국가가 전 행정력을 동원하여 수단과 방법을 가리지 않고 우선적으로 감염병의 확산을 방지해야 할 시급성을 높였다. 그로 인한 사회적·경제적 활동의 제한은 경제를 악화시키고 사회적 약자의 어려움을 가중시키면서 경제 영역에서의 국가의 역할도 중요해졌다. 또한 공공 방역과 질병 관리라는 명분과 대책의 시급함은 시민 개인이나 시민사회, 혹은 시장에 대한 국가의 개입을 급격히 확대시키고 있다. 이러한 상황은 대공황 당시 미국 루스벨트 대통령의 뉴딜 정책이나 제2차 세계대전 이후 영국을 비롯한 유럽 각국에서의 복지사회 건설과 같이 경제적 활력 회복과 사회적 안전망 구축을 위한 국가의 적극적인 역할에 대한 기대감을 높이고 있다. 우리나라에서도 2020년 6월 1일 비상경제회의에서 문재인 대통령은 '한국판 뉴딜'의 추진을 말한 바 있다. 이처럼 코로나 사태를 거치면서 '자연스럽게' 국가의 역할에 대한 기대감이 커졌고, 실제로 국가가 개인이나 경제, 사회 영역에 개입하는 일이 잦아졌다. 코로나 사태라는 사태의 엄중함과 시급함이 국가의 개입에 대한 사회적 거부감이나 저항을 크게 약화시켰다.

그러나 국가의 개입은 개인의 자유라는 자유민주주의의 가치와 관련해서 볼 때 불가피하게 마찰을 야기할 수밖에 없다. 중국과 같은 권위주의 체제에서는 바이러스가 창궐한 우한시를 비롯하여 후베이성의 12개 도시에 대해 봉쇄 조치를 취했다. 미국과 유럽 각국 역시 상점의 문을 닫고 집안에만 머물도록 하는 락다운ockdown 조치를 취했다. 한국에서는 중국과 같은 도시 봉쇄나 락다운 조치가 내려지지는 않았지만, 감염 의심자나 확진자와 접촉한 이들에 대해 자가격리를 명령했고, 다중이용시설에 대한 폐쇄 명령도 내렸다.

우리나라에서는 또한 확진자나 감염 의심자의 개인 정보가 국가에 의해 추적되고 축적되고 관리되는 현상이 나타났다. 구체적 동선을 밝히지 않은 확진자에 대해서도 국가는 휴대전화 기지국 정보와 교통카드 사용기록, CCTV, 그리고 신용카드 사용내역을 추적하여 그 사람의 일상을 추적해 낼 수 있음을 코로나 사태는 보여 주었다. 다시 말해 정보화의 발전과 치안을 이유로 한 광범위한 감시체계의 구축은 국가가 마음만 먹는다면 언제라도 시민 개인의 일상생활을 추적하고 그 정보를 밝혀낼 수 있게 되었다. 조지 오웰의 소설 《1984》에서 국가가 '텔레스크린'을 통해 시민을 감시했다면, 오늘날에는 모든 사람이 들고 다니는 스마트폰과 도처에 깔려 있는

CCTV가 사실상 그 기능을 구현해 내고 있는 것이다. 국가인권위원회가 성명을 통해 "확진자 개인별로 필요 이상의 사생활 정보가 구체적으로 공개되다 보니 내밀한 사생활이 원치 않게 노출되는 인권 침해 사례가 나타나고 있다"(〈머니투데이〉, 2020. 6. 8.)고 우려를 나타낸 것도 이와 같은 개인 정보에 대한 국가의 수집과 축적, 그리고 그로 인한 오용의 문제점을 지적한 것이다.

한편, 코로나 사태로 인한 경제활동의 제한, 국가 간뿐만 아니라 국내에서의 인적 교류의 제한 등 시장 기능이 제대로 작동하지 않으면서 경제적 어려움을 겪는 이들이 많아졌다. 심각한 상황에 놓인 기업의 회생을 위해 공적 자금이 투입되고, 경제적 어려움을 겪는 국민을 위한 국가의 지원도 늘어났다. 우리나라는 전 국민을 대상으로 한 국가의 긴급재난지원금이 풀리기도 했다. 이제 재산의 많고 적음이나 노동의 참여 여부와 무관하게 국민 모두에게 지급되는 기본소득에 대한 논의도 시작되었다. 코로나 사태로 경제활동이 위축되면서 그만큼 경제 영역에 대한 국가 개입과 통제가 더욱 증대되고 있다.

이와 같은 사실상 사회 전 영역에 대한 국가의 개입과 감시는 자유민주주의 체제의 핵심적 가치인 '개인의 자유'와 충돌할 수밖에 없으며, 정보 감시사회에 대한 우려로 이어질 수밖에 없다. 우리나라를 포함한 각국의 이러한 조치는 '정상적 상황'에서는 용납될 수 없는 것이지만 COVID-19의 확산이라고 하는 '특수한 상황'으로 인해 정당화될 수 있었다. 문제는 코로나 사태가 장기화하면서 이러한 국가의 개입과 감시 역시 장기화될 것이고 일반 시민들도 점차 이런 변화된 상황에 익숙해져 갈 것이라는 점이다. 자유주의적 질서가 코로나 사태와 함께 심각한 위기를 맞고 있다.

실제로 감염병 방지라는 공공의 명분을 내세워 시민의 자유를 제한하고 권위주의적 통제를 강화하려는 시도가 나타나고 있다. 헝가리 의회는 코로나 사태가 유럽으로 급속히 확산되던 2020년 3월 30일, 이른바 〈코로나바이러스 법coronavirus law〉을 통과시켰다(Racz, 2020). 이 법은 상황이 위험하다고 판단되면 의회의 동의를 구할 필요 없이 포고령decree으로 법과 같은 효력을 갖도록 규정한 것이다. 이전 법에서 포고령은 15일의 기한을 두었는데 〈코로나바이러스 법〉에서는 이러한 효력의 한계를 두지 않았다. 또한 과거에는 재난 관련 규정과 관련해서만 포고령을 낼 수 있었는데 〈코로나바이러스 법〉에서는 그런 제한 규정을 없앰으로써, 헝가리 정부는 이제 어떤 이슈에 대해서도 포고령을 낼 수 있게 되었다. 이와 같이 코로나 사태를 이용한 법률 제정으로 이미 권위주의적 통치를 행하고 있는 헝가리 통치자 빅토르 오르반Victor Orbán은 그 대상이나 기한에 있어 제한을 받지 않는 막강한 권한을 부여받게 되었다. 중국에서는 코로나 사태에 대한 실상을 보도하거나 중국 정부의 코로나 대응을 비판한 인사들이 검열을 받거나 구금되는 일이 일어나고 있다. 이러한 일은, 정도의 차이는 있지만, 권위주의 체제에서만 일어나는 것은 아니다. 국제비영리법률센터International Center for Not-For-Profit Law는 코로나 사태로 인한 자유의 침해 가능성에 주목하고 있는데,1 이 단체에 따르면 2020년 7월 17일 기준으로 비상 상황을 선포한emergency decla-rations 국가는 88개국이다. 또한 표현의 자유에 영향을 미칠 수 있는 조치measures that affect expression를 내린 국가는 41개국이고, 집회 등에 영향을 미칠 수 있는 조치measures that affect assembly를 내린 국가는 120개국, 개인의 프라이버시에 영향을 미칠 수 있는 조치measures that affect privacy를 내린 국가는 41개국이다. 정치체제와 무관하게 코로나 사태와 함께 세계 여러 나라에서 시민적 자유가 제한을 받게 된 것이다.

이처럼 코로나 바이러스 사태는 정부가 시민의 자유를 제한하고, 헝가리나 중국처럼 이 상황을 악용하려 한다면, 디지털 모니터링을 통한 감시체제의 강화로 이어질 수 있다. 국가의 개입이 1960년대 미국 존슨 대통령이 말한 '가난과 인종차별을 없애기 위한' '위대한 사회Great Society'로 나아가기보다, 억압적 감시체제인 '빅 브라더Big Brother'로 타락해 갈 가능성이 있는 것이다. 조지 오웰이 상상했던 빅 브라더의 세계는 이미 기술적으로 가능해졌다. 우리나라에서도 정부가 마음만 먹으면 스마트폰, 신용카드, CCTV를 통한 동선 추적이 가능함을 증명해 보였다. 더욱이 중국과 같은 경우에는 전 국민에 대한 안면인식 정보를 수집하고 그 기술을 주민 감시에도 활용할 수 있게 되었다. 이처럼 그동안의 과학기술의 발전이 활용 가능

---

1   ICNL, "COVID-19 Civic Freedom Tracker: Keep Civic Space Healthy".
     https://www.icnl.org/covid19tracker/?location=23&issue=&date=&type=

한 기술적 토대를 만들어 두었다면, 코로나 사태는 그것을 권력이 현실에 활용할 수 있는 명분과 기회를 제공할 수 있다는 점에서 경우에 따라서는 국가에 의한 감시체제의 강화와 개인적 자유의 침해, 그리고 궁극적으로는 권위주의 체제로의 퇴행과 같은 정치적 결과가 발생할 수도 있다. 효과적으로 견제받지 않는 권력인 경우, 이처럼 사회적 통제 방법으로 디지털 정보 기술을 활용하고, 각 시민의 개인 정보를 획득하고 축적할 뿐만 아니라, 위기상황을 핑계로 한 감시 기제의 작동, 중요 정보의 통제와 독점과 같은 문제가 생겨 날 수 있다.

물론 모든 나라가 헝가리나 중국과 같은 정도로 개인적 자유를 침해하고 노골적인 권위주의적 통제로 나아가는 것은 아니다. 그러나 우리도 경험한 대로, 국가는 코로나 사태로 인해 종교 행사를 포함한 각종 집회의 자유를 제한할 수 있고, 부정확하거나 거짓이라는 이유로 표현의 자유를 제한할 수도 있다. 만약 이러한 자유의 제약이, 코로나 사태를 명분으로 하더라도, 정파적 이해관계와 관련 있거나 권력의 강화를 위한 이유에서 이뤄진다면 겉보기에 민주주의가 정상적으로 작동하고 있다고 생각되는 경우에도 은밀하고 조용한 방식으로 시민적 자유는 침해될 수 있다.

한편, 감염병 확산 방지와 감염자 치료 등은 매우 전문성을 갖는 영역이며, 정치보다는 기술전문 관료technocrats 그리고 이와 관련된 전문 민간기업이 상대적으로 전문성을 갖고 주도해 나갈 수 있는 분야이다. 그러나 기술전문 관료가 추구하는 효율과 효과 중심의 대처

방식으로 시민 개인의 자유나 권리에 대한 침해가 나타날 수 있다. 또한 방역 과정에서 만들어진 개인 정보를 담은 거대한 양의 데이터 역시 적절한 정치적 통제를 받지 않은 채 기술전문 관료나 관련 기업의 이익을 위해 활용될 수도 있다. 그러나 코로나 사태의 심각성과 그로 인한 방역의 시급성과 전문성이 강조되는 상황에서, 정치가 기술전문 관료나 관련 기업의 활동과 개입을 얼마나 효과적으로 통제할 수 있을지는 의문으로 남는다.

2) 코로나와 사회적 갈등

코로나 사태로 인한 경제적 활동의 제약은 경제 위기로 이어질 수 있다. 이미 세계 많은 나라에서는 코로나 사태로 인한 경제적 어려움을 1920년대의 대공황에 비교하고 있다. 특히 세계화의 진전으로 인해 국제적인 연계성이 강화되고 도시화와 정보화가 진전됨에 따라, COVID-19가 세계 경제에 미치는 파급효과가 과거보다 매우 크고 빠르게 나타나고 있다. 코로나 사태는 특정 지역에 국한되지 않고 세계 경제에 비중이 큰 미국, 중국, 유럽연합, 일본 등에서 동시에 발생하고 있다는 점에서 세계 경제에 미치는 충격은 매우 클 것으로 예상된다. 이런 상황에서 각국의 코로나 확산 억제를 위한 국경 봉쇄나 입국 제한 조치 등과 도시의 락다운, 불안심리 고조 등으로 인한 외부활동 자제는 경제 전반에 상당한 부정적 영향을 초래하고 있다(〈한국은행 국제경제리뷰〉, 2020. 4. 12.). COVID-19로 인한 경제활동의 위축은 실업의 증가를 낳고 이는 소득 감소와 불평등의 증대로 이어지고 있다. 실제로 IMF는 2003년의 사스[SARS], 2009년의 신종플루[H1N1], 2012년의 메르스[MERS], 2014년의 에볼라 바이러스[Ebola], 2016년의 지카 바이러스[Zika] 등 다섯 차례의 대규모 감염병 유행이 그 이후 5년 동안 미친 영향을 조사한 결과, 빈부 격차를 줄이려는 각국 정부의 노력에도 불구하고 지니 계수가 거의 1.5% 증가했음을 제시했다. 또한 이러한 감염병은 고용에도 영향을 미쳤는데, 특히 낮은 교육 수준을 가진 이들의 일자리가 크게 줄어드는 것으로 조사되었다(IMFBlog, 2020). 이처럼 대규모 전염병 확산은 가난하고 취약한 계층, 저숙련 노동자들에게 보다 큰 충격을 미쳐 불평등을 가속화하고 있다. 그런데 COVID-19의 경우 IMF에서 조사한 이전의 다섯 사례보다 세계적으로 보다 넓은 지역에 확산되어 있고 지속 기간도 훨씬 길다는 점에서, 이로 인한 경제적 불평등, 실업의 충격은 더욱 클 것으로 예상된다.

이와 관련하여 코로나 사태는 경제적인 측면을 넘어서 복합적인 사회적 갈등으로 이어질 수 있다. 누구나 신종 코로나 바이러스에 감염될 수 있지만, 그것에 대한 대비나 전염병 감염으로 인한 결과는 결코 공평하지 않다. 코로나 사태로 인한 타격은 계층적으로 불균등하게 이뤄지고 있다. 저소득층, 노령층 등 사회적으로 취약한 계층에서 코로나 사태로 인한 어려움이 가중되고 있다. 다음의 기사에는 이런 특성이 잘 나타나 있다.

세계의 부자들과 가난한 이민자들이 모두 거주하는 뉴욕은 코로나-19 사태의 참혹함을 그대로 보여 주고 있다. 뉴욕 보건부가 지난 18일 발표한 코로나-19 관련 통계자료에 따르면, 뉴욕에서 가장 가난한 동네의 코로나-19 사망률이 가장 부유한 동네의 사망률에 비해 15배 높게 나타났다. 뉴욕은 지역별 우편번호로 분류한 뒤 코로나-19 환자와 사망자의 숫자를 집계해 이 같은 통계를 작성했다고 밝혔다. 코로나-19로 인한 사망률이 가장 높은 지역은 브루클린 인근의 스타렛 시티Starrett City 지역으로 나타났다. 인구 구성 비율이 흑인 40% 이상, 라틴계나 히스패닉계 25%가 넘는 이 지역에서 코로나-19 사망자 수는 주민 10만 명당 444명으로 나타났다.

반면 사망자 수가 가장 적은 지역은 뉴욕 맨해튼의 부유한 백인 거주지역인 그래머시 파크Gramercy Park로, 주민 10만 명당 31명으로 조사됐다. 마크 레빈 시의회 보건위원장은 19일 〈로이터〉와 인터뷰에서 "정말 가슴 아픈 통계로, 이 도시의 도덕적 양심을 일깨워야 한다"고 말했다. 그는 "우리는 극적인 불평등이 있다는 것을 알고 있었고, 이번 통계는 우리가 생각했던 것보다 훨씬 크다는 것을 보여 준다"고 강조했다.

이처럼 빈부 격차에 따라 코로나-19 사망률이 크게 영향을 받는 이유는 크게 3가지를 지적할 수 있다. 첫째, 가난한 흑인과 라틴계 주민들은 원격 근무가 불가능한 저임금 노동자들이 대다수이기 때문에 코로나 바이러스에 노출될 확률이 높았다. 둘째, 이들은 집세 때문에 한 집에 여러 가구가 세 들어 사는 경우가 많아서 집에서도 '사회적 거리두기'가 불가능한 환경이었다. 셋째, 가난한 이들은 의료보험에 가입하지 못한 이들이 많기 때문에 평소에도 아파도 병원에 가서 치료를 받지 않아 기저질환을 갖고 있는 사람들이 많았다. 또 코로나-19 의심 증상이 나타나도 병원비 걱정 때문에 빨리 병원을 찾지 않아 병을 키운 이들도 많았다. ㅡ 〈프레시안〉, 2020. 5. 20.

경제적인 어려움뿐만 아니라 감염과 사망이라는 측면에서도 코로나 사태는 가난하고 취약한 계층에 더욱 심한 어려움을 주고 있다. 부유한 계층과 가난한 계층 간의 이러한 차별적 타격은 피해 계층의 사회적 불만으로 이어지고, 결국 정치적 갈등으로까지 이어질 수 있다.

코로나 사태로 인한 사회경제적 변화 역시 불평등과 그로 인한 갈등을 높일 수 있다. 전염병이 확산되면서 우리나라를 포함하여 많은 국가에서 비대면 방식의 업무 수행이 크게 늘어났다. 재택근무, 화상회의, 온라인 수업 등 업무 수행이나 일상생활에서 전에 경험하지 못한 비대면 방식이 적극적으로 활용되기 시작했고, 이러한 경험은 코로나가 사라진 이후에도 지속될 수 있는 가능성을 보이고 있다. 그런데 이런 새로운 업무 방식의 도입 역시 직종마다 각기 다른 영향을 미칠 것이다. 대체하기 어려운 고숙련 일자리의 경우 재택근무의 효율성이 크지만, 디지털 기술로 대체가 쉬운 미숙련 일자리 노동자의 경우 기업에서 고용을 축소할 수 있으며, 이에 따라 코로나 이후 비대면 기술의 발전으로 '언택트 디바이드untact divide'에 따른 고

용 충격이 나타날 수 있다(〈중앙일보〉, 2020. 6. 30.). 또 한편으로
코로나 사태와 무관하게 이른바 4차 산업혁명과 정보화의 진전은 앞
으로도 이어질 것이다. 즉, 산업발전과 경제성장에도 불구하고 고
용이 쉽게 늘어나지 않는 문제는 앞으로도 지속될 것이다.

이와 같은 경제적, 사회적 불평등의 확대는 불가피하게 정치적,
사회적 갈등으로 이어질 수밖에 없다. 이미 많은 나라에서 경제적
양극화는 심각한 사회적 문제가 되고 있다. 2011년에 이미 미국을
중심으로 한 서구의 많은 나라에서 '월가를 점령하라Occupy Wall Street'
운동이 벌어졌고 그 당시 시위대가 외쳤던 구호는 '우리는 99%다We
are the 99%'였다. 최상위 1%와의 차별성을 강조한 이 구호는 소득의
양극화, 경제적 양극화의 문제를 잘 보여 주었다. 더욱이 최근 들어
소득 불평등의 증가가 사회적 이동성의 하락으로 이어지고 있고, 그
러한 기회의 불평등 증가는 다시 경제발전에도 부정적 영향을 미치
고 있다. 이러한 소득 불평등의 심화는 사회적 박탈감의 증가로 이
어지고 이는 정치체제와 사회 전반에 대한 불신과 불만의 고조로 이
어지게 된다. 한국은 소득 상위 10%가 전체 소득에서 차지하는 비
중이 45%로 이미 아시아 국가 중에서 소득 불평등이 가장 심할 뿐
만 아니라, 상위 10%의 소득 비중 증가 속도 역시 매우 빨랐다(강
우진, 2020: 145).

결국 불평등으로 인한 사회적 갈등을 해결하기 위해서는 국가의
역할이 중요할 수밖에 없다. 이미 미국을 비롯한 많은 나라에서는
코로나 사태로 인한 경제적 충격을 완화하고 경기를 부양하기 위해

엄청난 규모의 재정지출을 결정했다. 코로나 사태로 인해 현금 지원, 임금 보조, 세금이나 공과금의 유예, 대출 보증 등 다양한 형태의 국가 재정지원이 이뤄지고 있다.

그런데 국가가 재난지원금을 풀거나 재정적 개입을 한다고 해도 그 역시 일정한 재원의 한계가 있을 수밖에 없다. 국가의 지원이 커질수록 재정의 부담은 커질 것이다. 한 국가의 경제성장이 일정 수준 이상으로 높게 지속되지 않는다면 기본소득과 같은 국가를 통한 분배의 확대는 불가피하게 증세로 이어질 것이다. 다시 말해, 코로나 사태가 장기화될 경우 경제성장에 부정적 영향을 미칠 것이고, 설사 경제성장이 이뤄진다고 해도 사태의 시급함으로 단기적으로 많은 재정이 투여되어야 하는 상황이라면 결국 재정부담을 해결하기 위해서는 증세를 추진할 수밖에 없다. 그러나 세금의 증액은 그것을 부담해야 하는 이들로부터의 반발로 또 다른 사회적 갈등의 원천이 될 수밖에 없다. 사회적 필요성이 제기되더라도 이에 대한 정치적 합의를 도출하는 것은 또 다른 난제이기 때문이다. '세금의 정치'에 대한 사회적 합의를 이뤄 내는 것이 쉽지 않다는 것이다.

제2차 세계대전 이후 유럽에서의 복지국가 건설은 조직된 노조와 그들의 이익을 정치적으로 대표해 주는 사민주의 정당의 존재가 중요한 조건이었지만(김영순, 2014), 또 한 가지 중요한 조건은 당시 서유럽 경제가 전후 부흥의 시기였다는 점이다. 반면 오늘날에는 당시 서유럽이 누렸던 것과 같은 경제적 성장을 기대하기란 어렵다. 더욱이 정당 정치 역시 분배 정책이 사회적으로 수용되었던 그때와는 크게 달라졌다. 피케티(Piketty, 2019: 923~925)에 따르면, 1950~1980년 시기 정치체계는 계급주의적 좌-우 갈등을 중심으로 구조화되었고, 이 갈등 안에서 재분배 논의가 만들어졌다. 그러나 이러한 좌-우 정당체계는 해체되었고, 교육 확대와 고등교육의 유례없는 발전을 통해 선거 좌파는 피케티가 '브라만 좌파'라고 부르는 교육제도의 승자들과 고학력자들의 정당이 되었고, 선거 우파는 상위 소득 및 자산 보유자들의 정당, 곧 '상인 우파'로 남았다는 것이다. 즉, 코로나 사태로 인한 불평등의 격화 가능성은 커졌지만 이를 해결하기 위한 경제적, 정치적 조건은 충분히 마련되어 있지 않다는 것이다. 이런 상황에서 국가의 재정 투입 증대와 그로 인한 '세금의 정치'는 계층 간 또 다른 갈등의 격화로 이어질 수 있다. 제2차 세계대전 이후의 서유럽과 달리 이제는 분배의 정치를 이끌어 갈 조직화된 세력도, 그것을 제도 정치적으로 대표할 정당도 분명치 않은 것이다. 따라서 단기적으로는 재정 투입을 통한 격차 해소나 사회적 취약 계층에 대한 지원이 이뤄지고 그로 인해 일시적으로 계층 갈등이 완화될 수 있겠지만, 장기적으로 본다면 보다 근본적이고 심각한 사회적 대립과 갈등을 만들어 낼 수 있다.

결국 정부가 코로나 감염 사태와 그로 인한 경제적, 사회적 갈등이나 어려움을 효과적으로 해결해 내지 못한다면 이러한 문제는 권력 담당자에 대한 정치적 위기로 이어질 수 있다. 사실 코로나로 인한 사회적 문제는 매우 복합적인 특성을 지니고 있기 때문에 어느 나라의 정부이든 쉽게 풀기 어렵다. 코로나 사태는 한 나라의 보건

의료체계뿐만 아니라 복지체계의 포괄성, 행정 집행의 효율성, 정치적 결정의 신속성, 경제적 능력, 국민의 동의 획득 구조 등 다양한 측면에서의 '실력'을 요구하기 때문이다. 코로나 사태에 대한 정부의 대응 실패로 경제적 위기가 장기간 지속될 수도 있고 사회적 혼란이 가중될 수 있다. 코로나 사태에 대한 국가의 대처 능력이 국민에게 만족스럽게 느껴지지 않는 경우에는 정치적 위기로 이어질 수 있다. 만약 자유민주주의 체제 안에서 선거를 통한 대안 세력의 집권 등의 방식을 통해 그 불만이 해소될 수 있다면 다행스러운 일이지만, 때로는 코로나 사태라고 하는 위기와 그로 인한 대중적 불안감, 만연한 사회적 불만을 선동하여 정치적 지지의 기반으로 삼으려는 이들이 나타날 수 있다. 정치적 불만, 감염병에 대한 공포, 그리고 경제적 어려움의 핑계를 사회적 소수자나 약자, 외부인에게 전가하여 이들의 지지를 이끌어 내려는 포퓰리스트 혹은 극우주의 정치인이나 정당이 출현할 가능성이 실재한다. 정말 그렇게 되면 자유민주주의는 크게 위협받을 것이다.

권력자가 코로나 사태에 효과적으로 대응하지 못해 정치적 지지나 권력 기반의 약화에 직면하게 될 때 이를 모면하기 위한 세 가지 '위험스러운' 가능성을 생각해 볼 수 있다. 첫째, 장기적으로 국가가 지불해야 할 고통스러운 결과에 대한 고민 없이 당장의 불만과 불안감을 덮기 위해서 재정이 감당할 수 있는 범위를 넘어서는 수준의 선심성 정책이나 현금 지원 등 무책임한 정책을 추진할 수 있다. 그리고 이로 인한 재정적 위기는 '소수의 부패한 엘리트나 특권층' 대

'순수한 다수의 인민'이라는 정치적 갈등 구도를 만들어 극복하려는 포퓰리즘의 동원으로 이어질 수 있다. 경제적 어려움 속에 소외 집단이 많아지면 이들 '다수'의 불만을 선동하여 정치적 지지로 동원하고 책임 회피의 기반으로 삼으려는 포퓰리즘이 발흥할 수 있다는 것이다. 두 번째 방식 역시 포퓰리즘과 관련 있다. 권력자나 집권당은 자신들의 정책 실패나 부적절한 대응의 책임을 사회 내의 특정 집단 혹은 사회 외부의 집단에 전가할 수 있다. 도널드 트럼프 미국 대통령이 방역 실패의 책임을 중국에게 돌리는 것이 좋은 예이다. 이보다 심각한 상황은 사회적으로 소수 집단에게 그 책임을 전가하는 것이다. 예컨대, 이주노동자들이나 소수인종 집단, 특정 종교 단체의 관습이나 생활습관에 방역 실패의 책임으로 돌리거나 이들의 존재를 실업과 같은 경제적 문제의 원인으로 지목하여 통치자는 자신을 향한 비난과 책임 추궁에서 벗어나고자 할 수 있다. 하지만 그렇게 지목된 집단에 대한 사회적 비판, 배제, 차별 속에 갈등은 더욱 고조될 수밖에 없다. 세 번째 방식은 사회적 갈등 격화와 경제적 위기 상황에 대한 비판과 반대를 막기 위한 권위주의적 통제이다. 이는 중국과 같은 권위주의 체제나 헝가리와 같이 민주화 이후 권위주의 체제로 퇴행한 국가에서 나타나는 현상이다. '민주화의 제3의 물결' 이후 세계 여러 나라에서 민주주의가 퇴행하는 조짐이 나타나고 있다. 브라질, 브룬디, 헝가리, 폴란드, 러시아, 세르비아, 터키, 태국 등에서 민주주의의 심각한 후퇴가 나타나고 있으며, 이를 '독재화의 제3의 물결a third wave of autocratization'로 바라보는 시각도 있다

(Lührmann & Lindberg, 2019). 2 이런 상황에서 코로나 사태가 장기화되어 여러 나라에서 경제적 타격이 심각해지는 경우 보다 직접적인 권위주의적 통제로 나설 가능성도 전적으로 배제할 수 없다.

이는 코로나 사태 이후 세계 각국에서 나타나는 자국 우선주의, 배타적 민족주의 같은 현상과 맞물려 더욱 그 가능성을 높이고 있다. 이미 각국에서 이민자, 난민, 사회적 약자에 대한 차별과 배제가 나타나고 있고, 미국과 유럽에서 동양인에 대한 사회적 차별 같은 인종주의도 모습을 드러내고 있다. 이와 같은 혐오 정치, 차별, 비난, 막말은 코로나 사태 이후 보다 노골적으로 나타나고 있다. 결국 코로나 이후의 상황에서 국가의 개입 강화, 불평등과 사회 갈등의 심화가 정치적인 불안정이나 포퓰리즘의 발호 혹은 민주주의의 퇴행으로 이어지지 않도록 하기 위해서는 민주주의적 가치와 질서를 지켜 내기 위한 보다 특별한 노력이 필요하다.

---

2 이는 '민주화의 제3의 물결'에 대응하는 표현이다. 이들에 따르면 1922~1942년 그리고 1960~1975년에 이어 1994년 이후 세 번째로 민주주의의 퇴행 움직임이 세계 각지에서 나타나고 있다는 것이다.

3. 코로나와 한국 정치의 미래

지금까지 살펴본 대로, 코로나 바이러스 사태는 전반적으로 국가의 개입과 역할의 증대를 가져오고 있다. 그런데 이러한 경향은 한국 정치의 특성을 감안할 때 우리에게 시사하는 점이 더욱 크다. 서구 민주주의 국가와 비교할 때, 우리나라에서 '국가'는 역사적으로 이미 거대한 규모로 성장해 왔기 때문이다. '과대성장국가론'을 한국에 처음 적용한 최장집(1989: 81~113)은 일본의 식민 통치와 미군정하에서의 경찰력 등 한국이 처음부터 과대성장국가로 출발했다고 주장했다. 처음부터 우리나라의 국가가 '과대성장'되었는지에 대해서는 논란의 여지가 있지만(박광주, 1992: 71~72), 그럼에도 불구하고 일제 강점기에 곳곳에 침투한 억압적인 식민지배체제의 기반 위에, 6·25전쟁을 통한 군의 대규모 확대와 군사기구의 강화, 권위주의 지배체제하에서 권위주의와 반공주의를 유지하고 정치적 반대자를 억압하기 위한 공안 시스템의 강화, 그리고 국가 주도의 경제개발 추진으로 인한 시장에 대한 국가기구의 개입 등 그동안 한국에서 국가의 영향력은 꾸준히 강화되어 왔다(강원택, 2019: 254~255).

그런데 이렇게 해방 이후부터 민주화 이전까지 계속해서 강화되어 온 시민사회에 개입하는 '강한 국가'는 민주화로의 전환 과정에서도 사실상 변화되지 않은 채 거의 그대로 유지되었다. 한국의 민주화가 기존 권위주의 체제가 이뤄 놓은 질서에 대한 전면적 부정이라기보다 민주화 운동세력과 권위주의 세력 간 정치경쟁 구도의 변화를 둘러싼 '타협'의 산물이었다는 점에서, 그 이전 '강한 국가'의 구조는 사실상 개혁되지 않은 채 민주화 이후에도 남게 되었다. 이러한 특성은 1987년 개헌 과정에서 잘 드러나는데, 당시 개헌을 주도했던 이들은 유신 이전 상태로 돌아가는 것을 민주화로 이해했다. 5·16쿠데타 이후 제정된 헌법으로 돌아가는 것이 이들이 생각한 민주화였던 것이다(강원택, 2019: 27~28). 따라서 '87년 체제'는 처음부터 '강한 국가'로 시작했다. 그 이후 선거 경쟁의 공정성, 정권교체 등 절차적 민주주의는 공고화되어 왔지만, 대통령을 중심으로 하는 권력의 집중은 오히려 더욱 강화되었다. 민주적 공고화 이후에도 한국의 대통령은 여전히 '제왕적'으로 남아 있다. 그리고 최근 들어서는 청와대를 중심으로 한 국정운영이 가속화되면서 대통령으로의 권력 집중은 강화되었다. 이런 상황에서 코로나 사태는 대통령을 정점으로 하는 국가의 역할과 개입의 중요성을 더욱 강화시키고 있다.

더욱이 한국사회는 서구 민주주의와 비교할 때 자유주의적 전통이 취약하다. 1948년 '자유민주주의' 국가로 설립되었지만 그 이후의 역사적 전개 과정에서 한국인들에게 중요했던 것은 '민주주의'의 가치였다. 부정선거에 대한 시민적 저항이 1960년 4·19혁명으로 터져 나왔고, 1987년 민주화 역시 '체육관 선거' 대신 '대통령 직선제'를 쟁취하기 위한 것이었다. 이에 비해서 자유주의에 대한 관심은 상대적으로 취약했다. 그동안 한국에서 근대 시민사회에서 말하는 사상과 양심의 자유, 집회와 결사의 자유, 법의 지배, 견제받는 권력, 다양성에 대한 존중 등의 가치는 중요하게 논의되지 못했고, 정치 현실에 파고들지 못했다. '자유'는 반공주의를 의미하는 것이었으며, 이로 인해 국가는 오히려 '자유주의'적 가치를 반공의 이름으로 훼손하고 억압해 왔다. 민주화 이후에도 이러한 경향은 지속되었다.

이처럼 강한 국가, 취약한 자유주의적 전통이라는 한국적 상황에서, 코로나 사태로 인해 국가가 더욱 큰 역할을 맡게 되고, 시민의 일상에 개입하고, 심지어 통제할 수 있게 된 상황은 우려를 자아낸다. 정치권력이 정치적 이해관계를 위해 전염병과 관련된 정보를 감추거나 왜곡하여 그것을 통해 시민의 자유와 활동을 제한하려고 한다면, 이는 심각한 정치적 문제가 될 것이고 자유민주주의에 대한 중대한 위협이 될 것이다. 이런 상황에서 경제적 침체의 지속이나 사회적 갈등의 격화, 그리고 그로 인한 권력 담당자의 지지율 하락이 발생할 경우, 한국에서도 포퓰리즘적 수단의 동원이나 권위주의적 요소의 강화 등 부정적 현상이 얼마든지 생겨 날 수 있다. 따라서 과도한 국가의 개입과 통제의 위험성에서 벗어나기 위해서는 우리나라에서 대통령을 정점으로 한 정치 권력에 대한 민주적 통제를 어떻게 할 것인가에 대한 근본적 질문을 던져야 한다. 이러한 문제에서 벗어나기 위한 몇 가지 방안에 대해 생각해 볼 수 있다.

첫째, 과도한 권력 집중을 해소하는 것이다. 통치기구 내에 상호 견제할 수 있는 '견제와 균형'이라고 하는 가장 기본적인 원칙이 작동할 수 있도록 하는 것이 중요하다. 다시 말해, 사법부의 정치적 독립, 행정부의 정책 운영의 자율성, 의회의 행정부에 대한 효과적 견제 등 '견제와 균형'의 원칙이 제도적으로 원활하게 작동해야 한다. 그러나 현재 한국 대통령제에서는 이러한 기본적 원칙이 제대로 작동된다고 보기 어렵다. 권력은 대통령과 청와대에 집중되어 있고, 다른 제도적 기구의 자율성, 독립성은 잘 지켜지지 않고 있다. 따라서 장기화될 것으로 보이는 코로나 사태 속에서 시민적 자유를 지키고 권력의 과도한 강화나 개입을 막기 위해서는 대통령에게 집중된 권력 구조의 분산을 위한 노력이 필요하다. 즉, 권력구조의 개편을 위한 개헌이 필요하다.

이와 함께 수직적 차원에서의 권력 분산 노력 역시 중요하다. 이번 코로나 사태를 겪으면서 지방정부의 역할에 대한 인식이 크게 달라졌다. 방역과 검진, 치료 과정에서 각 지방정부의 역할에 대한 중요성을 일반 대중들이 인식하는 계기가 되었다. 현재 중앙정부에 과도하게 집중되어 있는 행정적, 재정적 권한을 지방정부로 이양하여, 현장에 가까운 통치단위에서 보다 효율적으로 코로나 사태 등에 대처할 수 있도록 해야 한다.

둘째, 코로나 사태의 장기화는 사회적 갈등으로 이어질 수 있음을 앞에서 지적했다. 코로나 사태는 계층적 갈등뿐만 아니라 사회집단 간 차별과 배제로 이어질 수 있다. 이러한 사회적 갈등을 해결하기 위해서는 역시 정당의 역할이 중요할 수밖에 없다. 사회적 갈등은 정당을 통해 제도권 정치로 연계되어야 하고, 의회와 정당 정치를 통해 해소되어야 정치적 안정과 사회적 통합을 유지할 수 있다. 그동안 한국 정치의 갈등이 지역주의, 이념과 세대 등에 기초해 있었다면, 코로나 사태는 계층 간 적대적 대립, 사회적 소수자나 약자에 대한 차별이라는 새로운 형태의 갈등을 만들어 내고 있다. 국가의 재정적 지원이 중요하다면 그러한 재원을 어떻게 마련할 것인가에 대한 사회적 합의를 만들어 내는 것도 정당 정치의 역할이다.

그러나 현재와 같은 정당체계하에서는 이와 같은 새로이 떠오르는 갈등이 정치제도를 통해 효과적으로 해소되기는 어려워 보인다. 지역주의에 기반한 양당적 구도는 그것이 대표할 수 있는 사회적, 정치적 이슈가 매우 제한적일 뿐만 아니라, 그동안 보아 온 대로 양당의 정치적 이익을 위해 오히려 양극적 대립을 격화시킬 수 있다. 현재 우리나라의 선거제도에는 사회적 분위기에 편승하여 한 정당이 의석을 독식할 가능성이 존재한다. 2020년 코로나 위기 와중에 실시된 21대 국회의원 선거 결과가 이런 특성을 잘 보여 준다. 하지만 코로나 사태로 인한 새로운 정치적 환경 속에서는 한 정치세력이 권력을 독점하며 주도해 가는 것보다는 여러 세력의 연합에 의한 정치 질서 형성이 사회적 갈등 해소에 도움을 주며 시민적 자유를 지키는 데도 유리하다.

따라서 다양한 이슈가 제도권 정치에 대표될 수 있도록 보다 비례성이 높은 선거제도로의 개정이 필요하다. 2020년 국회의원 선거에 도입된 이른바 '준연동형 비례대표제'와 같은 어설픈 개정이 아니라 비례 의석을 대폭 늘리는 방식으로, 다수제를 기본으로 하는 현재 선거제도의 특성을 근본적으로 변화시켜야 한다. 물론 이 경우 최근 유럽에서처럼 포퓰리즘 정당이나 극우정당의 출현 가능성도 있다. 그러나 이들 정당들은 대체로 의회 내 소수 세력을 형성하거나 연립 정부의 소수파 세력으로 참여하는 경우가 대부분이라서 그 영향력 은 제한적이다. 그렇다고 해도 선거제도의 비례성이 강화된다면 현 행 비례 의석 배분의 기준인 득표율 3%는 좀더 상향할 필요가 있을 것이다. 이러한 비례성 강화는 의회 내 단독 과반 정당의 출현을 막 기 때문에 한 정당의 독단적 의회 운영을 막고 타협과 공존의 정치 를 강화할 수 있다. 그런 만큼 대통령의 권력으로부터 의회의 자율 성도 높일 수 있다.

셋째, 코로나 사태 대응과 관련하여 정부의 정책 집행의 투명성 과 정책에 대한 신뢰를 높이는 것이 중요하다. 사안의 시급함과 심 각함으로 인해 정부의 역할이나 개입의 필요성이 높아졌지만 사실 전염병과의 싸움은 정부 혼자서 할 수 있는 것은 아니다. 정부와 시 민 사회 간의 적극적인 소통과 공조가 중요하다는 것이다. 이러한 협력 관계를 마련하기 위해서는 투명하고 정확한 정보를 적시에 공 개하고 이에 대한 시민의 이해와 협조를 구하는 것이 필요하다. 이 런 점은 특히 최근 들어 가짜뉴스가 횡행하고 뉴스에 대한 해석 역 시 편향적으로 받아들이는 확증 편향의 현상이 나타나고 있다는 점 에서 더욱 중요하다. 그리고 이는 전문 기술관료 중심의 폐쇄성과 효율과 성과 중심적 접근에서 벗어날 수 있도록 하는 방안이다. 국 가가 일방적으로 주도해 가면서 '따라오라'고 하기보다 시민사회의 반응과 창의성과 자율성을 존중하고 그것을 받아들이는 '플랫폼'의 역할을 하는 것이 중요하다. 실제로 이번 코로나 사태와 관련해서도 의료보험 시스템을 활용한 마스크 배분이나 '드라이브 스루 검진' 등의 아이디어는 민간 영역에서 제기한 것이다.

마지막으로, 시민 각자의 역할이 중요하다. 코로나 사태로 인해 이제 비대면 접촉은 자연스러운 현상으로 받아들여지고 있다. 과거와는 전혀 다른 새로운 인간관계가 형성되어 가는 것이다. 이 외에도 자가격리, 다중 모임의 금지, 사회적 거리두기 등 시민들 간의 직접 접촉을 제약하는 조치가 계속해서 나오고 있다. 이로 인한 새로운 인간관계의 방식이 시민 간의 연대감, 연결망의 약화로 이어진다면 이는 시민사회의 약화로 이어질 수밖에 없다. 안 그래도 국가와의 관계에서 비대칭적 구조하에 놓인 우리나라 시민사회의 약화는 더욱 심화될 것이다.

또한 코로나 사태는, 앞서 논의한 대로, 사회적 갈등과 대립, 특정 집단에 대한 차별을 초래할 수 있다. 이미 신천지교회나 이태원 클럽에서의 성소수자에 대해서 이런 징후가 나타났다. 만약 코로나 사태가 장기화된다면 그런 현상은 더욱 악화되어 나타날 수 있다. 구조적으로 볼 때, 국내 출산율의 극단적인 저하로 향후에도 외국으로부터의 노동력의 국내 유입은 불가피할 것이다. 더욱이 코로나 사태의 장기화는 안 그래도 낮은 우리나라의 출산율을 더욱 낮출 수 있다. 이런 상황에서 이주노동자의 증가, 문화적 다양성의 강화는 현재 서구에서 나타나는 것과 같은 외국인 혐오주의를 불러올 수 있고, 그동안 경험해 보지 못한 정체성에 기반한 갈등으로 이어질 수 있다.

따라서 포용, 배려와 연대, 협력과 공조는 코로나 시대에 시민들이 가져야 할 중요한 덕목이다. 이러한 가치가 사회적으로 널리 받아들여질 때 혐오, 차별과 배제를 물리칠 수 있으며, 비대면 접촉으로 인한 새로운 인간관계 속에서도 시민사회의 결속과 사회적 연대를 이뤄 낼 수 있다. 결국 코로나 사태는 한국 정치에 제도적인 측면에서의 변화뿐만 아니라 시민사회 그리고 시민 개개인의 역할과 참여의 중요성을 강조하고 있다.

4. 맺음말

코로나 사태라는 대규모 감염병의 유행은 세계적으로 커다란 변화를 만들어 내고 있다. 우리나라 역시 그동안 경험해 보지 못한 많은 변화의 과정을 겪고 있다. 문제는 이러한 감염병의 확산이 쉽사리 해결되지 않고 장기화될 것으로 전망된다는 점이다. 그런 만큼 코로나 사태는 사회적으로 상당한 충격과 변화를 초래할 것이다.

정치적인 측면에서 볼 때, 코로나 사태는 큰 정부, 개입하는 국가의 역할을 강화시킬 것으로 보인다. 감염병의 높은 전파력으로 인한 상황의 심각성, 적극적 개입의 필요성은 그동안 시민들이 받아들이기 어려웠던 국가의 여러 가지 요구를 저항 없이 수용하도록 하고 있다. 그러나 이는 시민적 자유의 침해로 이어질 수 있다. 특히 우리나라처럼 해방 이후 국가 권력이 지속적으로 강화되어 왔고 자유주의적 전통이 약한 곳에서는 이러한 국가의 개입이 더욱 심각한 문제점을 낳을 수 있다. 또한 코로나 사태는 사회경제적으로 차별적인 결과를 초래하면서 계층 간 격차를 심화시킬 수 있다. 그리고 이러한 격차의 확대는 사회적 갈등의 격화로 이어지고, 그것은 다시 정치적 안정을 해칠 수 있다. 또한 전염병의 확산과 관련하여 특정 집단에 대한 배제, 차별, 낙인찍기가 나타날 수 있고, 이 역시 사회적 통합을 저해하고 갈등을 부추길 수 있다. 이런 상황에서 정치권력의 담당자가 효과적으로 사안에 대응하지 못해 정치적 불만이 높아질 경우 정치적 불안정을 초래할 수 있고, 그로 인해 포퓰리즘적 동원이나 권위주의로의 퇴행 가능성도 존재한다.

우리나라는 민주화 이후 비교적 안정적으로 공고화의 과정을 거친 모범적인 신생 민주주의 국가라고 할 수 있지만, 앞에서 본 대로 여전히 적지 않은 불안정성이 존재한다. 코로나 사태는 국가, 시민사회 모두에 새로운 도전으로 다가오고 있다. 이러한 도전을 극복하기 위해서는 우리 정치제도와 국가-시민사회의 특성에 대해 냉철하게 다시 돌아볼 필요가 있다. 지속적으로 강화되어 온 대통령 중심의 강한 국가를 분권화하는 일, 그리고 양극적 대립을 부추겨 온 양당적 정당체계를 보다 다원적 정당체계로 개혁하는 일은 코로나 사태가 한국 정치에 던진 과제이다. 코로나로 인한 경제 위기 속에서 '분배 정치'에 대한 사회적 합의를 도출해 낼 수 있는 정당 정치의 역

할 역시 반드시 해결해 내야 할 과제이다. 또 한편으로는 국가의 일
방적 주도로부터 소통과 공조의 관계로, 국가와 시민사회의 관계 재
설정도 요구된다. 또한 시민 각자가 비대면의 시대에 시민적 연대감
과 책임감을 갖고 공공의 문제에 참여하며 다른 사람들을 배려하고
포용하려는 적극적인 시민정신이 중요하다. 그리고 코로나 사태와
같은 위기상황에서 정부의 정책 집행에 협력하면서도 국가의 지나
친 개입과 통제에는 저항할 수 있는 민주적 시민의 역할이 중요하
다. 요컨대, 코로나 사태와 같은 사회적 위기, 혹은 그로부터 파생
될 수 있는 자유민주주의 체제에 대한 위협과 같은 심각한 도전을
넘어설 수 있게 하는 것은 깨어 있는 시민의 힘이다.

참고문헌

강우진(2020), "무엇이 행복을 결정하는가: OECD 6개국에서 경제적 불평등과
    제도 신뢰의 영향력을 중심으로", 〈국제정치연구〉, 23(1): 139~165.
강원택(2019), 《한국정치론》 제 2판, 박영사.
김영순(2014), 《코끼리 쉽게 옮기기: 영국 연금개혁의 정치》, 후마니타스.
〈머니투데이〉(2020), "동선, 숨겨도 다 나온다 … 코로나 감시사회", 2020. 6. 8.
    https://news. mt. co. kr/mtview. php?no=202006071110152 7727
박광주(1992), 《한국 권위주의 국가론》, 인간사랑.
신광영(2016), "한국 사회 불평등과 민주주의", 〈한국사회학회 심포지엄 논문
    집〉, 73~95.
〈중앙일보〉(2020), "출퇴근이 사라진다, 저커버그도 강추하는 재택근무",

2020. 6. 30. https://news. joins. com/article/23813250

최장집(1989), 《한국현대정치의 구조와 변화》, 까치.

〈프레시안〉(2020), "'포스트 코로나' 세계, 네 개의 키워드를 주목하라".
2020. 4. 20. https://www. pressian. com/pages/articles/202004201043-
4564354

〈프레시안〉(2020), "뉴욕 코로나-19 사망률, 가난한 지역이 최대 15배 높았
다", 2020. 5. 20. https://m. pressian. com/m/pages/articles/2020052-
004194270364

〈한국은행 국제경제리뷰〉(2020), "코로나-19 글로벌 확산이 세계 경제에 미치
는 영향", 2020. 4. 12. https://www. bok. or. kr/portal/bbs/P0000528/
view. do?nttId=10057570&menuNo=200434

IMFBlog(2020). "How pandemics leave the poor even farther behind", May
11, 2020. https://blogs. imf. org/2020/05/11/how-pandemics-leave-
the-poor-even-farther-behind/

Lührmann, A. & Lindberg, S. (2019), "A third wave of autocratization is
here: What is new about it?", *Democratization*, 26(7): 1095~1113.

Piketty, T. 저, 안준범 역(2019), 《자본과 이데올로기》, 문학동네.

Racz, A. (2020), "Hungary's 'Coronavirus Law': How power becomes unlimit-
ed?", 2020. 4. 4. https://icds. ee/hungarys-coronavirus-law-how-power-be-
comes-unlimited/226

저자소개

송호근

미국 하버드대에서 박사학위를 받았으며, 서울대 석좌교수를 거쳐 현재 포스텍 인문사회학부 석좌교수로 재직 중이다. 미국 스탠퍼드대 후버연구소 방문교수, 미국 샌디에이고대 '국제관계 및 태평양지역연구대학원' 초빙교수를 지냈다. 서울대 대외협력처장, 대통령 직속 사회통합위원회 위원, 감사원 자문위원장을 역임하였으며, 〈중앙일보〉칼럼니스트로 활동 중이다. 주요 저서로는《기업시민의 길》(공편, 2019),《혁신의 용광로》(2018),《가 보지 않은 길》(2017),《나는 시민인가》(2015),《시민의 탄생》(2013),《그들은 소리내 울지 않는다》(2013),《이분법 사회를 넘어서》(2012),《인민의 탄생》(2011),《위기의 청년세대》(2010),《독 안에서 별을 헤다》(2009),《복지국가의 태동》(2006),《한국의 평등주의, 그 마음의 습관》(2005),《한국 어떤 미래를 선택할 것인가?》(2005),《한국사회 무슨 일이 일어나고 있나?》(2003) 등 다수가 있다. 소설《강화도》(2017),《다시, 빛 속으로》(2018)를 출간했다.

권순만

미국 펜실베이니아대 와튼스쿨에서 박사학위를 받았으며, 서던캘리포니아대 조교수를 거쳐 1997년부터 서울대 보건대학원에 재직 중이다. 서울대 보건대학원 원장, 보건경제학회 회장, 노년학회 회장을 역임했으며, 건강보험정책심의위원회, 장기요양위원회, 국제개발협력위원회 등의 위원으로 활동했거나 활동 중이다. 2016∼2017년에는 학교를 휴직하고 마닐라 소재 아시아개발은행(Asian Development Bank)의 보건부문 책임자로 근무하면서 아시아개발도상국의 보건프로그램 지원을 총지휘하였다.

김석호

미국 시카고대에서 박사학위를 받았으며, 성균관대 사회학과를 거쳐 서울대 사회학과 교수와 사회발전연구소 소장으로 재직 중이다. 〈동아일보〉의 고정 필진으로 주로 정치, 시민사회, 청년, 이주민 등 사회현상에 대한 칼럼을 써왔다. 주요 저서로는 《한국정치의 재편성과 2017년 대통령 선거 분석》(2019), 《한국민주주의의 질》(2018), 《촛불너머의 시민사회와 민주주의》(2018), 《압축성장의 고고학》(2017) 등이 있다.

조원광

서울대에서 박사학위를 받았으며, 현재 포스텍 사회문화데이터사이언스 연구소 연구교수로 재직 중이다. 주로 대량의 언어 자료를 활용하여 사람들의 마음과 인식을 분석하는 연구를 하고 있다. 주요 논문으로 "Online information exchange and anxiety spread in the early stage of the Novel Coronavirus(COVID-19) outbreak in South Korea: Structural topic model and network analysis"(공동연구) 등이 있다.

배 영

연세대에서 박사학위를 받았으며, 숭실대 정보사회학과 교수를 거쳐 현재 포스텍 인문사회학부 교수로 재직 중이다. 다양한 데이터에 기반하여 정보사회의 일상 문화와 제도의 변동에 대해 꾸준히 연구해 온 사회학자이며, 현재 한국정보사회학회 회장으로 재임하고 있다. 주요 저서로 《지금, 한국을 읽다》(2018), 《소셜 미디어 시대를 읽다》(2014), 《위기의 청년세대》(2009), 《한국의 인터넷을 논하다》(2008), 《인터넷 권력의 해부》(2008) 등이 있다.

최혜지

미국 워싱턴대(세인트루이스 소재)에서 박사학위를 받았으며, 서울여대 사회 복지학과 교수로 재직 중이다. 고령화 사회, 문화다양성, 돌봄에 관한 담론과 사회 정책을 연구하는 학자이다. 비판과 대안을 위한 사회복지학회장, 한국노 인복지학회 부회장, 국가균형발전위원, 참여연대 사회복지위원으로 활동하고 있다. 저서로는 《이주민의 사회적 배제》(2019), 《통일과 사회복지》(공저, 2019), 《연령 통합: 새로운 사회 구성의 원리》(공저, 2016), 《압축성장의 고고학》(공저, 2015)이 있다.

유현재

미국 조지아대에서 박사학위를 받았으며, 서울대 보건대학원에서 보건정책 전 공으로 석사학위를 받았다. 현재 서강대 신문방송학과 교수로 재직 중이며, 서 강 헬스 커뮤니케이션센터를 운영하고 있다. 헬스저널리즘과 건강정책홍보, 위 기커뮤니케이션 관련 연구 및 강의를 수행하고 있으며, 보건복지부, 질병관리 본부, 식품의약품안전처, 한국언론진흥재단, 방송기자연합회, 문화체육관광 부, 한국자살예방협회, 4차산업혁명위원회 디지털 헬스케어 특위 등에서 자문 및 공동 연구 등을 수행해 왔다. 저서로는 대중의 건강증진과 매체환경을 고찰 하는 《미디어와 백세시대》(2018)를 펴낸 바 있다.

장덕진

미국 시카고대에서 박사학위를 받았으며, 현재 서울대 사회학과 교수로 재직 중이다. 한국사회학회 부회장으로 활동하고 있으며, 경제사회학과 사회연결망(social network) 분석이 전공이다. 주요 저서로는 《압축성장의 고고학》(공저, 2017), 《복지정책의 두 얼굴》(공저, 2015), 《위험사회 위험정치》(공저, 2010) 등이 있다.

강원택

영국 런던정경대(LSE)에서 박사학위를 받았으며, 현재 서울대 정치외교학부 교수로 재직 중이다. 한국정치학회장, 한국정당학회장을 역임하였으며, 한국 정치, 선거, 정당, 의회 등에 대해 연구해 왔다. '87년 체제' 극복을 위한 정치개혁에 관심이 많다. 주요 저서로 《한국정치론》(2019), 《한국 정치의 결정적 순간들》(2019), 《어떻게 바꿀 것인가》(2016), 《대한민국 민주화 이야기》(2015), 《통일 이후의 한국 민주주의》(2011), 《보수정치는 어떻게 살아남았나》(2011) 등 다수가 있다.